청소년을 위한
영어와 한글, 한자로 보는 인문학 글 읽기

공자 논어로 만나다

청소년을 위한
영어와 한글, 한자로 보는 인문학 글 읽기
공자 논어로 만나다

제1판 제1쇄 인쇄 2019년 08월 08일
제1판 제1쇄 발행 2019년 08월 20일

지은이 이종훈 **그린이** 이연승 **발행인** 조헌성 **발행처** (주)미래와경영
ISBN 978-89-6287-201-9 03140 값 20,000원
출판등록 2000년 03월 24일 제25100-2006-000040호
주소 (08590) 서울특별시 금천구 가산디지털1로 84, 에이스하이엔드타워8차 1106호
전화번호 02) 837-1107 **팩스번호** 02) 837-1108
홈페이지 www.fmbook.com **이메일** fmbook@naver.com

■ 좋은 책은 독자와 함께합니다.
책을 펴내고 싶은 소중한 경험이나 지식, 아이디어를 이메일 fmbook@naver.com로 보내주세요.
(주)미래와경영은 언제나 여러분께 열려 있습니다.

청소년을 위한
영어와 한글, 한자로 보는 인문학 글 읽기

공자 논어로 만나다

글 이종훈 · 그림 이연승

미래와경영

Prologue

필자는 한자漢字에 거의 까막눈인 세대를 살아온 사람이다. 영어는 생계수단이었던 관계로 꾸준히 접하였는데, 제자가 미국에서 영어로 번역된 논어를 보내온 것이 계기가 되어 다시 읽게 되었다. 뜻밖에 영어로 논어를 읽기가 훨씬 쉬웠다. 논어에 대구 대조, 비교가 많아서 그랬을 수도 있다.

싯다르타Siddhārtha Gautama; 부처, B.C.563/480~B.C.483/400 최초의 불교 경전《숫타니파타Sutta Nipāta》를 읽고서 어려운 불경이 후대에서 보석 가지고 장난치는 정신적 유희遊戲; 흥미를 느끼는 것임을 깨달았던 적이 있다. 논어 총 20편 510개의 장 역시도 서양인의 어휘와 문체 속에서 읽어 내려가면서 아이러니하게도 적잖은 영감들이 솟아올랐다. 아울러 스코틀랜드 출신의 영국 선교사였던 제임스 레게James Legge; 1815~1897의 사서四書; 대학, 논어, 맹자, 중용 영어 번역본도 접하게 되면서, 논어가 현재 한국 사회와 어떻게 반응하여 해석에 대한 체계를 서로 상응시킬지에 대한 영감도 얻을 수 있었다.

동시에 2,500여 년 전 중국 사회에서 정치적으로는 실패한 한 인간인 공자의 말을 담은 논어가, 내 서재에 꽂혀 있는 여러 지성인이 저술한 책에 담겨 있는 삶의 경험이나 지혜와 상응하여 21세기 초반 피폐해진 한국인의 정서와 마음에 스며드는 서술 작업이 필요하다고 느끼게 되었다.

화이트헤드Alfred North Whitehead; 1861~1947, 영국 수학자이며 철학자는 에세이《The aims of education》에서 "문화는 생각을 행동으로 옮기는 것이며, 아름다움과 인간적 느낌에 대한 수용성 Culture is activity of thought, and receptiveness to beauty and humane feeling."이라고 말했다. 한 사회의 투명성과 건강은 그 사회와 교육이 얼마나 유기적으로 결합하여 인간다운 사람으로 서로를 위한 공동체를 지향해 나가는 가에 달려있다.

진리는 의외로 단순한 것이라는 생각이 든다. 진리의 말은 그래서 간결하고 단순simple하다. 곱씹는 건 필자가 살아온 인격과 역량에 던져지는 숙제다. 뮐러 F. Max Müller; 1823~1900, 독일의 언어학자, 종교학자이며, 비교종교학의 창시자는 싯다르타의 《법구경法句經, Dhammapada》 제423장을 진주 같은 어휘와 쉬운 구문으로 번역하였다. 동양인 싯다르타의 사상을 전달하기 위해 서양인인 그가 구사했던 어휘는 지극히 단순하면서도 정확하고 그래서 정교하다.

그래서 필자는 뮐러의 방법을 따랐다. 서양인들이 번역한 논어를 여러 권 대조해본 결과 어휘가 일상적인 현재의 용어와 괴리되어 있었다. 또 너무 전문적인 용어가 많아 중학 3학년 수준 정도면 사전을 안 찾아봐도 해석할 수 있을 정도의 쉬운 단어로 논어에 쓰일 수 있는 어휘를 선정, 그 영역 안에서만 작문하였다. 예를 들면 동사에서 remonstrate(간언하다)를 advise(조언하다)같이 자주 쓰는 쉬운 단어로 교환하였으며, 명사에서 petty person(小人)을 narrow minded person(小人)같이 뜻을 풀어쓰는 방법이다. 사전을 안 찾아보고도, 전반적인 문맥과 공자가 전하는 뜻을 쉽게 이해할 수 있는 데에 역점을 두었다.

또한 공자가 전하는 교훈을 현대 한국 사회에 응용할 수 있는데도 비중을 두었다. 한자를 몰라도 기초적인 한국어 및 영어 실력을 갖추고 있으면 구태여 한문을 분석하지 않고도 전반적인 내용이 흡수될 수 있도록 쉽게 논어의 내용을 전달될 수 있도록 하였다. 따라서 이 책이 인문학에 관심 있는 청소년들의 교재로도 쓰였으면 하는 바람이다. 이솝 우화나 그리스 신화를 영어로 읽는 것보다 논어를 영어로 읽고 쓰고 암기하는 것이 청소년들에게 훗날 더 풍부한 교육 콘텐츠로 마음 어딘가에 남아있을 것이라는 생각에서다.

논어의 한 구절이 인생의 어느 한순간 마음 깊은 곳에 다가와 평생의 좌우명으로 삼은 사람이 주위에 의외로 많았다. 죽기 전에 논어를 숙독하는 것만으로도 이 세상에 태어난 보람은 있으리라고 본다. 동양의 한자와 서양의 영어, 한국의 한글로 표현된 이 책을 통해 많은 청소년들이 삶의 이정표를 정확히 세우고 자신의 인생에서 필히 겪어야할 인간관계에 조금이라도 성숙해진다면 고마울 뿐이다.

이 종 훈

Contents

이 책의 활용

논어에 나오는 한자를 영어 단어와 연결시키는 작업은 동양과 서양의 추상적 정의definition에 대한 어휘 활용의 공배수common multiple의 폭이 넓기 때문에 처음부터 쉽지가 않았다. 군자君子라는 말이 서양에는 본디 없다. 특히 덕德과 선善과 의義에 대한 단어 정의가 서로 중복되는 경우가 많아 문맥의 숨은 뜻을 찾아 공통으로 적용해야만 하는 난해함이 있었다.

다음의 단어는 최대한 유사한 의미로써 연결될 수 있도록 구상해본 후 결정하였다. 원문을 해석할 때 참조하기 바란다.

한자	한글	영어
君子	군자	a man of virtue
小人	소인	narrow minded person
仁	인	humane conduct, perfect virtue
義	의	righteousness
不義	불의	uprighteousness
禮	예	courtesy
知	지	real knowledge, wisdom, real intelligence
信	신	make good on one's word
道	도	righteous way, teachings, moral principle
德	덕	goodness, moral excellence, mercy
忠	충	sincerity
孝	효	filial piety, filial conducts
善	선	the good, good behavior
賢	현	wisdom
正	정	uprightness

直	직	honesty
恕	서	put oneself in the other's place, humane empathy
文	문	refinement
質	질	inborn nature
勇	용	courage
天	천	Providence, Heaven
天命	천명	fate
中庸	중용	moderation
士	선비	learned man
巧言	교언	skillfully pretended words
詩經	시경	Book of Songs
書經	서경	Book of Documents
位牌	위패	altar pole
宗廟	종묘	Royal Ancestors' Shrine
家臣	가신	retainer
周易	주역	Book of Change
好學	호학	love of learning
夏	하나라	Xia
殷	은나라	Yin
周	주나라	Zhou
本性	타고난 본성	innate nature
天道	하늘의 도	the way of Heaven
成人	성인(완성된 인간)	accomplished person
克己	극기	self-restraint
鄕原	향원	the village worthy
祭祀	제사	ancestral rites, memorial service

공자 시대의 정치 배경

공자가 살았던 시대는 춘추시대가 끝나가고 전국시대가 등장할 때였다. 중국 대륙 전체에 의로움이 사라지고 간계가 판을 치고 있었다. 당시 노나라는 삼환三桓이라고 불리는 '계손', '숙손', '맹손' 씨라는 귀족 가문이 4대째 임금의 권위를 누르고 나라의 모든 권력을 독점하고 있는 참주僭主; 비합법적인 방법으로 정권을 장악하면서 정치적 영향력을 확산시킨 지배자 또는 그러한 독재체제의 형태였다. 삼환은 노환공의 세 아들 집안을 말한다. 맏형인 장공이 죽은 후 일어난 세 형제의 후계분란을 막내인 계우가 수습하면서 계손씨가 국정을 주도하기 시작했다. 계손씨의 장기 집권은 계우의 증손인 계무자의 대에 이르러 실질적으로 시작됐다. 계무자는 노나라 국군을 3군으로 확대하여 그중 1군(약 1만 2,500명)을 자기 가문이 차지하는 방법으로 군권을 장악했다. 그의 손자인 계평자는 3군을 다시 2군으로 재편하여 그 1군을 독점했다. 나머지 1군도 맹손과 숙손이 분점토록 함으로써 군권과 조세징수권이 임금으로부터 완전히 삼환에게 넘어갔다. 삼환은 또 각자 자기들의 영지에 군사시설을 짓고 사병을 길러 유사시에 대비했다. 이처럼 철통같이 구축된 삼환의 전제정치Despotism, 專制政治; 지배자가 국가의 모든 권력을 장악하여 아무런 제한이나 구속 없이 마음대로 그 권력을 운용하는 정치체제가 벌써 60여년이나 계속되는 중이었다.

공자는 왕도王道라 칭한 도덕정치를 펼친 노나라 주공을 자신의 사표師表; 학식과 덕행이 높아 세상 사람의 모범이 될 만한 인물로 삼은 사람이었다. 공자는 이 비정상적인 참주정치를 종식시키고 도덕성과 능력을 갖춘 사대부士大夫; 중국 및 고려·조선에서의 상류계층들이 백성을 위한 정치를 주도하는 군주정으로의 복귀를 정치적 이상으로 삼았다. 그는 군주를 교육하여 인仁의 정치를 펼칠 군자, 즉 지식인 집단을 자신의 사설학원에서 양성하고 있었다. 아울러 그가 주도하려고 하는 체제변혁은 계씨의 가신인 양호가 군사력을 갖고 시도한 폭력적인 쿠데타가 아니라 비폭력적, 평화적인 방식의 신념을 띠고 있었다. 양호는 계손씨를 제거하고 그 집안을 차지하기 위해 세력을 키워오던 가신家臣; 중국 춘추전국시대에 여러 나라의 대부 밑에서 벼슬한 사람이었다. 이전에도 남괴라는 계손씨 집안의 대부가 비읍을 거점으로 주인집에 반기를 들었고 숙손씨의 가신 후범이 역시 주군에 대항했다. 참월僭越; 순서를 지키지 아니하고 차례를 뛰어넘음과 반란은 노나라뿐만 아니라 여러 나라에서 경쟁하듯 벌어지고 있었다. 중국 전역에 걸쳐 격렬한 계급변동의 반란이 벌어지는 혼란의 시기였다. 삼환의 수장인 계환자의 가신 공산불요가 드디어 비읍에서 반란을 일으켰다. 공자는 노나라 정공과 은밀히 상의한 후 삼환을 타도할 개혁의 칼을 빼어든다.

B.C. 498년, 공자가 국가의 법령을 관장하는 대사구의 벼슬에 있은 지 2년째 되던 해에, 그는 휴삼도隳三都 개혁령을 선포한다.

> "대부는 자기 집안에 무기를 쌓아두지 못하고, 家不藏甲,
> 읍은 백치(약 1km)의 성벽을 쌓지 못한다. 邑無百稚之城."

임금이 아닌 사람은 독자적인 군사용 성벽을 쌓지 못하고 사병私兵을 양성해서도 안 된다는 법령이었다. 노나라에서는 오로지 집권세력인 삼환만이 백치가 넘는 성에 군대를 주둔시키고 있었다. 조정이 집권당의 근거지를 없애라고 한, 이 법령이 계손, 숙손, 맹손씨의 본읍인 비읍, 후읍, 성읍인 '세 읍을 허문다는 뜻' 의 휴삼도이다. 그러나 노나라 정치개혁의 도화선이 될 수 있었던 이 변혁은 실패로 돌아간다.

공자가 망명을 떠나게 된 결정적 사건은 뒤이은 제나라 선물사건이었다. 제나라가 말 120필, 무희 80명과 함께 막대한 선물을 노나라로 보낸 사건이다. 선물을 가지고온 사절단은 노나라에서 제나라로 망명했다가 계환자의 사면을 받은 대부大夫; 고대 중국의 귀족들와 사족士族; 문벌 좋은 집안 또는 그 자손들이었다. 뇌물의 목적은 노나라가 진나라 주도의 북방연맹에 이어 초나라 주도의 남방연맹에서도 탈퇴하는 것이었다. 이런 외교 노선의 전환이 이루어지면 초나라를 통해 제나라를 견제하려는 공자에게는 자신의 정치적 입지가 붕괴되는 일이었다.

아울러 노나라로 돌아오는 훈구사족들의 목적은 노나라에 강력한 경쟁자로 부상한 공자와 그의 제자들의 세력인 공문孔門을 노나라 정계에서 완전히 몰아내는 것이었다. 즉, 공자와 계손씨 가신들을 지휘했던 제자인 자로의 숙청이야말로 그들의 당면과제였다. 노나라 정공은 더 이상 삼환과 대립하는 것에 두려움을 느껴 제나라의 압력을 핑계 삼아 공자를 버리기로 결심한다. 제사를 지낸 후 대부들에게 나눠주던 제육을 공자에게만 보내지 않음으로써 공자는 정공의 뜻을 깨닫고 68세에 제자 염유의 노력으로 계강자가 돌아오기를 청할 때까지 제자 안연, 자공, 염구 등 20대의 젊은 제자들과 함께 거의 탈주하다시피 하여 B.C. 497년, 55세의 나이에 노나라를 떠난다.

헤밍웨이Ernest Miller Hemingway; 1899~1961, 1954년 노벨문학상을 받은 미국 작가는 쿠바의 아바나 코히마르에서 저술한 《노인과 바다》에서 "파멸 당할 수는 있을지언정 패배하진 않는다. A man can be destroyed but not defeated. "라는 유명한 말을 남겼다. 그의 말 그대로 이 작품에서 '자신에게 주어진 고난을 정면으로 맞닥뜨리면서 묵묵히 시련을 견디는 강인한 한 바닷가 노인의 초상을 통해 고전적 인간의 '굴복하지 않는' 정신을 인류에 소개하였다.

공자는 2,500년 전 중국 대륙의 혼란 속에서 제자들과의 질문과 대답으로 기록된 논어에서 "패배할 수는 있어도 파멸 당하진 않는다."라는 고전적 인간의 '조화와 균형'의 정신을 후세 사람들에게 남겼다. 그는 정치적으로는 실패하고 패배한 당시의 리더였다. 그러나 그는 일반 사람들은 함부로 갈 수 없는 길, 이루어질 수 없는 일임을 알면서도 자신이 걸어가는 그 길 외에는 더 좋은 길을 찾을 수 없었다. 논어에서 제자인 자공에게 고백했다시피 "하늘만이 자신의 뜻을 알아주리라."라고 자위하면서 무거운 마음으로 자신의 길을 걸어갔던 사람이다.

공자 약력 및 논어 배경

B.C.	노나라 연표	나이	행적 및 사건
551	노양공 22년	1	노나라 창평향昌平鄕 추읍郰邑, 현재 산둥성 취푸시 난신진 누위안촌에서 음력 9월 28일 출생하다.
549	노양공 24년	3	부친 숙량흘이 사망하다.
537	노소공 5년	15	"학문에 뜻을 두었다."라고 말하다.
535	노소공 7년	17	모친 안징재 사망. 상복을 입고 대부 계손씨의 연회에 참석하러 갔다가 가신 양호에 의해 면박 당하다.
533	노소공 9년	19	송나라로 가서 기관씨와 혼인하다.
532	노소공 10년	20	노나라로 돌아와 아들 백어(공리)가 태어나다. 계손씨 집안의 창고의 물건을 관리하는 하급 관리인 위리직을 맡다.
531	노소공 11년	21	나라의 가축을 관리하는 하급 관리인 사직리가 되다.
522	노소공 20년	30	"예를 알아 스스로 섰다."라고 말하다. 제나라 경공과 재상 안연이 노나라를 방문했을 때 접견하다. 계씨 집안의 가신을 관두고 학원을 설립하여 제자들을 가르치다.
518	노소공 24년	34	주나라 수도 낙읍에서 노자를 만나다.
517	노소공 25년	35	노나라로 귀국 후 '팔일무' 사건 발생. 소공이 삼환에게 패배한 후 제나라로 망명. 공자도 제나라로 가면서 태산에서 제자들에게 "가정맹어호苛政猛於虎; 가혹한 정치는 호랑이보다 무섭다."라고 말하다. 제경공이 공자에게 정치가 무엇인지를 묻다.
516	노소공 26년	36	제나라에서 순임금의 음악 소韶를 듣고 "3개월 동안 고기 맛을 잊었다."라고 말하다.
515	노소공 27년	37	노나라로 돌아옴. 51세에 관직에 나갈 때까지 제자양성에 몰입하다.
512	노소공 30년	40	"나이 40세에 불혹"이라고 말하다.
505	노정공 5년	47	계평자가 죽고 가신 양호가 노나라 권력을 장악하다. 양호가 길에서 공자를 만나 관직에 나오라고 회유하다.

502	노정공 8년	50	"지천명의 나이"라고 말하다. 노나라 삼환이 양호를 공격하여 양호가 제나라, 진나라로 도망치다.
501	노정공 9년	51	중도의 재상이라는 관직에 나가 성과를 거두다.
500	노정공 10년	52	국토를 관장하는 소사공을 거쳐 나라의 법을 다스리는 대사구가 됨. 노정공을 보좌해 제나라와의 협곡회합에서 큰 공을 세우다.
498	노정공 12년	54	"대부는 자기 집안에 무기를 쌓아두지 못하고, 읍은 백치의 성벽을 쌓지 못한다." 라는 개혁령을 발동해 삼환인 계손, 숙손, 맹손씨의 3읍인 비읍, 후읍, 성읍을 허문다는 뜻의 '휴삼도' 정책을 실행하려고 하다. 비읍과 후읍의 성벽은 철거하였으나 성읍의 성벽 철거가 실패하여 공자의 개혁은 힘을 잃는다. 비읍의 공산불요의 반란이 이때이다.
497	노정공 13년	55	제나라가 공자를 견제하기 위해 노나라에 미녀와 좋은 말을 보내다. 정공이 정사를 돌보지 않자 관직을 버리고 68세까지 14년 동안 위, 조, 송, 정, 진, 채, 초 7개 제후국을 주유하다.
496	노정공 14년	56	광匡 땅에서 양호로 오인 받아 고생하다. 위나라에서 위영공의 부인 남자를 만나고 관직도 맡다.
492	노애공 3년	60	"이순에 이르다."라고 말하다. 송나라를 지날 때 사마환퇴에게서 살해 위협을 받다. 계손씨가 제자 염구를 노나라로 불러들여 가신으로 삼다.
489	노애공 6년	63	진나라에서 채나라로 가는 국경 부근에서 포위되어 양식이 떨어져 7일 동안 제자들과 같이 굶다.
485	노애공 10년	67	이혼한 사이였으나 부인 기관씨가 사망하여 아들 백어가 슬피 울다.
484	노애공 11년	68	제자 염유의 노력으로 노나라 계강자가 공자에게 돌아오기를 청하다. 귀국 이후 학원에서 제자들을 가르치면서 고대문헌을 정리하고 연구하다.
483	노애공 12년	69	아들 백어(공리)가 50세의 나이로 사망하다.
482	노애공 13년	70	"마음먹은 대로 해도 법도에 어긋나는 법이 없다."라고 말하다. 제자 안회가 죽다.
481	노애공 14년	71	《춘추》 집필을 완성하다.
480	노애공 15년	72	위나라에서 정변이 일어나 제자 자로가 죽다.
479	노애공 16년	73	공자가 죽다.

등장 인물과 영어 표기

이 책에는 아래와 같은 사람들이 등장하는데, 지면상 전부 다 기록하지는 못하였다. 한자와 한글, 영어 표기는 다음과 같으며, 영어 표기는 공자만 제외하고 중국어 발음으로 하였다.

등장인물	한글표기	신분	영어표기
孔子	공자	공자	Confucius, the Master
子貢	자공	제자	Zigong
子路	자로	제자	Zilu
顔淵	안연	제자	Yan Hui
子夏	자하	제자	Zixia
子張	자장	제자	Zizhang
曾子	증자(증삼)	제자	Zeng, Master Zeng
宰我	재아(재여)	제자	Zaiwo
子游	자유	제자	Ziyou
冉求	염구(염유)	제자	Ranyou
樊遲	번지	제자	Fanchi
有子	유자	제자	Master You
漆彫開	칠조개	제자	Qidiao Kai
申棖	신정	제자	Shen Cheng
巫馬期	무마기	제자	Wuma Qi
公西華	공서화	제자	Gongxi Hua
司馬牛	사마우	제자	Sima Niu
哀公	애공	노나라 군주	Duke Ai
季文子	계문자	노나라 대부	Ji Wenzi
季康子	계강자	노나라 대부	Ji Kangzi
孟懿子	맹의자	노나라 대부	Meng Yizi
孟武伯	맹무백	맹의자 아들	Meng Wubo
管仲	관중	제나라 대부	Guanzhong
晏平仲	안평중	제나라 대부	Yen Pingzhong
葉公	섭공	초나라 대부	Duke of She
左丘明	좌구명	춘추시대 노나라 사관	Zuoqiu Ming
微生高	미생고	노나라에 정직하다고 소문난 사람	Weisheng Gao

주요 인물 소개

1. 증자 曾子 Master Zeng

이름이 삼參이다. 참이라고 부르기도 한다. 자는 여輿이며 공자보다 46세 아래였다. 탁월한 제자 열 명을 지칭하는 '공문십철孔門十哲'에 들진 못했으나 공자가 죽은 뒤 그 학통을 정통으로 이어 노나라 지방에서 제자들의 교육에 주력하였다. 증삼의 가르침은 공자의 손자 자사子思를 거쳐 맹자孟子에게 전해지는 유학정통의 맥을 형성한다. 성에 子를 붙이는 것은 극존칭인데, 증삼 외에 안회만 안자로 칭호를 받았다. 늘 반성하는 자세로 살았으며 스승이 독려한 군자의 도리를 지키기 위해 무거운 선비의 짐을 지고 평생을 걸어갔다.

공자의 제자 자공子貢이 기독교의 사도 바울Paul에 비견할 수 있다면 증자는 가톨릭의 베드로Peter 같은 사람이다. 효로 이름을 널리 알렸으며 총명하진 않았으나 끈기는 대단한 사람이었다. 공자의 가르침을 내면에 새길 줄 알아 공자가 "나의 도는 하나로 일관한다." 라고 말했을 때 다른 제자들은 몰랐으나 그가 스승의 말씀은 "충서忠恕이다."라고 답한 얘기는 유명하다. 공자, 안회, 자사, 맹자와 함께 동양 5성五聖으로 일컬어진다.

2. 자로 子路 Zilu

논어에 가장 많이 등장하는 제자이다. 이름은 유由다. 계로季路 또는 중유仲由라고 부르기도 한다. 공자보다 7세 연하이므로 거의 친구 같은 제자였다. 그가 가진 순수함은 하늘이 부여한 천진난만한 어린아이의 경지였으므로 공자도 그의 천성을 비난하지 못하고 염려하는 충고가 논어 구석구석에 가득 차 있다. 비속하기도 하고 용맹, 과감하며 본질적으로 꾸밀 줄 모르는 거친 사나이다. 니코스 카잔차키스의 소설의 주인공 그리스인 조르바와 같다고 생각하면 무난할 것이다.

뭔가 좀 부족한 사람으로 느껴지나 공자의 칭찬 한마디에 기뻐 어쩔 줄 몰라 하는 순수한 사람이다. 자로는 스승에게서 좋은 말을 들으면 바로 실천으로 옮겼다. 망설이거나 요리조리 재지 않았으며 한번 하겠다고 결심한 것을 다시 뒤집거나 미루지 않았다. 아울러 벗, 동료에 대한 의리는 무엇이든 함께 나눌 수 있다는 그의 의리에 대한 생각이 '공야장 26장'에 서술되어 있다.

"수레와 말과, 가볍고 좋은 가죽옷을 친구와 함께 쓰다가 다 해지고 망가져서 없어진다고 해도 조금도 후회하지 않으렵니다."

물욕이 없었을 뿐 아니라 부자들 앞에서 그는 기죽지 않고 당당하였다. '자한 27장'에서는 다음과 같이 공자가 자로를 평했다.

"해진 옷과 솜으로 된 도포처럼 허름한 옷을 입고서, 여우나 담비 가죽으로 만든 가벼운 가죽옷과 같은 귀한 옷을 입은 사람과 나란히 서 있어도 전혀 부끄러워하지 않을 자는 유由일 것이다."

자로는 평생 공자 곁을 지키면서 스승을 보호하였는데, 공자도 '자오득유, 악언불문어이自吾得由 惡言不聞於耳; 내가 자로를 얻게 된 후로부터는 내 귀에 나에 대한 험담이 사라지게 되었다.'라고 고백하였다. 비읍에서 반란을 일으킨 공산불요와 중모지방에서 반란을 일으킨 필힐이 공자를 초대해서 가려고 했을 때 군자가 어찌 그럴 수 있느냐고 스승에게 대들어 눌러 앉혔던 벗 같은 제자였다. 노나라를 떠나 방랑길에 오를 때 위나라를 첫 망명지로 삼은 이유가 자로의 처형 안탁추가 위나라에서 살고 있기 때문이었다. 14년간의 유랑생활은 공자와 제자들에게 죽을 뻔 했던 고난도 많았었는데, 처음부터 끝까지 공자 곁을 지킨 제자는 안회와 자로 두 사람밖에 없었다.

《공자세가孔子世家》에서 사마천은 공자와 자로의 만남을 다음과 같이 기술하였다.

공자와 자로 두 사람이 처음 만났다. 자로는 본성이 야인 기질이 있어 거칠었다. 용감하고 힘쓰는 일을 좋아하였고 심지가 강직했으며 직설적으로 치받기를 좋아했다. 수탉의 꼬리털을 머리에 꽂고 산돼지 가죽으로 만든 주머니를 허리에 차고 있었다. 자로는 공자를 업신여기며 때리려고까지 하였다.

공자가 자로에게 물었다. "당신은 무엇을 좋아하십니까?" "긴 칼입니다." "칼을 쓰는 재주에 학문을 더하면 아무도 당신을 이길 수 없을 것입니다."

"대나무는 스스로 곧아서 훌륭한 무기가 되는 법! 왜 학문을 공부해야 되는지 이해를 못하겠소." "대나무로 만든 화살 한 쪽 끝에는 새 깃털을, 다른 한 쪽 끝에는 날카로운 쇠촉을 박는다면 더 훌륭한 무기가 되지 않겠습니까?"

이 말에 자로는 공자의 제자가 되었다. 후에 자로는 유복儒服을 입고, 폐백을 드려 맹세하고 문인들을 통해 제자가 되기를 청하였다.

3. 자유 子游 Ziyou

공문 3기의 제자이고 공문십철의 한 사람이며 자하와 함께 문학에 뛰어난 자질을 가지고 있었다. 공자보다 45세 연하이며 자하, 자장, 증삼과 더불어 어린 제자 그룹에 속한다. 이름은 언언言偃이며 효孝와 상례喪禮에 관심이 많았다.

'자장 14장'에서 자유는 말한다. "상을 당해서는 슬픔이 지극하면 그걸로 그만이다. 喪致乎哀而止 상치호애이지 In mourning, one does not go beyond the full expression of one's grief." 장례의 형식이 화려하고 화환이 많이 도래하며 조문객이 많이 오는 장례식을 자유는 거부하였다. 이 세상에 호상은 없다. 슬픔이 지극하면 예식에 신경 쓸 마음의 여유가 없어 장례식은 소박할 수밖에 없을 것이다.

자유가 무성고을의 읍재가 되었을 때 어느 날 공자가 방문하게 되는데, 그 고을을 스승에게서 배운 바대로 예와 악으로 잘 다스리고 있음을 공자가 알고서 "닭 잡는 데 어찌 소 잡는 칼을 썼느냐?"라는 농담을 던질 정도로 흡족해하는 장면도 논어에 나온다. 닭이란 무성고을같이 작은 마을, 소는 큰 고을 또는 나라를 비유했음이다.

자유는 공자에게 있어 자신의 가르침을 그대로 정치에 적용한 가장 표본적인 제자였다.

4. 염유 冉有 Ranyou

이름은 구求다. 공문십철의 한 사람이며 정사에 재질이 있었다. 공자보다 29세 연하이며 다재다능한 인물이었다. 자로와는 성격적인 면에서 양극단에 서 있는 친구이다. 자로가 과감하다면 염유는 소심하다. 그는 재예才藝에 뛰어나 노나라의 최대권력자 계씨 집안의 수장인 계강자가 구가 정치에 종사할 만하냐고 공자에게 묻자 예가 출중하니 정치에 아무 어려움 없이 종사할 수 있다고 스승이 제자를 천거하는 장면이 '옹야 8장'에 나온다. 그의 재예는 뛰어나서 자로가 "성인이 되려면 어찌해야 합니까?"라고 공자에게 물었을 때 "장무중의 지혜, 공작의 불욕, 변장자의 용기 그리고 염구의 재예, 네 가지 요소를 예악으로 완성하면 된다."라고 말했을 정도였다.

그러나 염유가 계씨 집안의 벼슬아치가 된 뒤에는 공자가 그를 여러 번 꾸짖는 장면이 논어에는 나온다. 계씨가 태산에서 대부의 신분으로 여제를 지내려고 할 때 꾸짖었으며,

계씨가 전유 땅을 정벌하려고 할 때 꾸짖었고, 노나라 공실을 위한 일을 하지 않고 계씨 집안의 일을 하면서 변명했을 때 꾸짖었다. 특히 대부인 계씨가 군주인 주공周公보다도 부유한데도 염유가 계씨 집안을 위해 세금을 많이 거두는 작태에 대해 '선진 17장'에서는 공자 최고의 분노가 도출되어 나온다.

"염구(유)는 우리 무리가 아니다. 제자들은 북을 올려 그를 공격하는 것이 옳다."

이쯤 되면 사제지간은 끊어진 것이다. '선진 22장'에서 공자는 염구와 자로가 받아들일 가치에 대해 전혀 상반되는 상대적 진리의 장을 우리에게 펼쳐 보인다. 같은 질문에 대해 서로 상반되는 해결책을 답으로 던져주는 공자의 지혜는 진리도 사람의 성격에 따라 전혀 상반되게 설명되어야 한다는 교육철학을 얘기하고 있다.

"좋은 말을 들으면 곧바로 행동해야 합니까?"라는 질문에 소심한 염구에게는 "곧바로 행동해야 한다."라고 얘기하고, 과감한 자로에게는 "아무리 좋은 말이라고 해도 어버이가 계신데 물어보지 않고 함부로 행동하면 안 된다."라는 상반된 길을 공자는 제시하고 있는 것이다. 그러나 무엇보다도 공자는 두 사람의 실례를 통해 신하가 걸어가야 될 가장 궁극적인 길을 제시하고 있다. 공자는 말한다.

"두 사람은 정치에서는 성공을 거둘만한 사람들이다. 신하로서 자리를 채울 수는 있을 것이다. 그러나 훌륭한 신하라면 주군을 도덕적인 길로 이끄는 사람이어야 한다. 그렇게 할 수 없으면 그만두어야 한다. 두 사람은 주군에게 충성은 바치겠지만 그들이 할 수 없는 일이 이러한 일이다."

5. 공서적 公西赤 Zihua

성은 공서公西이고 이름은 적赤이며 자는 화華다. 공자 문하 72명의 수제자인 공문칠십이현 중 한 명이다. 공자보다 42세 연하였고 외교에 재능이 있었으며 집안은 가난하였다. '옹야 4장'에 공자를 위해 제나라에 사신으로 간 기록이 나온다.

그는 비교적 그릇이 작은 참모형의 제자였던 것 같다. '선진 27장'에서 "남이 자신을 알아주면 무엇을 하고 싶으냐?"는 공자의 질문에 "종묘의 일과 제후의 회동 시 예복과 예관을 갖추고 행하는 일을 배움으로써 작은 관리가 되고 싶다."고 하였기 때문이다. 현대에 태어났으면 의전담당 공무원으로 적합한 인물이다.

6. 자하 子夏 Zixia

회사후소繪事後素; 그림은 먼저 바탕을 손질한 후에 채색한다.로 널리 알려진 사람이다. 공문 3기의 제자이고 공문십철의 한 사람이며 자유보다는 한 살이 많았고 자유와 함께 문학으로 이름을 날렸다. 공자보다 44세 연하이며 이름은 복상卜商이다. 학식과 자기절제가 훌륭하였으나 사고가 협소하여서 자공이 자장과 자하를 비교하여 물었을 때 공자는 자하가 좀 모자란다고 대답하였다. 현대적인 표현으로 스케일이 작다는 것이다. 그래서 공자는 자하에게 "소인유小人儒가 되지 말고 군자유君子儒가 되라."고 말하였다. 즉, 남에게 알려지는 학문보다는 자기 내면을 닦는 학문을 하라고 충고하였던 것이다. 자하가 거보의 읍재가 되어 떠날 때 공자는 공적을 이루기 위해 서두르지 말고 작은 이익에 연연치 말라고 충고한다.

자하의 소심함은 아들이 죽었을 때 너무 애통해 하는 바람에 실명을 했다는 데에서 드러난다. 사람이 죽고 사는 것은 하늘의 뜻에 달려 있다고 공자는 가르쳤다. 자유가 이러한 자하의 소심함에 대해 비판하는 내용이 논어에는 나온다. 자유가 말했다.

"자하의 제자들은 물 뿌리고 청소하거나 손님을 맞이하는 일같이 사소한 일들은 잘한다. 그러나 그런 말단적인 일은 배움의 근본이 아니니 어찌하랴?"

그러나 성정이 섬세하여 문학에 재능이 있었으므로 시를 읽는 데 있어서는 회사후소를 통해, 공자에게서 "이제 비로소 너와 더불어 시를 말할 수 있게 되었다."라는 칭찬을 들었던 제자였다.

7. 중옹 仲雍 Yong

자는 중궁仲弓이며 염옹冉雍으로 많이 알려져 있다. 염백우와는 같은 집안 사람이었다. 공문 2기의 제자이고 공문십철에 드는 제자이다. 공자보다 29살 연하였고, 말재주는 없었으나 신중하고 너그러운 성격이어서 임금의 덕을 갖추었다고 공자가 호평하였다. 출신이 미천하고 아버지의 행실이 좋지 않아 사람들이 업신여겼는데 공자는 이를 안타까워하였다.

공자는 가르치는 데 있어 신분상의 차별을 두지 않았는데 얼룩소의 새끼라도 "털이 붉고 뿔이 곧다면 사람들이 제식에 쓰지 않고자 해도 산천의 신령들이 그냥 내버려 두겠는가?"라며 그의 재능을 아끼는 구절이 논어에 나온다. 후에 계손씨 막하로 출사하여 유능한 관리가 되었다.

8. 재아 宰我 Zaiwo

이름은 여予이며 공자보다 29살 연하이다. 자공과 함께 변설에 능해 공문십철에 들었다. 논리가 탄탄하였고 실질적이었으며 자공이 개량주의자로서 기존의 부조리를 용인하며 세상과 타협하였던 반면, 재아는 부조리한 현실에 저항하였고 투쟁적이었다. 따라서 그의 사상은 급진적이었으며 공문을 안정시키고 싶었던 공자 입장에서는 달가운 제자는 아니었다. 특히 공자의 삼년상에 대하여 일년상을 놓고 벌인 스승과 재아의 논쟁은 유명하다. 재아에게는 그래서 두 가지 불명예가 주어졌는데, '자한 9장'에서 낮잠을 자기 때문에 썩은 나무로 조각을 할 수 없고 썩은 흙으로 담장을 쌓을 수 없다는 '불량학생 타이틀'이 주어졌고, 정변에 휩쓸려 '의롭지 못한 죽음을 당했다.'는 사실로 그는 공문에서는 거의 반골로 취급당했다. 신약으로 따지면 예수를 은전에 팔아먹은 가롯 유다 같은 존재이다.

'공야장'에서 그는 불성실하며 '팔일'에서는 근거 없는 말로 현혹하고, '양화'에서는 당장의 편익을 위해 고귀한 전통을 부정하고 '옹야'에서는 스승의 가르침을 의심하고 시험하려 한 존재인 것이다. 재아는 스승 앞이라 하여 자신의 논리를 전개함에 있어 전혀 주눅 들지 않았으며 오히려 스승을 당혹스럽게 하였다. 공자는 그의 달변을 불안해하였다. 그러나 그는 14년간 공자를 모시고 당당히 풍찬노숙을 마다하지 않은 공문십철의 한 사람이다. 자공과의 대화에서 재아는 스승인 공자가 성인이라고 존경의 극대치를 표현하였다.

그는 당시 공문에는 달갑지 않은 사람이었으나 현대적인 의미에서 그의 사상은 '인본적 휴머니즘人本的 humanism'에 가깝다. 그의 사상은 의례를 업으로 삼았던 유가儒家와는 대척점에 서 있었던 박애사상의 묵가墨家 쪽이었으며, 유가의 3년 상은 자연의 순환 주기에도 맞지 않으니 1년 주기에 맞춰 1년 상례를 행해야 한다는 실용주의를 논리로 내세웠다. 재아의 휴머니즘은 스승이 최고의 선이라고 가르치는 살신성인殺身成仁이라는 인의 절대적 가치에 도전한다. 기독교에 비견하면 믿음을 증거 하기 위해 순교하는 게 과연 옳은가라는 도전적인 질문이다.

"우물에 사람이 빠졌을 때 사람을 구하기 위해 군자는 곧바로 우물에 뛰어 들어가야 합니까?"라고 재아는 스승에게 질문을 던진다. "목숨을 던져서라도 인을 실천해야 군자라고 할 수 있다."라는 스승의 가르침에 "목숨을 던져서라도 인을 실천해야 한다면, 내 목숨을 가벼이 여겨도 되는 것이냐?"라는 논리적 도전을 한 것이다. 공자는 "아니다."라고 답한다. "군자를 우물에 가게 할 수는 있으나 우물에 빠뜨릴 수 없고, 군자를 임시로 속일 수는 있으나 망하게 할 수는 없다."라는 답변으로 두 사람의 대화는 정리된다.

150년 후 맹자는 유자입정孺子入井, "어떤 사람이 아이가 우물에 빠지는 것을 보게 된다면 달려가 구하려 하지 않겠는가? 그것은 단지 측은히 여기는 마음이 저절로 일어나기 때문인 것이다."라며 측은지심惻隱之心은 인의 단서端緖라고 결론지었다. 우리 조상들은 나라에 환란이 일어났을 때 공자의 가르침대로 맹목적인 사람이 되지 않기 위해 상황을 신중히 살핀 후 실천에서는 과감히 맹자를 따랐다.

9. 안연 顔淵 Yan Hui

이름은 회回이다. 공자보다 30세 아래였다. 가진 것 없이 허름하게 살지만 마음 편히 산다는 그 유명한 단표누항簞瓢陋巷; 좁고 지저분한 거리에서 먹는 한 그릇의 밥과 한 바가지의 물의 장본인이다. 일부러 원한 삶이 아니라 본디 안연의 집이 매우 가난하였다. 가난하다면 늘 근심걱정에 휩싸이기 마련이지만 안연은 달랐다. 그는 가난 속에서도 늘 즐거웠다고 한다.

그의 이러한 삶의 긍정적 에너지는 과연 어디에서 왔을까? 공자는 "다른 사람은 그 괴로움을 참을 수 없었을 텐데, 안회는 그것을 즐거워하는 태도를 바꾸지 않는다. 회는 현명하다."라고 하였다.

무소유는 얻는 기쁨과 잃는 허무가 존재하지 않는 내면의 기쁨의 영역이다. 그 세계에서 박탈감은 결국 상대적인 영역의 세계로만 존재한다. 따라서 상대적인 영역의 세계를 버리면 순전한 내 마음만 남는다. 안회는 몸과 마음은 불가佛家 세계에 있으면서 배움의 처신은 유가儒家에 두었던 사람이었다. 또한 기독교의 예수가 얘기했던 '마음이 가장 가난한 자'의 표본이었다. 공자는 자신의 제자 중 오로지 안회만이 하늘의 섭리를 보았다고 하였다. 그만이 보았으나 가장 가난하였으며 자공은 하늘의 섭리를 보지 못한 제자였으나 가장 부유하였다고 탄식하였다. 공자는 자공과의 대화에서 안회가 나와 너보다 더 낫다고 '공야장 9장'에서 고백할 정도로 그의 배움에 대한 의지와 덕성을 칭찬하였다. 제자인 안회를 통해 스승인 공자가 자신의 생각을 더 깨우치고 배울 수 있었다.

스승이 생각은 하였으나 미처 말하지 못했던 유가의 논리 저 너머까지 제자인 안회는 도달해 있었다. 그는 스승의 가르침에 대해 깊이 성찰하였으며 행동을 통해 배움을 내면화하였다. 말씀이 곧 육화肉化된 존재인 것이며, 이러한 느낌은 유대지방의 사도 세례자 요한이 예수를 요단강에서 만나 그와 대화를 나누면서 느꼈을 그러한 소회에 가까웠을 것으로 추측된다. 안회는 스승에게서 배움을 얻게 되었을 때 어린아이 같이 기뻐하였다고 한다. 배움에 있어서 앞으로 나아가기만 했지 그만 둠이 없었으며 14년간의 유랑생활 중 한시도 스승의 곁을 떠나지 않고 자로와 함께 스승을 지킨 의리의 표본이기도 했다.

광匡지방에서 잠깐 헤어진 적이 있었는데 공자가 "나는 네가 죽은 줄 알았다."라고 말하자 "스승님이 계신데 제가 어찌 감히 먼저 죽을 수 있겠습니까?" 라고 말했던 제자였다. 안연이 죽었을 때 공자가 너무나 구슬프게 통곡을 해서 제자들이 염려할 정도로 공자는 그의 죽음을 슬퍼하였다. 노나라 애공이 제자들 중에 누가 배우기를 가장 좋아하느냐고 훗날 물었을 때 "안회라는 제자가 있었는데 다른 사람들에게 자신의 노여움을 옮기는 일이 없었고 같은 잘못을 반복하는 일이 없었습니다." 라고 공자는 답한다. 평범한 얘기 같지만 세상을 제법 살아본 사람들은 이 말이 예수가 얘기한 '왼쪽 뺨 오른쪽 뺨'의 황금률만큼 질량이 크다는 것을 안다. 스승인 공자의 이 두 마디 평으로 안회는 청출어람靑出於藍의 본보기로 역사에 남게 되었다.

10. 자공 子貢 Zigong

이름은 사賜이며 성은 단목端木이다. 공자보다 31세 연하였다. 위나라 사람으로 뛰어난 웅변가였으며 당대의 거상巨商이었다. 공자의 천하주유 시절 경비를 부담했으며, 노나라가 제나라의 침공을 받을 위기에 처하자 주변국을 설득하여 전쟁을 막을 정도로 외교 능력이 탁월하였다. 노나라와 위나라의 재상을 지냈다. 논어에는 많은 인물이 나오지만 공자 본인과 그가 가장 사랑했던 세 제자 안회, 자로, 자공 네 명이 주인공이라고 생각될 정도로 자주 등장하고 있는데, 14년 동안 외국을 떠돌다 노나라로 귀국한 이듬해에 안회가 죽고 3년 뒤 자로가 비참하게 죽은 후 한 해를 못 넘기고 공자가 죽자 자공은 스승의 묘 옆에서 6년 동안 무덤을 지켰다.

사마천은 《사기》에서 공자의 사상을 널리 알린 일등공신으로 자공을 높이 평가하였다. 어려선 집이 가난했으나 부유한 사람에게 아첨하지 않았다. 엄청난 부자가 된 이후 교만하지도 않았다. 이러한 자신의 생에 대한 신념이 '학이 15장'에서는 질문으로 묻어 나온다. "가난하지만 남에게 아첨하지 않고 부유하지만 남에게 교만을 부리지 않는 것에 대해 어떻게 생각하십니까?" 스승의 칭찬을 원했던 제자의 자신에 찬 질문에 공자는 답한다. "괜찮겠지. 하지만 가난하면서도 즐길 줄 알고 부유하면서도 예를 좋아함만 못하다(부유하면 베풀 줄 알아야 한다.)."라는 스승의 가르침에 자공은 《시경》을 인용하여 '절차탁마切磋琢磨; 짐승의 뼈나 뿔을 잘라낸 다음 다듬고, 옥과 돌을 쪼고 나서 다시 갈아낸다.', 즉 더 노력하겠다는 화답을 공자에게 올린다. 이때 공자의 기쁨은 컸었던 것 같다. 훗날 대부 숙손무숙과 제자 진항이 공자보다 자공이 더 현자라고 얘기했을 때 자공은 "나의 스승님은 해와 달 같아서 도저히 그 분의 경지를 넘어설 수 없다."라고 말하며, 스승을 이해 못 하는 사람은 소인배에 불과하다고 일갈한다.

논어에서는 7살 연하인 제자 자로와 스스럼없이 대화했던 공자가 나오는데 자공과는 여러 가지 주제에 대해 생각을 나누었다. 정치, 역사, 예법, 시 그리고 공문의 제자들에 대해서도 두 사람은 폭넓게 대화하였다. 공자 자신의 속마음을 드러내는 장면도 나오는데 탄식도 있다. '헌문 35장'에서 공자는 말한다.

"사야, 어느 누구도 나를 알아주는 사람이 없구나." 자공이 "왜 스승님을 알아 주는 사람이 없습니까?"라고 묻자, 공자가 말하였다. "하늘을 원망하지 않고 사람을 탓하지 않는다. 아래로 일상적인 사람의 일을 배워 위로 심오한 하늘의 이치를 통달하니, 나를 알아주는 것은 오직 하늘일 것이다."

'양화 19장'에서 공자는 말한다.

"나는 이제 말을 하지 않으려 한다."하자, 자공은 "스승님께서 말씀을 하지 않으시면 저희 제자들은 무엇을 배워 전해야 합니까?"라고 물었다. 그러자 공자가 말하였다. "하늘이 말을 하더냐? 사계절이 운행되고 만물이 생성되는 것이 모두 다 하늘의 이치인데, 하늘이 달리 무엇을 말하겠는가?"

공자보다 한참 나이 어린 제자였으나 자공은 스승의 말을 알아듣는 경험이 노련한 사람이었고, 자신의 슬픔마저 공감해줄 수 있는 제자였기에 안회, 자로마저 죽고 임종을 앞두고 있었을 때 공자는 자공의 방문을 기다리다가 지쳐 자공이 나타나자 "어찌 이리 늦었느냐?"라고 책망하는 구절도 논어에는 나온다.

11. 자장 子張 Zizhang

공자보다 48세 연하이며 이름이 전손사顓孫師이다. 신중하지는 못했으나 스케일은 컸던 사람이었다. 제자들 중 가장 나이가 어렸으며 증삼보다도 2세 연하였다. 나이가 어려서인지 증삼과 함께 공문십철에 들지 못했으나 제자들 중에서 어렸기 때문에 공자는 그의 질문에 성실하고 자세하게 답변을 해주는 내용이 논어에는 실려 있다. 정치에 대한 질문이 많았으며 세세하고 구체적으로 질문하였기 때문에 공자는 그의 질문을 좋아하였다.

그러나 나이에 비해 뜻이 커서 스승은 "지치고過 편벽하다." 라고 자장을 평했으며, 증삼은 "자장은 당당은 하나 함께 인을 행하기는 어렵다."라고 평했고, 자유는 "자장은 힘든 일을 잘해내지만 어질지는 않다."라고 평했다. 맹자의 표현대로 자장은 '호연지기'를 가진 인물이었다. 나이가 어리지 않았다면 자로 옆에 섰을 것이다.

PART

01

학이

學而

군자의 즐거움

1.1

공자가 말하였다. "배우면서 그것을 계속해서 실천해 나갈 수 있다면 기쁜 일이 아니겠는가? 뜻을 함께하는 좋은 친구들이 멀리서부터 찾아와 준다면 즐거운 일이 아니겠는가? 사람들이 나를 알아주지 않아도 원망하지 않고 나의 길을 변함없이 갈 수 있다면 바로 군자가 아니겠는가?"

子曰, "學而時習之, 不亦說乎? 有朋自遠方來, 不亦樂乎?
자 왈 학 미 시 습 지 불 역 열 호 유 붕 자 원 방 래 불 역 락 호
人不知而不慍, 不亦君子乎?"
이 부 지 이 불 온 불 역 군 자 호

Confucius said, "Having studied, to then continuously put it into practice - is this not a source of joy? To have friends coming from far distance - is this not a source of pleasure? To go unacknowledged by others without bearing ill feeling - is this not the color of a man of virtue?"

논어의 첫 장인 이 장에 헨리 데이비드 소로Henry David Thoreau; 1817~1862, 미국의 시인이며 사상가를 초청한다. 그는 저서 《월든Walden》에서 공자를 초청했기 때문이다. '제5장 고독편'에서 소로는 논어 '이인 25장' 덕불고, 필유린德不孤, 必有鄰; 덕을 가진 사람은 결코 외롭지 않은데,

이는 반드시 그와 뜻을 함께하는 이웃 같은 사람이 있기 때문이다.을 우리에게 소개한다. 월든의 호숫가 그의 집에는 의자가 세 개 있었다. 하나는 고독을 위해서, 즉 자기 내면의 배움을 위해서이다. 다른 하나는 우정을 위해서, 좋은 친구를 위해서이다. 또 하나는 사교를 위해서이다. 그의 인생에서 어느 시기보다 숲 속에서 사는 2년 2개월 동안 많은 사람이 찾아왔다.

소로는 남들이 알아주지 않아도 자신이 택한 옳은 길을 변함없이 갈 수 있었다. 논어의 첫 장에 나오는 공자의 이 말에 정확히 일치하는 삶을 소로는 살았다. 그는 하버드 대학을 나왔으나 급우들과는 달리 세속적이고 속물적인 엘리트의 길을 걷지 않았다. 《시민불복종 Civil Disobedience》이란 저서에서 표현했듯이 진정한 시민의 자유를 억압하는 외적인 질서에 저항하였다. 참된 삶과 진실이 무엇인가를 찾는 구도의 길을 자연에서 구했다. 그야말로 공자가 만나보고 싶어 했을 서양 군자 중의 으뜸으로 칠 수 있는 한 사람이다.

《월든》에서 그가 숲의 길을 택하게 된 결심의 동기 부분을 이렇게 적고 있다.

"내가 숲으로 간 이유는 철저한 삶을 살고 싶었기 때문이다. 인생의 핵심적인 부분들만을 대면하고 싶었다. 삶을 통해 배워야만 하는 것을 내가 배울 수 없는지 알아보고 싶었다. 내가 죽음에 임해서 나 자신이 제대로 살지 못했다는 사실을 확인하게 되고 싶지 않았기 때문이다. 살아간다는 것은 너무도 소중한 것이기 때문에 나는 삶답지 못한 삶은 살고 싶지 않았다. 반드시 필요하지 않는 한 체념하는 버릇을 지니고 싶지도 않았다.

나는 깊이 있는 삶을 살고 싶었고, 삶의 진수를 하나도 남김없이 맛보고 싶었다. 삶답지 못한 모든 것을 제거해버릴 수 있을 만큼 굳건하게 스파르타인처럼 살고 싶었다. 자신을 크게 과시하면서 아슬아슬한 삶을 살고 싶었고, 삶 자체를 궁지로 몰아넣어 그 가장 밑바닥에 있는 자리까지 드러내고 싶었다. 그래서 삶이 비천한 것임이 밝혀진다면 그때는 사람의 순수한 비천함 전부를 받아들여 그 비천함을 세상에 공표하면 될 일이다 싶었다.

그와는 달리 삶이 숭고한 것이라면 체험을 통해서 다음번 여행 시에 삶에 대해 진실한 이야기를 할 수 있었으면 했다. 왜냐하면 내가 보기에는 대부분의 사람이 삶에 관해서, 삶이 악마의 것인지 신의 것인지에 관해 기묘하게 불확실한 느낌에 사로잡혀 있으면서 영구히 신을 찬양하고 즐겁게 해주는 것이 지상에 사는 인간이 지닌 주된 목적이라는 결론을 다소 성급하게 내려버린 듯 살고 있기 때문이다."

어휘 & Words

- 習 익힐 습
- 說 말씀 설, 기쁠 열, 벗을 탈
- 慍 성낼 온
- acknowledge 인정하다
- virtue 선
- bearing 관련, 영향

매일 세 가지를 반성한다
1.4

제자인 증자가 말하였다. "나는 매일 세 가지 사항에 대해 반성한다. 다른 사람을 위해 일을 할 때 과연 성실하였는가? 동료들과 사귈 때 믿음을 줄 수 있도록 행동하였는가? 스승님의 가르침을 열심히 실천하고 있는가?"

曾子曰, "吾日三省吾身, 爲人謀而不忠乎?
증 자 왈 　오 일 삼 성 오 신 　위 인 모 이 불 충 호
與朋友交而不信乎, 傳不習乎?"
여 붕 우 교 이 불 신 호 　전 불 습 호

Master Zeng said, "Daily I reflect on myself on three matters. In my work for the sake of other people, have I failed to do my sincerity? In my fellowship with friends and colleagues, have I failed to make good on my word? In what has been passed on to me, have I failed to put it into practice?"

증자는 총명하기보다는 사실 둔하다는 평가가 알맞다. 이러한 평가에 걸맞게 그는 평생을 묵묵히 자신을 갈고닦았다. 그의 이러한 자세를 가장 잘 보여주는 고백이 바로 이 장이다. 늘 반성하는 자세, 니체Friedrich Wilhelm Nietzsche; 1844~1900, 독일의 철학자가 얘기한 '사막을 묵묵히 걸어가는 낙타'처럼 그는 선비의 책무라는 무거운 짐을 지고 항상 먼 길을 묵

묵히 걸어가는 자기 규정적인 사람이었다. 답답해 보이지만 공자의 제자 중 안회와 본인 단 두 명에게만 허용된 성姓에 자子를 붙이는 극존칭의 예를 후대 유학자들에게서 받을 정도로 그는 공자의 가르침에 정성을 쏟았고 이를 후대에 묵묵히 전승하였다.

어휘 & Words

- 省 살필 성
- 謀 도모할 모
- 忠 충성 충, 자기마음을 다하는 것
- 傳 전할 전, 스승으로부터 전수받는 것
- 習 익힐 습, 자신을 위해 숙련하는 것
- reflect 반성하다
- sincerity 성실, 신실함
- colleague 동료
- for the sake of 위하여
- fellowship 유대감, 동료애

사람됨이 먼저다

1.6

공자가 말하였다. "배우는 사람은 집에서는 부모님께 효도하고 집을 나가면 웃어른께 공손해야 하며, 언행을 신중하게 해서 믿음을 주어야 하고, 널리 대중을 사랑하고 어진 사람과 벗해야 한다. 이런 일을 실천하고서도 남은 여력이 있으면 그때서야 글을 배우는 것이다."

子曰, "弟子, 入則孝, 出則悌, 謹而信, 汎愛衆, 而親人,
자 왈 제 자 입 즉 효 출 즉 제 근 이 신 범 애 중 이 친 인
行有餘力, 則以學文."
행 유 여 력 즉 이 학 문

Confucius said, "As a pupil, be filial at home and be polite in the community; be prudential in what you say and then make good on your word; love the masses broadly and befriend with those who are humane in their conduct. If in so behaving you still have energy left, use it to advance yourself through study."

공부하는 사람이란 지식을 습득하기 전에 도덕적 실천을 우선적으로 행하는 사람이다. 여기서 마지막 글의 문文은 공자 시대엔 '육예六藝'였다. 육예는 '예禮, 악樂, 사射, 어御, 서書, 수數'를 말한다. 사는 활쏘기, 어는 전쟁 시 쓰이는 마차몰기, 서는 글쓰기이다. 육예는 공

자가 살았던 시대에 사士라는 선비계급이 갖춰야 할 기본 덕목이었다. 문文과 무武, 그리고 예술 습득, 이 세 가지의 교양이 잘 조화되어야 선비라고 불릴 수 있었다. 그러나 이러한 공부도 도덕적 실천을 한 후, 그다음에 습득되어야 할 영역이라고 공자는 얘기하고 있다.

요즘 한국 기득권층과 그 후손들의 여러 행위가 사회적 지탄을 받고 있다. 그들은 대부분 국내 일류대학 출신이거나 해외에서 그럴듯한 대학을 졸업한 사람들이다. 문제는 바로 이 장에서 얘기하듯 본말이 전도되었다는 데에 있다. 돈 많은 사람과 권력을 가진 사람 그리고 그 후손들을 부러워하지 말자. 전부 다는 아니나 그들은 돈과 권력으로 지배할 사람과 지배당할 사람들이라는 계급적인 차원에서만 생존하고 있다고 봐야 한다. 사는 게 사는 것이 아닌 까닭이 여기에 있다.

그들은 이웃인 대중을 더불어 사는 이웃으로 대하지 않고 있다. 그러니 주위에 어진 사람들과 가까이할 수가 없다. '널리 대중을 사랑하고 어진 사람과 가까이 지내야 한다.'라는 말은 전 세계 여러 종교가 설파하는 공통된 주제다. 아무리 재주가 없는 사람도 대중에게 봉사하고 헌신할 수 있는 한 가지 재능은 꼭 있다. 어진 사람 옆에 있으려면 본인이 어질게 살아야 한다. 유유상종類類相從이라 하였다. 어진 사람들과 어울려 포근하게 살았으면 좋겠다.

어휘 & Words

- 悌 공손할 제, 윗사람을 공경하다
- 謹 삼갈 근, 몸가짐이나 언행을 조심하다
- 汎 넓을 범
- filial 자식다운
- mass 대중
- broadly 폭넓은, 대략
- prudential 신중한
- behave 행동하다

배운 사람이란?

1.7

제자인 자하가 말하였다. "가령 여기에 어떤 사람이 있는데, 그가 현명한 사람을 좋아하기를 여색女色을 좋아하는 것처럼 하며, 부모를 섬기되 전력을 다하고, 군주를 섬기되 자신의 몸을 바칠 수 있으며, 친구와 사귀되 믿음이 있다면, 아무리 그가 배운 것이 없다고 할지라도 나는 그를 배운 사람이라고 확신할 것이다."

子夏曰, "賢賢易色, 事父母, 能竭其力, 事君, 能致其身,
자하왈 현현역색 사부모 능갈기력 사군 능치기신

與朋友交, 言而有信, 雖曰未學, 吾必謂之學矣."
여붕우교 언이유신 수왈미학 오필위지학의

Zixia said, "As for persons who care for the wise much more than a beauty, who in serving their parents are able to do to the best of their abilities, who can risk their lives in the service of their ruler, and who, in interactions with colleagues and friends, make good on their word - even if it were said of such persons that they are unschooled, I would insist that they are well educated indeed."

오성 이항복과 한음 이덕형은 조선 선조 때 이름난 신하이다. 오성이 다섯 살 위였으나 두 사람은 막역한 친구였다. 두 사람 모두 국난을 극복하고 많은 업적과 뛰어난 능력을 발휘하였으며, 두 사람의 장난 섞인 재치 있는 일화는 지금까지도 회자하고 있다.

임진왜란을 겪은 후 나라 꼴이 말이 아니었을 어느 날, 당시 재상이었던 한음의 버린 첩이 이항복을 찾아와 자신을 버린 연유를 모르니 벗인 당신은 혹시 아느냐고 물어본 일이 있었다. 한음이 몹시 사랑했던 첩이었으므로 오성도 의아하여 한음을 만나 그 까닭을 물어보았다. 한음은 답한다. "그 아이가 너무나 영리하고 총명하여 귀여운 마음에 사랑하지 않을 수밖에 없었다. 그러나 지금 나라의 사정이 너무나 흉흉하니 재상된 몸으로 여자의 귀여움이나 생각하고 있다면 반드시 일을 그르치고 말 것이다. 그래서 마음을 굳게 먹고 사랑의 인연을 끊어 나라의 일에 전념하기로 한 것이다." 이항복이 답한다. "나는 너에 미치지 못한다. 장부요, 군자답다."

한음은 이 장에서 자하가 얘기한 '여색을 좋아하듯이 유덕한 사람을 좋아하는 것'에서 더 나아가 '여색을 버리고 나라의 안정을 택하였던 군자'였다.

부모를 섬길 때 온힘을 다하는 바른 방법에 대해 퇴계 이황의 문집인 《퇴계집退溪集》에 이런 말이 있다.

"물질적으로 부족한 봉양이 죄스럽기는 하나, 그렇다고 해서 이것을 얻으려고 별의별 짓을 할 필요는 없다. 요즘 사람들은 영양을 보충해드린다고 나쁜 짓으로 이득을 얻은 뒤, 부모 봉양을 잘 하고는 효도했다고 자랑한다. 그렇다면 옛날이야기처럼 남의 집 산소에 제사 드린 음식이나 얻어다 드리고 봉양을 잘했다는 말이나 다름없는 봉양 방법이니, 참된 효孝의 개념에 어긋난다. 그러므로 군자는 비록 봉양의 일이 급하기는 하지만, 그렇다고 다른 변통을 꾸며가며 봉양하는 방법은 취하지 말아야 한다."

어휘 & Words

- 賢 어질 현
- 易 가벼울 이, 바꿀 역
- 色 빛 색, 여 색
- 竭 다할 갈
- 致 미칠 치, 맡기는 것, 몸을 바친다
- 雖 비록 수
- 謂 말할 위
- interaction 상호작용
- colleague 동료
- insist 주장하다
- indeed 정말, 참으로

군자의 자세

1.8

공자가 말하였다. “군자가 중후함이 없다면 위엄이 없게 되고 배워도 견고하지 않게 된다. 최선을 다하는 모습인 충忠과 남에게 믿음을 줄 수 있는 신信을 위주로 한 삶을 살아야 하며, 자신보다 못한 사람을 벗으로 사귀지 말고, 자신의 잘못이 있다면 그 잘못을 고치는 데 주저해서는 안 된다.”

子曰, “君子不重則不威, 學則不固. 主忠信, 無友不如己者,
자 왈 군 자 부 중 즉 불 위 학 즉 불 고 주 충 신 무 불 여 기 자
過則勿憚改.”
과 즉 물 탄 개

Confucius said, “Men of virtue short in gravity would have no dignity, Yet in their studies they cannot stand firm. Take doing your sincerity and making good on your word as your motto. Do not befriend anyone who is not as good as you are. And If you have made mistakes, do not hesitate to mend your ways.”

배운 지식이 견고한 검증을 거치지 않으면 편견에 치우칠 수 있다. 가볍게 받아들이지 말고 중후한 자세로 계속 묻고 의심하고 내면화시켜야 한다. 특히 종교의 교리를 배울 때 그러한데, 도그마Dogma; 절대적 권위를 갖게 될 종교상의 진리를 의심 없이 받아들이면 편협해지

게 된다.

자신보다 못한 사람은 과연 누구인가? 국·영·수 성적으로 분류해야 하는가? 이익이 되는 사람, 손해가 되는 사람으로 나누는 분류는 더 조잡하다. 그러면 우리는 소인배小人輩; 마음 씀씀이가 좁고 간사한 사람들나 그 무리가 된다.

자신보다 못한 사람은 가치관의 차이인 것인가? '자장 3장'에서 자장子張; 중국 춘추시대 말기 유학자로 공자의 제자은 그 해답의 실마리를 준다. 거꾸로 뒤집어 보면 자신보다 못한 사람이 누구인지 알게 될 것이다. 자장이 말했다. "내가 공자님께 듣기는 어진 이를 높이 존경하고 누구든 받아들이라 하셨네. 남이 잘하는 것을 보면 아름답게 여기고, 능력이 없는 이를 보면 불쌍하게 여기라고 하셨지."

뒤집어 보자. '남이 잘하는 것을 보면 시기 질투하고 능력이 없는 이를 보면 멸시하고 무시하는 사람', 바로 이 사람이 '자신보다 못한 사람'이다. 이런 이를 벗으로 사귀지 말라는 것이다.

《장자莊子》 '내편 대종사大宗師'에 벗으로서 최고의 경지로 지향할 수 있는 다음의 우화가 있다.

> 자상호子桑戶, 맹자반孟子反, 자금장子琴張 세 사람이 대화하기를, "누가 능히 서로 사귀는 게 아니면서도 서로 사귀고, 서로 돕는 것이 아니면서도 서로 도울 수 있을까? 누가 능히 하늘에 올라 안갯속에 놓고, 무한한 우주 속을 돌아다니며 삶을 잊고 무한을 즐길 수 있겠는가?" 이렇게 말한 세 사람은 마주 보며 웃고 마음에 거슬림이 없는지라 마침내 벗이 되었다.

어휘 & Words

- 重 무거울 중, 두텁고 무거움
- 威 위엄 위
- 固 굳을 고, 견고함
- 過 허물 과, 지날 과
- 憚 꺼릴 탄, 두려울 탄, 두려워하고 어렵게 여기는 것
- gravity 중후함
- hesitate 망설이다
- dignity 위엄
- sincerity 성실, 정직
- motto 좌우명
- hesitate 망설이다, 주저하다

효자의 자세

1.11

공자가 말하였다. "부모님이 살아계실 때는 어떤 생각을 하고 계시는지를 항상 살펴보아야 하며, 부모님이 돌아가신 뒤에는 살아오시면서 어떤 행동을 하셨는지를 살펴보아야 한다. 이런 자세로 삼 년 동안은 부모님이 살아오신 방식을 바꾸지 않아야만 효자라고 말할 수 있을 것이다."

子曰, "父在觀其志, 父沒觀其行, 三年無改於父之道, 可謂孝矣."
자 왈 부 재 관 기 지 부 몰 관 기 행 삼 년 무 개 어 부 지 도 가 위 효 의

Confucius said, "While your parents are still alive, observe what they intend; when they die, observe what they did. A person who for three years refrains from reforming the teachings of his late parents can be called a filial son."

모든 부모가 다 좋은 사람은 아니지 않을까? 부모가 나쁜 사람이라면 이 장은 문제가 될 수가 있다. 그러나 나의 부모는 나만의 부모다. 좋든 나쁘든 하늘이 나에게 준 숙명의 어른인 것이다. 남의 부모와 비교할 수 없는 등가가치적인 대상을 넘어서는 운명이 있다. 훌륭한 부모 품에서 성장해 성공을 이룩한 많은 사람이 있다. 우리는 그러한 가문과 배경을 부러워한다. 하지만 역사적으로 우뚝 선 많은 거장은 부모의 후광이 미약했거나 아예

전무全無했다.

공자 역시도 어머니는 '안징재'라는 16세인 젊은 무당이었다. 아버지는 70살이 넘은 '숙량흘'로 건강한 아들을 원했지만 이미 두 부인이 있었다. 공자는 야합野合; 정상적인 혼인관계가 아님을 말함으로 태어나 본가에 입양될 수 없는 비천한 신분이었기에 어린 시절을 무당인 어머니의 제식을 올리는 방에서 제기 접시를 가지고 놀았다. 부모는 그의 출세에 도리어 걸림돌이었다. 그러한 공자였기에 그가 설파하는 효孝의 사상은 실은 눈물겨운 인격人格의 소산이다.

부모의 덕은 나를 이 세상에 신체 건강한 생명체로 낳아준 것으로도 충분하다. 경험을 쌓을 수 있는 스승과 의식주衣食住에 필요한 재물은 남들의 손을 거친 낡은 것이지만 찬찬히 살펴보면 곳곳에 널려있다. 다만, 능력 있는 부모 밑에서 모자람 없이 커 나가는 주위 사람들에 비해 넉넉지 않고 시간으로 조금 늦을 뿐이다. 젊었을 때 세상의 시련을 겪은 사람들은 강건하다. 나중에 어른이 되었을 때 그 누구도 함부로 깨뜨릴 수 없는 자기만의 탄탄한 알껍데기가 그에게는 있다. 그는 거미가 비바람 속에서도 망가지지 않는 자신만의 거미줄을 쳐나가듯 자기 삶의 영역을 자기 주도하에 구성해 나간다. 평범한 우리는 부모님께서 살아계실 때 그분의 뜻이 도리에 어긋나지 않는 한 그에 반하는 행동을 해서는 안 된다. 돌아가신 후 인간으로서 어떤 삶을 살아오셨는지 살펴보아야 하며, 후손에게 말해주고 물려줄 교훈적인 가치를 찾아서 교육함이 옳지 않을까.

어휘 & Words

- 觀 볼 관
- 沒 죽을 몰
- observe 관찰하다
- refrain from 삼가다
- intend 의도하다
- reform 개혁하다
- filial (부모에 대해) 자식으로서의

의로워라

1.13

제자인 유자유약有若 ; B.C.518~B.C.458 추정, 중국 춘추시대 말기 유학자가 말하였다. "다른 사람과의 약속이 올바른 도리道理에 가까워야 그 약속을 지킬 수 있으며, 공손함이 예절에 가까워야 지나친 공손함이라는 비판을 받는 모욕을 당하지 않게 된다. 이러한 방식으로 자신과 가까운 사람을 잃지 않는 사람이라면 진정 존경을 받을 만하다."

有子曰, "信近於義, 言可復也. 恭近於禮, 遠恥辱也.
유 자 왈 　신 근 어 의 　언 가 복 야 　공 근 어 례 　원 치 욕 야

因不失其親, 亦可宗也."
인 불 실 기 친 　역 가 종 야

Master You said, "One can really keep one's word only when making good on one's word with others gets closer to being truly righteous. One can avoid the insult and shame for excessive civility only when their politeness gets closer to ritual courtesy. By means of these manners, those who do not lose their acquaintances are deserving of respect."

모든 약속을 다 지키라는 것이 아니다. 의롭지 않은 믿음은 믿음이 아니다. 한국의 공직

사회에서는 대부분 내부 비리를 고발하는 사람이 조직을 배신했다고 터부시 당하고 있는데 이는 옳지 않다. 조직의 이익과 체면보다는 국민에 대한 의무와 신뢰가 우선인 것이다. 그러한 정신을 믿고 국민은 그에게 매달 세금으로 생활비를 준다. 온갖 비난과 불이익을 당하더라도 내부의 비리를 고발하는 의로운 이는 공자의 이 가르침을 따르는 사람이다. 그는 예수가 얘기하는 이 세상의 소금이다.

공손해야 한다. 하지만 공손이 너무 지나치면 아부가 된다. 그러한 아부는 스스로 열심히 살아온 자기 자신의 하나밖에 없는 삶에 대한 모독이기도 하다. 얼굴 표정이 겸손하고 말투가 정중하면 그것으로도 충분하다. 공손과 아부의 차이는 존경할 만한 사람이 자동차를 타고 도착했을 때 뛰어가서 차 문을 열어주는 것과 다가가서 차 문을 열어주는 정도의 차이이지 않을까? 이러한 두 가지 예의 기준을 몸으로 행하고 살아가며, 주위 사람들도 수시로 찾아올 때 자신의 삶을 바르게 살고 있다고 할 수 있지 않을까.

어휘 & Words

- 復 실천할 복
- 近 가까울 근
- 辱 욕될 욕
- 宗 높을 종, 주장 종
- righteous (도덕적으로) 옳은
- insult 모욕
- sham 치욕
- excessive 지나친
- civility 정중함, 공손함
- politeness 공손함
- ritual (단순히) 의례적인
- courtesy 공손한, 정중한
- acquaintance 아는 사람
- deserve 받을만한 가치가 있다
- by means of ~에 의하여

상대를 알아보는 안목을 키워라

1.16

공자가 말하였다. "다른 사람이 너의 가치를 알아주지 않는다고 걱정하지 말고, 네가 다른 사람의 가치를 제대로 알고 있는가를 걱정하라."

子曰, "不患人之 不己知, 患不知人也."
자 왈 불 환 인 지 불 기 지 환 부 지 인 야

Confucius said, "Don't worry about not being acknowledged by others; worry about your failing to acknowledge them."

논어에서 가장 많이 같은 주제로 반복되는 구절이다. '학이 1장, 16장', '이인 15장', '헌문 32장, 37장', '위령공 18장'에 이 주제가 나온다.

14년간의 유랑생활流浪生活 후 정치인에 대한 설득에 실패하고 노나라로 돌아온 공자의 가장 인간적인 탄식의 한숨이 묻어 있는 문장이다. 이 글에는 공자의 눈물이 스며있다. 공자는 스스로 펼쳐보고 싶었던 '정치'를 실현해볼 수 있는 자리를 얻지 못했다. 평생 갈구渴求하였으나 끝내 얻지 못한 채 죽었다.

공자의 신神은 역사歷史였다. 역사가 그를 실패한 자로 규정지을까 봐 두려웠다. 그러나 그는 저세상으로 안회와 자로를 떠나보낸 후 삶의 마지막 시기에 자공에게 이렇게 말한다.

"하늘을 원망하지 않고 사람을 탓하지 않는다. 아래로 일상적인 사람의 일을 배워 위로 심오한 하늘의 이치를 통달하니 나를 알아주는 것은 오직 하늘일 것이다."(헌문 35장)

사람살이의 이치理致를 깨우치고 자연의 이치까지 깨달았으니, 나 스스로에게 충실하여 그나마 충족한 삶을 살았다는 자신의 인생을 정리하는 장면이 눈앞에 그려진다.

어휘 & Words

- 患 근심 환, 병들 환
- failing 결점, 결함
- acknowledge 인정하다

P A R T

02

위정
爲政

예를 다하라

2.5

맹의자중국 춘추시대 노나라 대부 중손씨, 이름은 하기가 효孝에 관해 묻자, 공자가 "거스르지 않는 것이다."라고 대답하였다. 나중에 공자의 수레를 끌고 있던 제자인 번지B.C. 515~미상, 중국 춘추시대 노나라 사람에게 공자는 "맹의자가 나에게 효에 관해서 물어보기에 내가 거스르지 않는 것이라고 대답해주었다."라고 알려주었다.

번지가 "무슨 말씀이신가요?"라고 묻자, 공자는 다음과 같이 설명해주었다. "부모님께서 살아 계실 때는 예로써 섬겨야 하고, 돌아가신 뒤에는 예에 맞게 장례를 지내고 제사를 지내야 한다."

孟懿子問孝. 子曰, "無違." 樊遲御, 子告之曰,
맹 의 자 문 효 자 왈 무 위 번 지 어 자 고 지 왈

"孟孫問孝於我, 我對曰, 無違." 樊遲曰, "何謂也?"
맹 손 문 효 어 아 아 대 왈 무 위 번 지 왈 하 위 야

子曰, "生事之以禮, 死葬之以禮, 祭之以禮."
자 왈 생 사 지 이 례 사 장 지 이 례 제 지 이 례

Meng Yizi asked about filial conduct. Confucius replied, "Do not act contrary." Fan Chi was driving the Master's chariot, and The Master informed him further: "Meng Yizi asked me about filial conduct, and I replied: 'Do not act contrary.'" Fan Chi asked, "What did you mean by that?" The Master replied: "While they are living, serve them according to the observances of ritual courtesy; when they are dead, bury them and serve them according to the observances of ritual courtesy."

효는 사람됨의 근본이기에 정치의 근본이었고, 황제나 귀족도 그 범주에서 벗어날 수 없었다. 효양孝養; 부모를 효성으로 봉양함, 효경孝敬; 부모를 잘 섬기고 공경함 보다 '거스르지 않는' 효순孝順; 효성이 있고 유순하다는 의미이 우선이다.

부모의 말씀을 거스르지 않으며 부모의 뜻을 거역하지 않는 것이 군자의 첫째 덕목이었다. 공자의 제자 중에서 효성이 으뜸인 제자는 민자건閔子騫; 중국 춘추시대 말기 노나라 사람, 효성과 덕행이 뛰어났다.을 꼽는다. 자신을 학대했던 계모를 진심으로 모셨던 그의 효성은 마음에서 우러나온 진정성이다. 효를 위해 부모는 자식을 마냥 기다려주지 않는다. 세월이 그분들을 어김없이 데려가기 때문이다.

《소학》小學; 주자가 제자 유자징에게 소년들을 학습시켜 교화시킬 수 있는 내용의 책에는 어머니에게 종아리를 맞으며 자란 백유伯兪의 고사가 실려 있다. 정신없이 살다 보니 그새 어머님이 늙어 종아리를 때리는 손에 힘이 없어진 사실을 깨닫고 눈물을 흘린 이야기이다.

> 백유가 잘못한 것이 있어 그 어머니가 종아리를 때리니 그가 울었다. 어머니가 말하길 "너는 예전에 잘못하여 종아리를 맞을 때는 운 적이 없었는데, 오늘은 어찌하여 우느냐?"라고 묻자 그가 대답하였다. "제가 잘못을 해서 어머님께 맞을 때는 늘 아팠는데, 오늘은 맞아도 하나도 아프지 않았습니다. 그래서 웁니다."

어휘 & Words

- 孟 맏 맹, 성 맹
- 懿 아름다울 의
- 違 어길 위
- 樊 울 번
- 遲 더딜 지
- 御 말몰 어
- 祭 제사 제
- filial (부모에 대한) 자식의
- conduct (특정한 활동을) 하다
- contrary 반대로
- chariot 말이 끄는 수레
- observance of ritual 제사
- according to ~에 따라서

부모는 자식 걱정만 한다

2.6

노나라 대부 맹의자의 아들인 맹무백이 효를 어떻게 할 것인지에 관해 묻자, 공자는 "부모는 그저 자식이 병들까만 근심한다."고 말하였다

孟武伯問孝. 子曰, "父母唯其疾之憂."
맹 무 백 문 효 자 왈 부 모 유 기 질 지 우

Meng Wubo, the son of Meng Yizi asked about the way of filial piety. Confucius replied: "Your mother and father nothing but worry about your falling ill."

공자는 효에 관해 묻자 '자식은…'이라고 자식의 관점에서 서술하지 않는다. 역설적으로 효가 자식 책임의 차원이 아님을 얘기하고 있는 것이다. 효가 책임이라고 규정짓는 순간 그것은 형식적인 의무의 세계에 갇힌다.

《노자》 1장 '도가도道可道, 비상도非常道'와 본질이 같다. '도를 도라고 말하면 그것은 늘 그러한 도가 아닌 것'이다. 부모에게 효를 행하고 있다고 얘기하는 순간 그것은 효가 아니다. 극진한 마음은 말이 없는 것이다. 자식이 어떤 방대한 효의 마음과 행동을 부모님께 행해도 부모가 자식을 생각하고 염려하는 경지에까지 이르지는 못한다.

'부모는 오로지 자식이 병들까만 걱정한다.'라는 공자의 말은 '자식이 아무리 부모를 염려해도 부모가 자식을 염려하는 것만 못하니 극진히 부모를 섬기는 마음을 항상 지니고

예를 행하라.'는 천륜의 이치를 각성시켜주고 있다. 천하天下에 효자는 없다. 오로지 자식의 안위를 걱정하는 부모가 있을 뿐이다.

어휘 & Words

- 唯 오직 유
- 疾 병 질
- 憂 근심 우
- filial piety 효도, (유교의) 효
- nothing but 오직, 그저(only)

효는 공경하는 마음이다
2.7

제자인 자유중국 춘추시대 오나라 사람, 성은 언言이고, 이름은 언偃 가 효에 대해 묻자, 공자가 말했다. "오늘날 효를 행하는 사람들은 부모님을 잘 부양만 하는 경향이 있다. 그렇지만 개나 말조차도 우리가 부양하고 있으니 만약 부모님에 대해 공경하는 마음이 없다면 부모님을 부양하는 것이 개나 말을 돌보는 것과 무슨 차이가 있겠는가?"

子游問孝. 子曰, "今之孝者, 是謂能養.
자 유 문 효 자 왈 금 지 효 자 시 위 능 양
至於犬馬, 皆能有養, 不敬, 何以別乎?"
지 어 견 마 개 능 유 양 불 경 하 이 별 호

Ziyou asked about filial piety. Confucius replied: "Those today who act filial conducts are considered good sons because they are able to provide for their parents. But even dogs and horses are given that much care. If you do not respect your parents in the deep heart, what is the difference?"

효양孝養과 효경孝敬은 구분되어야 한다. 부모의 몸을 봉양하는 것으로 효를 다했다고 한다면 그건 개나 말을 기르는 것과 다름없다는 표현이다. 당시 사람들의 효에 대한 일반적인 관념이 '효양'이었으므로 '효경'으로 효의 본질이 바뀌어야 한다는 공자의 비판이다. 공자는 자식이 부모를 대함에 있어 공경하는 마음이 선행되지 않는 물질적 봉양은 짐승을 기르는 것과 다를 바 없다는 무서운 비유를 얘기하는 것이다.

어휘 & Words

- 游 놀 유
- provide for ~를 부양하다

효자는 얼굴이 온화하다
2.8

제자인 자하가 효에 관해 묻자, 공자가 답했다. "부모님 앞에서 온화한 얼굴빛을 갖기가 매우 어렵지만, 이것이 가장 중요하다. 어떤 일이 생기면 젊은 사람이 어른을 위해 수고스러운 일을 하고 술과 음식이 있으면 부모님께서 먼저 드시도록 하지만, 이런 정도만으로 효도를 다 했다고 여길 수 있겠는가?"

子夏問孝. 子曰, "色難. 有事, 弟子服其勞, 有酒食, 先生饌, 曾是以爲孝乎?"
자하문효 자왈 색난 유사 제자복기로 유주식 선생찬 증시이위효호

Zixia asked about filial piety. Confucius replied: "It all lies in showing the mild tempered countenance. As for the young contributing their energies when there is work to be done, and serving their elders in the first place when there is wine and food to be had - how can merely doing this be considered being filial?"

부모가 자식에게 바라는 것이 무엇일까? 많은 답이 나올 수 있겠으나 두 가지로 축약할 수 있다. 자크 라캉Jacques Marie Emile Lacan; 1901~1981, 프랑스 정신분석학자, 정신과 의사식 표현대

로 타자의 욕망을 자신의 욕망으로 착각하지 않고 품위 있는 인격을 갖춘 부모라면 '건강'과 '자존감'이다. 자식이 출세하면 기쁘겠으나 그건 자식 세계의 영역이다. 부모와 자식 관계의 본질적인 세계는 아닌 것이다. 부모와 자식의 관계는 욕망의 대상에서 서로를 자유롭게 바라봐야 한다. 물이 위에서 아래로 흐르듯 두 주체 간의 사랑은 부모에게서 자식으로 흘러간다. 자식을 위해 생명을 내놓을 수 있는 부모는 있어도 부모를 위해 생명을 내놓을 수 있는 자식은 흔치 않을 것이다. 효孝는 그래서 의무duty에 관한 영역이 아니다.

부모를 위해 힘든 일을 하고 밥과 술을 대접하는 일은 자발적이지 않은 수동적인 예禮라고 공자는 보았다. 부모가 자식에게 바라는 것은 '건강한 얼굴'과 스스로의 자존감에서 우러나오는 '온화한 얼굴빛과 공손한 표정'인 것이다. 자식의 얼굴이 온화하고 공손하다는 것은 그가 자신의 세계에서도 군자의 예로 살고 있다는 것이며, 그러한 자식의 삶 자체가 부모에게는 가장 큰 기쁨이다.

어휘 & Words

- 難 어려울 난
- 服 일 복
- 饌 반찬 찬
- lie in ~에 달려있다
- countenance 안색
- contributing 기여하는
- merely 그저, 단지

복습하고 새로운 것을 배워라
2.11

공자가 말하였다. "배운 내용을 잘 익히고 새로운 것들을 계속 알아간다면, 스승 될 자격은 충분하다."

子曰, "溫故而知新, 可以爲師矣."
자 왈 온 고 이 지 신 가 이 위 사 의

Confucius said, "Reviewing the old as a means of seeing the new, such a person can be considered a teacher."

다시 오지 않는 과거는 없다. 마찬가지로 예견될 수 없는 미래도 없는 것이다. 그것은 우리가 인간이어서 그렇다. 고故 백남준 선생은 먼 옛날에도 TV가 있었다고 했다. 그게 무슨 말이냐고 했더니 옛사람들은 다 밤하늘에 달을 쳐다보지 않았느냐는 것이다. 그게 TV가 아니고 뭐냐는 것이다. 모두 다 한 물체를 쳐다보고 비슷한 생각과 감정으로 공감하는 것, 그게 TV의 본질인 것이다.

공자가 읽기 좋아했던 《시경詩經》은 지금의 노래방 가사집일 뿐이다. 과거, 현재, 미래에도 끊임없을 남녀 간의 애절한 사랑 이야기이다. 시간은 실재가 아니라 존재를 규정하고자 하는 형식이다. 따라서 과거의 인간들이 행했던 일을 보면 현재의 인간들이 행하는 일과 후손들이 겪을 일을 미리 알 수 있다. 그래서 공자는 과거와 미래를 하나의 통일체로 인식하였다. 과거의 옳은 것에서 또는 옳지 않았던 것에서 계속 배우면서 현재와 미래에

적응시키고 응용시켜 나간다면 사람들을 좀 더 옳은 방향으로 인도하고 가르칠 수 있다고 보았다.

어휘 & Words

- 溫 따뜻할 온, 익힐 온
- 故 옛 고
- 師 스승 사
- reviewing 다시 보기
- consider (~을 ~로) 여기다

■ **백남준** 白南準 NamJune Paik, 1932-2006

일본 동경대학 출신의 한국인 비디오 작가로서 비디오 아트Video Art를 통해 한국 미학의 원초적인 생명력을 서양의 기술과 접목시켜 예술의 해석에 대한 새로운 지평을 열었다.

군자는 한 그릇에 머무르지 않는다

2.12

공자가 말하였다. "군자란 다방면에 학식을 갖춘 전인적인 교양인이지 어느 한 방면의 지식만 지닌 전문가는 아니다."

子曰, "君子不器."
자 왈 군 자 불 기

Confucius said, "Men of virtue are not mere vessels."

논어에서 제일 짧으면서도 가장 공자가 표현하고 싶은 주제가 담겨 있다. 아울러 세분화되고 전문화된 현대사회에 공자도 도전하고, 우리 현대인도 공자에 도전하는 역동적인 장이기도 하다.

공자의 제자 중에 자공은 가장 현대인의 유형에 가까운 사람이다. 무슨 일을 하든 경제적으로 성공하였으며 외교에 능란하였다. 그는 정형화된 인텔리였으며 현대의 시각으로도 흠 잡을 데 없는 사람이었다. 그러나 공자는 그를 기器, 한 개의 우아한 제기용 그릇이라 칭하였다. 출중한 재능이 있음에도 불구하고 군자보다 조금 아래 단계의 인물로 보았던 것이다. 공자는 자공에게서 부족한 것 하나를 보았다. 바로 '내면의 자유'이다.

'헌문 29장'에서 자공이 다른 사람을 비난하자 공자는 "나는 그럴 시간이 없다."고 말한다. 지적으로 판단하고 비판하는 관계의 영역을 넘어서서 가난 속에서도 스스로 즐거움을 누릴 줄 알며, 부유해지면 사람들이 모르게 조용히 베풀 줄 아는 자유로운 정신을 가진 군자의 경지가 자공에겐 아쉽다고 본 것이다.

문제는 이 장에서 공자가 신자유주의적 자본주의 시스템 속에서 하루하루 살아가는 현대인에게 던지는 과제이다. 경쟁 논리와 효율성 논리를 수반하는 전문성이 없이는 현대사회에서 살아나가기 힘들다. 막스 베버Max Weber; 1864~1920, 독일 법률가, 정치·경제·사회학자는 《프로테스탄트 윤리와 자본주의 정신》에서 공자가 말하는 군자불기의 정신, 즉 전문성에 대한 동양인의 거부가 비합리적 사회를 동양에 가져왔으며, 정반대로 직업을 전문성과 신이 준 소명으로 생각했던 서양은 열심히 일해 자본을 축적하여 동양보다 근대사회를 먼저 형성할 수 있었다고 주장했다.

오늘날 서양의 근대사회가 프로테스탄티즘이라는 정신의 동력에서 형성되었다는 것보다는 남의 나라의 자원을 수탈한 제국주의에서 비롯되었다는 것은 다 알려진 사실이다. 문제는 전문성이다. 현대에도 막스 베버가 제기한 직업의 전문성은 우리에게 유효하다. 먹고 살려면 남들보다 잘하는 전문적인 기술이 있어야 한다. 많은 상념을 가져다주는 장이다.

어휘 & Words

- 器 그릇 기
- man of virtue 어진 사람
- vessel (대형) 선박, 그릇

군자는 실천한 뒤에 말한다
2.13

제자인 자공이 군자에 관하여 묻자 공자가 대답했다. "자신이 말하려고 하는 것을 먼저 실천하고 난 이후에 그것을 말하는 사람이 군자다."

子貢問君子. 子曰, "先行其言而從之."
자공문군자 자왈 선행기언이후종지

Zigong asked about Men of virtue. Confucius replied: "They first carry out what they are going to say, and only then say it."

어쩌면 이 세상에서 가장 행하기 어려운 공자의 말일 수도 있다. 세계 모든 종교의 가르침에는 사람의 혀를 경계하는 얘기들로 가득 차 있다. 다른 동물과 달리 말과 글자를 구사할 수 있다는 것이 어쩌면 인류에겐 크나큰 불행일지도 모른다. 행동보다 말을 앞세우는 건 쉬운 일이며, 말보다 행동을 앞세우는 건 참으로 어려운 일이다.

자로는 경솔하였으나 말보다는 행동이 더 민첩하고 빠른 제자였다. 공자의 속마음을 알아차리지 못하고 들었던 말 그대로 엉뚱하게 행동하여 공자를 난처하게 만들었던 사건이 논어에는 그대로 나온다. 그러한 제자였기에 자로가 위나라에서 내란사건에 연루되어 살해당한 후 항아리에 젓갈로 담겨 돌아왔을 때, 공자는 큰 슬픔에 빠진 후 죽는 날까지 젓갈을 입에 대지 않았다.

말은 말만으로는 아무런 의의를 지니지 못한다. 실천이 따르지 않는다면 텅 빈 식탁에 놓인 숟가락 같은 의미이다. 훌륭한 말보다는 어눌한 실천이 백배 낫다.

어휘 & Words

- carry out 실행하다

군자는 보편적이다

2.14

공자가 말하였다. "군자는 넓게 사람을 사귈 뿐 이익을 좇아 패거리를 짓지 않으며, 소인은 이익을 좇아 패거리를 지을 뿐 넓게 사람을 사귀지 않는다."

子曰, "君子周而不比, 小人比而不周."
자 왈 군 자 주 이 불 비 소 인 비 이 부 주

Confucius said, "Men of virtue associating widely with others are not partisan; narrow minded persons being partisan do not associate openly with others."

군자는 의義에 따라 행동하므로 사람을 사귐에 있어 이익을 따르지 않는다. 당연히 계층, 연령, 직업 등이 넓고 다양할 것이다. 소인小人은 이익이 되지 않으면 자신의 시간과 에너지를 쏟지 않는다. 편 가르기를 좋아하며 혈연, 학연, 지연, 종교의 당파성으로 패거리 문화를 만들어내고 그 안에 거주한다. 그가 몸담은 문화는 비인격적이라 위계질서가 명확하며, 그의 이름 앞에는 여러 타이틀이 있다.

소인은 인간을 평가하는 최종적인 잣대인 역사를 두려워하지 않으며, 현재 몸담고 있는 패거리에서 밀려나는 것을 가장 두려워한다. 그는 강한 자에 아부하며 약한 자에 거만한 사람이다. 이런 사람은 어느 시대에도 항상 태어났으며, 세상과 사람의 관계를 어지럽히고 사라져 갔다. 살다가 이들을 만나게 되면 그들 앞에 서지 말고 그들의 그림자 뒤에서 걸어가는 것이 화를 면할 수 있다.

어휘 & Words

- 周 두루 주
- 比 견줄 비, 편들 비
- associate 어울리다
- partisan 편파적인 사람

다름을 인정하라

2.16

공자가 말하였다. "자기와 생각이 다른 사람에 대해 공격적인 태도만을 취하는 것은 자신의 바른 사고를 발전시키는 데 해가 된다."

子曰, "攻乎異端, 斯害也已."
자 왈 공 호 이 단 사 해 야 이

Confucius said, "Having aggressive attitude to others who think otherwise will bring nothing but harm."

서양이 시민혁명을 통해 가져다준 민주주의는 나와는 생각이 달라도 그러한 사람들과 같이 공존하는 사회이다. 볼테르Voltaire; 1694~1778, 프랑스의 철학자, 역사가가 얘기했다는 "나는 당신의 의견에는 반대하지만 그것을 주장하는 당신의 권리는 내 목숨을 내놓는 한이 있더라도 지킬 것이다. I disapprove of what you say, but I will defend to the death your right to say it." 라는 말은 민주주의에서 사상의 자유, 표현의 자유를 단적으로 말한 문구로 유명하다. 자기와 생각이 다른 타인이 있어야만 사회는 제대로 유지될 수 있다는 것이다. 자신의 생각이 틀릴 수도 있으므로 타인의 생각도 듣고 판단해보자고 결정하는 순간 그 사람은 변증법적으로 발전한다. 대부분 인간은 경험론적으로 사고할 수밖에 없다.

그러나 칸트의 비판처럼 나의 경험은 어차피 시간과 공간적인 한계를 가질 수밖에 없는 것이다. 나와 생각이 다르다고 타인에 대해 공격적인 태도를 보이는 것은 올바른 사유에 방해요소인 것이다. 소인들이 자기 이익을 바라는 차원에서 교우관계를 형성해 나가는 바와 다를 바 없다.

어휘 & Words

- 攻 공격할 공, 다스릴 공
- aggressive 공격적인
- attitude 태도
- otherwise 다르게 생각하는
- nothing but 오로지

알면 안다고 하고, 모르면 모른다고 말하라

2.17

공자가 말하였다. "자로야, 너에게 안다는 것이 무엇인지를 알려주마. 아는 것을 안다고 하고 모르는 것을 모른다고 하는 것, 이것이야말로 진정으로 아는 것이다."

子曰, "由! 誨女知之乎! 知之爲知之, 不知爲不知, 是知也."
자 왈 유 회 녀 지 지 호 지 지 위 지 지 부 지 위 부 지 시 지 야

Confucius said, "Zilu, shall I teach you what awareness means? To know what you know and know what you do not know - this then is real knowledge."

소크라테스는 "모른다는 것을 아는 것이 곧 앎의 시작이다. True knowledge exists in knowing that you know nothing."라고 말하였다. 없으면서 있는 척, 모르면서 아는 척의 '척'은 남이 아니라 결국은 자기 자신을 속이는 것이다. 아울러 자기 자신을 속이면 결국 남까지 속이게 된다. 이것이 개인적인 다툼으로만 한정되지 않고 나라를 운영하는 한 국가의 정책으로 집행되어서 법적 구속력을 갖게 되면 강토와 국민이 괴롭다.

이 장에서 공자가 얘기하는 안다는 것과 모른다는 것의 경계선은 자신의 내면에 스스로 물어보아 당당히 답할 수 있는 양심의 경계선이라는 생각이 든다. 머리에 담고 있는 지

식과 정보의 적고 많음, 부정확함이나 정확함의 영역이 아니라 자신의 욕망에 비추어 대답하고 획책하지 말라는 것이다.

장자莊子; 중국 고대 도가道家 사상가는 사변적이고 근원적인 상념을 이 장에 던진다. 그는 안다는 것과 모른다는 것에 경계선을 두지 않는다. 안다는 것과 모른다는 것에 대한 분별 자체가 인간의 오만이라는 것이다. 최종적인 답은 없으며 판단은 각자의 경험에 따른 것이므로 자신의 견해를 보편타당한 진리라고 주장하면서 절대화할 수 없다고 말한다. 논어의 이 장에 비견되는 《장자》 제물론齊物論의 한 장을 옮겨 본다.

설결齧缺; 중국 상고시대 현인이 스승 왕예王倪; 중국 요임금 때 현인에게 물었다.

"스승께서는 누구나 그렇다고 동의할 수 있는 무엇을 알고 계십니까?"

"내가 그것을 어떻게 알겠는가?"

"스승께서는, 스승께서 그것을 알 수 없다는 것에 대해 아십니까?"

"내가 그것을 어떻게 알겠는가?"

"그러면, 사물이란 알 수는 없는 것입니까?"

"내가 그것을 어떻게 알겠는가? 그러나 그 문제에 대해 말이나 좀 해보자꾸나. 도대체 우리가 안다고 생각하는 것이 사실은 모르는 것이 아니라고 장담할 수 있겠는가? 우리가 모른다고 생각하는 것이 사실은 아는 것이 아니라고 장담할 수 있겠는가?"

어휘 & Words

- 誨 가르칠 회
- 爲 될 위
- awareness (…을) 알고 있음
- knowledge 알고 있음

군주가 바르면 백성도 바르다

2.20

노나라 대부인 계강자중국 춘추시대 노魯나라 사람으로 계손비季孫肥라 함가 물었다. "백성들이 군주를 공경하며 충성하고 서로 선을 권하도록 하려면 어떻게 해야 합니까?" 공자가 답했다. "군주가 단정하고 위엄을 갖춘 자세로 백성을 대하면 백성들이 군주를 공경할 것이며, 군주가 부모에게 효도하고 아랫사람을 자애로 대하면 백성들이 군주에게 충성할 것이고, 선량한 사람을 발탁하고 능력이 부족한 사람을 가르치면 백성들이 서로 선량한 행동을 하도록 권하게 될 것이다."

季康子問, "使民敬忠以勸, 如之何?"
계 강 자 문 사 민 경 충 이 권 여 지 하
子曰, "臨之以莊則敬, 孝慈則忠, 擧善而教不能則勸."
자 왈 임 지 이 장 즉 경 효 자 즉 충 거 선 이 교 불 능 즉 권

Ji Kangzi asked, "How do you get the people to be respectful, to do their sincerity for you, and to encourage good behaviors mutually?"

Confucius replied, "Face them with dignity, and the people will be respectful; Be filial to your elders and kind to your juniors, and the people will do their sincerity for you; Employ those who are good natured and instruct those who are not, and the people will encourage good behaviors mutually."

계강자는 '안연 17장~19장'에도 공자에게 정치에 대해 계속 묻고 있다. 이 장도 그러한 장이다.

예카테리나 대제Ekaterina Ⅱ, 1729~1796는 무능하고 정신이상자였던 남편 표트르를 죽이고 강력한 러시아를 만든 여걸이었다. 러시아정교회 사제들과 나라 앞날을 걱정하는 귀족들, 황실 근위대 등의 지지 아래 쿠데타를 감행하여 황제의 자리에 올랐다. 당시 러시아는 재정 적자 및 쓸 만한 지도 한 장조차 구비되어 있지 않았던 무능하기 짝이 없는 나라였다.

또한 유럽에서 가장 가난했으며 낙후되고 무지한 나라였다. 그녀는 영국에서 최신 농기구를 수입하는 한편, 양과 소를 대량 사육하는 기술을 배워 오게 하여 농업을 일으켜 농민들이 먹고살 수 있도록 하였다. 인구가 부족한 지역에는 외국에서 이주민들이 들어오게 하여 올바른 이민정책을 실행하였다. 영국에 기술자를 파견해 전함 건조법, 의료, 과학기술을 습득해 오도록 하였다. 모든 도시에 학교 설립을 의무화했고, 러시아 최초의 의과대학과 여자학교도 세웠다. 민간인 병원을 최초로 설립했으며, 천연두로 인한 어린이 사망을 줄이기 위해 스코틀랜드 의사를 초빙해 자신이 직접 러시아에서는 처음으로 천연두 예방 백신 주사도 맞았다. 그녀는 새벽 일찍 일어나 밤늦게까지 일에 몰두하였다. 나라를 통치하는 모든 방면에 그녀의 손길과 노력이 뻗치지 않은 곳이 없었다. 그녀는 러시아의 영토도 크게 넓혔다.

예카테리나 대제가 표트르 대제와 함께 러시아를 유럽의 강국으로 만든 최고의 황제로 꼽히는 것은 바로 이러한 눈부신 업적이 있었기 때문이다.

어휘 & Words

- 勤 부지러할 근
- 臨 대할 림, 임할 임
- 莊 단정할 장, 씩씩할 장
- 慈 사랑할 자
- 勸 힘쓸 권
- sincerity 성실, 정직
- encourage 격려하다, 권장하다
- mutually 상호간에
- dignity 위엄
- instruct 가르치다

정치의 도는 효의 도와 같다

2.21

어떤 사람이 공자에게 "선생은 왜 정치를 하지 않습니까?"라고 묻자, 공자가 이렇게 답하였다. "《서경》에 '모든 것은 효도에 있다. 부모님께 효도하는 사람은 형제간에도 우애가 깊고 이 마음이 확대되어 정치에도 영향을 준다.'고 하였다. 이 또한 정치라고 할 수 있으니, 어찌 꼭 벼슬을 해야만 직접 정치를 한다고 할 수 있겠는가?"

或謂孔子曰, "子奚不爲政?" 子曰, "書云, '孝乎惟孝,
혹 위 공 자 왈 자 해 불 위 정 자 왈 서 운 효 호 유 효

友于兄弟, 施於有政.' 是亦爲政, 奚其爲爲政?"
우 우 형 제 시 어 유 정 시 역 위 정 해 기 위 위 정

Someone asked Confucius, "Why are you not engaged in politics?" The Master replied, "The Book of Documents says: It is all in filial conduct. Just being filial to your parents and having a brotherly love with your brothers is carrying out the work of politics. In doing this I am already engaged in politics. Why should I serve the government post?"

'가화만사성家和萬事成'이란 말처럼 세상에서 인간이 행하는 모든 일은 가정에서부터

비롯되며 위로는 부모, 옆으로는 형제, 아래로는 자식과의 화목이야말로 덕행 중의 으뜸이다. 《명심보감明心寶鑑》에 '자식이 효도하면 부모가 즐거워하고 가정이 화목하면 만사가 이루어진다.'는 말이 치가治家편에 나오며, 《대학大學》에도 격물格物, 치지致知, 성의誠意, 정심正心, 수신修身, 제가齊家, 치국治國, 평천하平天下의 8조목 중 공동체 확립의 첫 전제조건으로 제가를 우선으로 하였다.

《채근담》에 나오는 가족의 도리를 옮겨 본다.

"어버이는 자애롭고 자식은 효도하며, 형은 우애 있고 동생이 공경하여, 비록 그것이 극진한 경지에 이르렀다 할지라도 모두 이와 같이 하여야 마땅한 것이니, 털끝만큼도 감격하는 마음을 염두에 두어서는 안 된다. 만약 베푸는 자가 덕으로 자처하고 받는 자가 은혜로 생각한다면, 이는 곧 길에서 만난 사람의 관계이니 곧 장사꾼의 길을 이루는 것이다."

인륜은 천성天性에서 나오는 것이므로 은덕을 자랑해서는 안 된다는 것이다.

어휘 & Words

- 奚 어찌 해
- 書 글 서
- 惟 오직 유
- engage 참가의
- filial 자식다운
- conduct (특정한 활동을) 하다
- carry out 수행하다

역사는 미래의 창

2.23

제자인 자장이 열 세대 이후의 일을 알 수 있는지를 묻자, 공자가 이렇게 대답하였다. “은나라는 하나라의 예법을 따랐기에 그로부터 더해진 것이나 감해진 부분을 알 수 있으며, 주나라는 은나라의 예법을 따랐기에 그로부터 더해진 것이나 감해진 부분을 알 수 있다. 따라서 주나라의 뒤를 이어 나타나는 나라가 있다면 백 세대 이후의 일도 미루어 알 수 있는 것이다.”

子張問十世可知也. 子曰, “殷因於夏禮, 所損益, 可知也,
자장문십세가지야 자왈 은인어하례 소손익 가지야

周因於殷禮, 所損益, 可知也. 其或繼周者, 雖百世, 可知也.”
주인어은례 소손익 가지야 기혹계주자 수백세 가지야

Zizhang asked, “Can we know what ten generations hence will be like?” Confucius replied, “The Yin dynasty followed the observances of ritual courtesy of the Xia dynasty, and how they altered them can be known. The Zhou followed the observances of ritual courtesy of the Yin, and how they altered them can be known. If there is a dynasty that succeeds the Zhou, even if it happens a hundred generations from now, the continuities and changes can be known.”

공자는 요순시대堯舜時代; 중국 요임금, 순임금 시절 태평하게 잘 통치되던 시기를 가장 이상적인 시대로 보았다. 그러나 기록이 없어 그 시대를 배울 수 없었다. 그는 중국 춘추 말기 사람으로서 주나라의 도道가 쇠락해 가고 있었을 때, 비교적 가까운 은나라, 하나라, 주나라의 역사를 공부하여 지난 것을 보고 앞으로 올 것을 예측하려고 하였다.

모든 결과에는 원인이 있다. 개인의 일도 국가의 일도 마찬가지다. 역사는 과거 인간의 활동의 결과물로서 인과라는 사슬에 매어져 있는 지식과 지혜의 창고라고 할 수 있다.

에드워드 핼릿 카Edward Hallett Carr; 1892~1982 영국의 역사학자, 국제 정치학자는 《역사란 무엇인가》에서 '역사는 현재와 과거의 대화'라고 정의하였다. 역사란 '역사가와 그가 알고 있는 사실들의 지속적인 상호작용 과정, 현재와 과거 사이의 끊임없는 대화 History is continuous process of interaction between the historian and his facts, and unending dialogue between the present and the past.'라는 것이다. 그가 역사에 부여하는 의미는 '역사란 현재의 역사가들이 가지고 있는 현실 사회에 대한 문제의식에 따라 구성되며, 과거의 사실들이 어떠했는가보다는 역사 지식을 생산하는 역사가가 현재 사회와 현실에 대해 어떤 문제의식과 가치관을 가지고 있는지'에 따라 이루어진다는 것이다.

어휘 & Words

- 十世 한 왕조의 대수
- 因 말미암을 인, 의지할 인
- 繼 이을 계
- generation 세대
- dynasty 왕조
- observance (법률, 규칙의) 준수
- alter 변경
- succeed 계승하다

아첨과 용기란?

2.24

공자가 말하였다. "자신 가문의 신이 아닌데도 제사 지내는 것은 아첨하는 행위라고 할 수 있으며, 의로운 일을 행해야 하는 상황인데도 실천하지 않는 것은 용기가 없는 것이다."

子曰, "非其鬼而祭之, 諂也. 見義不爲, 無勇也."
자 왈 비 기 귀 이 제 지 첨 야 견 의 불 위 무 용 야

Confucius said, "Holding a memorial service for ancestral spirits other than one's own is a flattery. Failing to practice what is seen as righteous is a lack of courage."

비귀이제非鬼而祭, 즉 '자기네 귀신이 아닌데도 제사를 지낸다.'를 공자는 아첨하는 행위라고 보았다. 정치적 협상이라는 명분 아래 조상에게 지내는 성스러운 제사를 모독하지 말라는 것이다.

노나라가 정나라를 대신해서 태산에 제사를 지내준 것춘추좌전; 공자가 편수했다고 전해지는 중국 최초의 역사서 <춘추春秋>에 대한 주석서, 정나라가 노나라를 대신해서 주공에게 제사를 지내준 것집석, 제1책 132~133과 같은 행위를 공자는 옳지 않다고 보았다.

제사는 자신과 피를 나누었던 윗분에 대한 예의이다. 자신의 몸속에 윗분이 계시다는

증험證驗; 실지로 사실을 경험하는 것의 각성이며, 그렇기 때문에 조상들이 건네준 몸과 정신을 소중히 간직하고 후세에 물려주겠다는 맹세의 의식이기도 하다. 서로 다른 족속이 다른 조상들에게 흠향歆饗; 조상이 제상에 차려진 제사 음식을 받아들이는 행위하겠다는 것은 피의 질서에 맞지 않는다고 보았던 것이다.

어휘 & Words

- 鬼 귀신 귀
- 諂 아첨할 첨
- flattery 아첨

PART

03

팔일
八佾

인덕이 없으면 다 부질없다

3.3

공자가 말하였다. "사람으로서 인덕이 없다면 예절은 따져 무엇 할 것이며, 사람으로서 인덕이 없다면 음악은 있어 봐야 무엇 하겠는가?"

子曰, "人而不仁, 如禮何? 人而不仁, 如樂何?"
자 왈 인 이 불 인 여 례 하 인 이 불 인 여 악 하

Confucius said, "What has a person who is not humane got to do with observing ritual courtesy? What has a person who is not humane got to do with the playing of music?"

인仁에 대한 여러 가지 이론들이 있으나, 이 장에서의 인은 측은지심惻隱之心; 남을 불쌍하고 가엾게 여기는 마음이 옳다. 유대 지방에 새로운 약속의 말을 던졌던 예수가 가진 생각도 바로 이 주제였다. "안식일은 사람을 위해 있는 것이지 사람이 안식일을 위해서 있는 것은 아니다.(누가복음 6장 1절~5절)"

테이야르 드 샤르댕Teilhard De Chardin, Pierre; 1881~1955, 프랑스 사상가, 가톨릭 신부의 말처럼 신과 인간과의 관계도 진화한다. 과거의 신이 과거의 인간에게 요구했던 약속과 믿음의 말도 지금의 인간에게 괴로움과 불편을 요구하는 것이라면 과감히 버리라는 예수의 말은 바로 이 장에서의 공자의 말과 일치한다.

예가 없으면 사람들과의 관계에서 바로 설 수 없고 음악을 모르면 사람들과 조화롭게

지낼 수 없다. 그러나 동료 인간에 대한 측은지심이 없다면, 즉 불인不仁하다면 예와 악에 능통하다 해도 아무런 소용이 없는 인간인 것이다.

최고 공직을 수행했던 사람의 성 모욕 사건, 연예인이나 여러 대학에서 몇몇 교수들이 제자에게 가한 성추행 사건 등은 경험 많은 그들이 불인한 사람이라는 증거이다. 그들은 자기가 속한 사회에서 과연 예의가 없고 문화가 없는 사람일까? 그렇지 않을 것이다. 항상 넥타이에 반듯한 정장을 입고 사람들에게 흠집을 잡히지 않을 깔끔한 매너를 유지했을 것이다. 학벌도 좋으며 말도 함부로 하지 않는다. 자신의 이익구조를 떠받쳐주는 사회에서 윗사람과 동료에 대한 그들의 처신은 조심스럽다. 그러나 사회적 구조 속에서 자신보다 약자인 사람들에게 그들은 불인不仁하다. 즉, 측은지심이 없는 것이다.

어휘 & Words

- observe (법률, 규칙을) 준수하다

군자는 자기 자신과 다툰다

3.7

공자가 말하였다. "군자는 다른 사람과 다투지 않는다. 그러나 혹시라도 다투는 일이 있다면 활쏘기일 것이다. 상대와 더불어 겸양의 예를 행한 후 활 쏘는 자리로 올라가 자신의 활을 쏜다. 활쏘기를 마친 후 내려와서는 패자일 경우 벌주를 마신다. 이러한 다툼이 바로 군자가 다투는 모습이다."

子曰, "君子無所爭. 必也射乎! 揖讓而升, 下而飮. 其爭也君子."
자 왈 군 자 무 소 쟁 필 야 사 호 읍 양 이 승 하 이 음 기 쟁 야 군 자

Confucius said, "Men of virtue do not compete with others, except where they have to be in the archery contest. Greeting and making way for each other, the archers ascend the hall, and returning they drink a salute. Even in contesting, they are men of virtue."

활을 쏘는 것은 다른 사람과 경쟁하는 것이 아니다. 자신의 마음이 몸으로 우러나와 그 결과로 드러나는 것이다. 경쟁이면 경쟁이라고 볼 수 있는 데, 졌다는 것은 사실 자신의 마음을 다스리지 못한 것이므로 스스로 절제하고 겸양하라는 것이다.

공부도 이와 본질에서 다르지 않다. 나보다 영어, 수학 실력이 약한 친구를 대하는 자세

는 어떠한가? 그리고 대학 서열이 나보다 낮은(?) 대학을 나온 직장 동료를 대하는 마음은 과연 어떠한가?

21세기는 국·영·수 과목을 골고루 잘하는 인재 시대가 아니다. 바로 제2의 르네상스Renaissance 시대이다. 즉, 초등생도 손끝 한 번으로 전 세계의 정보를 읽어낼 수 있는 Global Field에 서 있으며, 누구나 좋아하는 것, 갈망하는 것, 혐오하는 것이 무엇인지를 읽어낼 수 있고, 읽어내야만 하는 인문학의 새로운 글로벌적인 르네상스의 과정에 교육 수용자들은 서 있는 것이다.

인간은 무엇인가? 인간은 무엇을 원하고 싫어하는가에 교육 콘텐츠는 초점을 맞춰야 한다. 교육과정에 1등급부터 9등급까지 서열을 매긴다는 것은 자유로운 영감Inspiration을 창살 안에 가두는 것과 똑같다. 교육자라고 자처하나 이런 사람은 젊은이들의 미래를 보지 못하는 사람이다. 교육자라기보다는 통계학자라고 하는 것이 더 나을 듯하다. 등급제와 서열을 매기지 않아도 공부할 사람은 공부하며, 방황하는 사람은 방황하고 노는 사람은 논다. 그리고 방황과 노는 행위가 반드시 뒤처지고 게으른 일탈 행위는 아니다.

스티브 잡스Steve Jobs; 1955~2011, 애플사의 창업자는 정규 학업을 그만둔 후 도리어 자신이 필요한 공부를 할 수 있었다. 이는 빌 게이츠Bill Gates; 1955~ , 마이크로소프트사 창업자도 마찬가지였다. 모두 다 국·영·수 공부를 시켜서는 안 된다. 남의 나라말을 잘하고, 사변 이성 논리(수학원리)를 잘 구사하는 공부로 사람의 서열을 매길 수는 없는 법이다.

어휘 & Words

- 射 쏠 사
- 揖 읍할 읍
- 讓 사양할 양
- 升 오를 승
- competitive 경쟁적인
- archer 활 쏘는 사람
- archery 활쏘기
- ascend 올라가다

활쏘기의 근본을 알라

3.16

공자가 말하였다. "활쏘기에 있어 과녁을 뚫는 것만을 주된 목적으로 하지 않는다. 그것은 사람마다 힘이 다르기 때문인데, 이러한 것이 옛날의 활을 쏘는 것과 관련된 도리이다."

子曰, "射不主皮, 爲力不同科, 古之道也."
자 왈 사 부 주 피 위 력 부 동 과 고 지 도 야

Confucius said, "The aim of an archer does not lie in piercing the leather target, because the strength of the archers varies. This is the way of the ancients who stood in an archery field."

'활을 쏴서 가죽을 뚫는다.'는 것은 힘이 좋다는 의미다. 그러나 가죽을 뚫는 것이 활을 쏘는 목적은 아니다. 세상엔 힘이 좋은 사람이 있고, 힘이 약한 사람이 있다. 사람은 서로 다르다. 우리는 이를 인정해야 한다. 서로가 달라서 사람이 살기 좋은 시대, 그때를 공자는 '요순시대'라고 보았다.

루소Jean-Jacques Rousseau; 1712~1794, 스위스 철학자와 로크John Locke; 1632~1704, 영국 철학자가 말한 '인간은 태어날 때부터 천부적으로 존엄하다.'라는 계몽주의 사상에 익숙한 현대인은 '사람은 서로 다름을 인정해야 한다.'라는 이 장이 당연하고 진부한 것으로 느껴지겠으나,

과거 전쟁이 잦던 시기에는 '부국강병'이 최고의 덕목으로 인정받던 시기였다. 즉, 당시 힘이 세서 과녁을 뚫는 사람이 최고의 인간으로 칭송받는 시대였다. 과거에는 그런 사람이 그 시대의 '아이돌(?)'이었다. 군주와 제후가 전쟁을 통해 강한 자를 칭송하며 이익을 꾀하던 춘추전국시대에 '다름의 조화'를 추구했던 요순시대로의 회귀를 주장한 공자의 의로운 생각이 애잔하다.

현대는 어떠한가? 미국의 군사력은 미국 외의 전 세계 국가의 군사력을 합쳐도 몇 배나 더 큰 로마보다도 더 크고 강한 제국에 합당한 군사력이다. 미국의 힘은 과녁을 뚫고도 남는다. 한국과 국경을 마주 대고 인접해 있는 중국, 러시아, 일본은 역시 강대국이다. 우리는 아직 춘추전국시대에 살고 있다. 군비를 늘려 같이 그러한 강한 활을 쏠 것인가? 아니면 반도의 민족 주체적인 유기적 통일을 통해 각자에게 맞는 선의의 유쾌한 활쏘기 시합을 유도할 것인가?

어휘 & Words

- 皮 가죽 피(과녁)
- archer 활 쏘는 사람
- 科 무리 과, 조목 과
- piercing 날카로운, 꿰뚫은

나는 예를 아낀다

3.17

노나라는 원래 초하루를 공표하며 양을 제물로 바치는 예식이 있었다. 자공은 당시 예식은 없어진 채 양을 제물로 바치는 형식만 남아 있는 것을 없애고자 하였다. 그러자 공자가 이렇게 말하였다. “자공아, 너는 그 양을 아끼려 하느냐? 나는 예를 아낀다.”

子貢欲去告朔之餼羊. 子曰, “賜也! 爾愛其羊, 我愛其禮.”
자 공 욕 거 고 삭 지 희 양 자 왈 사 야 이 애 기 양 아 애 기 례

Zigong wanted to do without the sacrifice of a live sheep at the Declaration of the New Moon ceremony. Confucius said, “Zigong! You spare the sheep? I spare ritual courtesy!”

자공은 실용주의로 나아간다. 오래전부터 군주나 사람들도 참석하지 않는 허례에 꼭 제물을 바칠 의미가 없다는 것이다. 그러나 공자는 제물을 바치는 제례의 마지막 형식마저 없애버린다면 옛적의 숭고한 예의 정신적 가치도 후대에는 잊히고 사라져 버릴 것이므로 안 된다고 얘기하는 장이다.

한 세기 전의 우리 민중의 동학사상은 숭고하였다. 세상을 이분법으로 분류하지도 않았고, 인간의 정신과 내면을 고양해 하늘의 질서와 조화시키는 인신론人神論의 높은 경지

에 있었다. 순수한 어린이가 곧 하늘님이라고 주장하며, '어린이 날'을 만든 어린이 인권 운동가 소파 방정환 선생이 동학 3대 교주 손병희 선생의 사위인 것은 우연이 아니다. 당시는 '장유유서'의 전통 유교가 뿌리 깊은 시대였다. 하지만 그는 이를 뒤집는다.

소파 방정환 선생은 1930년 7월에 이렇게 말한다.

"어른이 어린이를 내리누르지 말자. 삼십 년 사십 년 뒤진 옛사람이 삼십 년 사십 년 앞사람을 잡아끌지 말자. 낡은 사람은 새사람을 위하고 떠받쳐서만, 그들의 뒤를 따라서만 밝은 곳으로 나아갈 수 있고 새로워질 수가 있고 무덤을 피할 수 있는 것이다. 싹을 위로 보내고 뿌리는 일제히 밑으로 가자."

자공이 실용주의를 주장하였듯, 나이 든 사람들은 현실의 각박함을 얘기하며 한 세기 전에 우리 민중의 위대한 세상은 맞지 않는다고 주장한다. 공자는 그러면 안 된다고 얘기하는 장이다.

어휘 & Words

- 去 제할 거
- 告 아뢸 고
- 朔 초하루 삭
- 餼 희생 희
- 賜 줄 사(자공의 이름)
- 爾 너 이
- 愛 아낄 애
- do without ~ 없이 지내다
- sacrifice 희생
- declaration 선언, 공표

극진한 예는 아첨으로 보인다

3.18

공자가 말하였다. "예를 다해 군주를 모시는 것은 당연한데도 사람들은 이를 아첨한다고 생각한다."

子曰, "事君盡禮, 人以爲諂也."
자 왈　사 군 진 례　인 이 위 첨 야

Confucius said, "In serving your lord It is natural that you should be courteous with all your might, but other people think you flatter."

공자는 군주를 모실 때, 예의 규정에 따라 모시는 것이 옳다고 생각하였다. 그러나 당시 사람들은 그가 여러 가지 구실을 만들어 일부러 군주 눈에 띄게 아부한다고 수군거렸다. 공자가 이를 비판하는 장이다. 예는 규정을 따르고 마음에서 우러나오면 그뿐이다. 남의 눈치를 살필 것이 없다.

어휘 & Words

- 事 섬길 사
- 盡 다할 진
- 諂 아첨할 첨
- flatter 아첨하다

관중의 그릇

3.22

공자가 "제나라 군주를 패자로 만들었던 대부인 관중의 그릇은 작았다."라고 평가하자, 어떤 사람이 "관중이 검소했기에 그릇이 작다는 것입니까?"라고 물었다. 공자는 "관중은 세 여자를 아내로 두었고 일을 맡은 관리들이 겸직하는 이가 없었는데 어찌 검소하다고 하겠는가?"라고 말하였다.

그러자 또 "그렇다면 관중이 예를 알았습니까?"라고 묻자 공자가 이렇게 말하였다. "한 나라의 군주라야 병풍으로 문을 가릴 수 있는데 관중은 대부의 신분으로 문을 병풍으로 가렸고, 한 나라의 군주라야 다른 나라 군주와의 우호적인 모임을 위해 술잔을 놓는 받침을 만들 수 있는데, 관중 또한 그러한 술잔 받침을 만들어놓았으니 관중이 예를 안다고 하면 누군들 예를 모른다고 하겠는가?"

子曰, "管仲之器小哉!" 或曰, "管仲儉乎?"
자 왈 관 중 지 기 소 재 혹 왈 관 중 검 호

曰, "管氏有三歸, 官事不攝, 焉得儉?" "然則管仲知禮乎?"
왈 관 씨 유 삼 귀 관 사 불 섭 언 득 검 연 즉 관 중 지 례 호

曰, "邦君樹塞門, 管氏亦樹塞門. 邦君爲兩君之好, 有反坫,
왈 방 군 수 색 문 관 씨 역 수 색 문 방 군 위 량 군 지 호 유 반 점

管氏亦有反坫. 管氏而知禮, 孰不知禮?"
관 씨 역 유 반 점 관 씨 이 지 례 숙 부 지 례

Confucius said, "Guanzhong was short of capacity." Someone asked: "Do you mean that Guanzhong was frugal?" The Master replied: "Guanzhong had three residences and each member of his staff should have had an additional post in government but they had only one responsibility. Where's the frugality?" "This being so, did Guanzhong realize the observance of ritual courtesy?" he asked.

The Master replied: "Only the ruler of the state himself can set up ornamental stone blinds before his gates, but Guanzhong did the same; for entertaining other rulers only the ruler of the state himself can have a stand for inverting wine cup, but Guanzhong had the same. If we say that Guanzhong realized the observance of ritual courtesy, then who doesn't it?"

유명한 '관포지교管鮑之交'의 춘추시대 제나라 재상 관중에 대하여 공자가 좋지 않게 평하는 특이한 장이다.

논어의 다른 장에서는 공자가 그를 훌륭한 군자라고 평하는 장이 여럿 있다. 이 장에서 그는 군자가 되기엔 미흡하다고 평한다. 즉, '검소하지 않고 예를 모른다.'는 것이다. 관중이 누구인가? 그가 현재 대한민국에 태어났다면 국무총리가 되어 군사력을 강화하고, 경제를 발전 시켜 외교적으로 나라의 위세를 떨치게 하고 주위의 여러 나라와 굳건한 동맹관계를 맺어 남쪽에 위치한 일본(중국 당시엔 초나라)이 감히 넘보지 못하게끔 국력을 키운 영웅이라고 칭송받음이 옳은 인물이다. 이처럼 관중은 중국의 역사를 통틀어서도 손가락으로 꼽을 수 있는 출중한 재상 중의 재상인 인물이었다.

그런데도 공자는 그의 그릇이 작다 하였다. 즉, 그의 오만함arrogance을 비판한 것이다. 아무리 훌륭한 재주를 지니고 업적을 이루었어도 군자는 첫째, 검소frugality해야 한다는 것이다. 세 여자를 거느린다는 것은 많이 차지했다는 것이며, 사치스러웠다는 징표 외에 다름 아니다. 아울러 관리들의 겸직이 없었다는 것은 여러 일을 한 관리가 떠맡을 수 있었음에도 관리의 숫자가 많아서 할 일이 적었다는 것이다. 즉, 관중이 자신의 권세에 빌붙은 많은 이들을 벼슬길에 오르도록 허용함에 따라 국부國富의 유출이 심했다는 것이다. 관중은 남들이 아부하는 권력의 맛을 즐기며 나라의 재산을 허비하니 검소하지 않다는 것이다.

둘째, 예를 알지 못한다고 비판하였다. 재상의 신분으로 군주에 해당하는 대접을 받기를 당연시했다는 것이다. 예를 들면 현재 대한민국의 대통령을 상징하는 휘장은 '봉황'이다. 청와대 집무실엔 대통령을 의미하는 봉황이 벽에 새겨져 있다. 그런데 국무총리가 자신의 권세를 믿고 이 봉황을 자신의 집무실에도 새겨놓았다는 것이다. 공자는 지위, 업적이 아무리 탁월해도 겸손해야 '참으로 인간다운 사람 - 군자'라고 얘기하고 있다.

어휘 & Words

- 攝 겸할 섭
- 樹 병풍 수
- 塞 막을 색
- 反 도리어 반
- 坫 잔대 점
- be short of 부족하다
- frugality 검소
- frugal 검소한
- ornamental 장식용의
- residence 거주지
- blinds 병풍
- invert 뒤집다
- should have (과거 분사) ~ 했어야만 했는데

PART

04

이인
里仁

인덕이 있는 곳에 살아라

4.1

공자가 말하였다. "사람 사는 마을에 인덕이 흐르는 후덕한 풍속이 있는 것은 아름다운 것이다. 따라서 거주할 곳을 선택한다면 당연히 그처럼 인덕이 흐르는 후덕한 풍속이 있는 곳을 택해야 하는데, 그렇지 않다면 지혜롭다고 할 수 없다."

子曰, "里仁爲美. 擇不處仁, 焉得知?"
자 왈 이 인 위 미 택 불 처 인 언 득 지

Confucius said, "In taking up one's residence, it is the presence of humane persons that is the greatest attraction. How can anyone be called wise who, in having the choice, does not seek to dwell among humane people?"

인仁을 배워나가며 우리는 구체적으로 어떻게 살아가야 하는가? 출세해야 하나? 대학을 설립해야 하나? 회사를 운영해야 하나? 아니면 국가를 운영해야 하는가? 아니다. 우리는 궁극적으로는 무슨 일을 하든지 결국 마을에서 사는 것이다.

영국 총리 겸 재무부 수석장관의 관저는 런던 다우닝가 10번지에 있는데, 마을 안에 통치하는 사람이 그 한가운데에 들어가 살게 되어 있다. 총리 관저가 마을 한가운데에 있는 이유는 시민들이 말하는 것과 표정을 직접 듣고 보라는 것이다. 원래는 이게 옳은 것이다. 한국의 역대 대통령들이 불행했던 이유는 〈마을 = 민심〉과 차단되어 〈참모들 = 환관들〉에 둘러싸여 국민의 마음을 읽지 못한 데에 있었다고 보는 사람들의 평이 지배적이다.

인자仁者에게서는 정情이 배어 나온다. 정은 사람과의 관계를 온화하고 후덕하게 만든다. 인도가 영국의 지배 아래에 있을 때 비노바 바베Vinoba Bhave; 1895~1982, 인도의 비폭력 인권 운동가는 인도 전역을 걸어 다니며 가난한 사람들에게 자기가 가진 땅의 1/7을 나눠주자는 '토지헌납운동'을 시작한 사상가이다. 그는 어린 시절 자기가 자란 마을에서 어머니가 가르쳐준 〈가정 교육 = 마을 교육〉에 대해 이렇게 말한다.

> 우리 집 마당에는 빵나무 한 그루가 있었다. 나는 당시 철모르는 어린아이였기에 그 나무에서 열매가 자라는 것을 보자 곧 언제 그것을 먹을 수 있느냐고 어머니에게 보채기 시작했다. 결국, 때가 되어 열매가 익자 어머니는 그 나뭇잎들을 오목하게 접시 모양으로 많이 만들어 열매를 거기에 담으셨다. 그리고는 나에게 그 접시들을 동네 집집이 선물로 돌리라고 하셨다. 접시들을 다 돌리고 나자 어머니는 그제야 나에게 옆으로 와서 앉으라고 하시더니 달콤한 그 열매 몇 조각을 주셨다. 어머니는 "우리는 먼저 베풀고 나중에 먹어야 하는 법이란다."라고 말씀하시곤 했다. 어머니는 나에게 가장 심오한 철학적 진리를 가르치셨다.

어휘 & Words

- 里 마을 리
- 擇 가릴 택
- 處 곳 처, 살 처
- residence 거주
- dwell 거주하다
- attraction 매혹

어진 사람은 정의롭다
4.3

공자가 말하였다. "오직 어진 사람만이 다른 사람을 좋아할 수도 있고 미워할 수도 있다."

子曰, "唯仁者能好人, 能惡人."
자 왈 유 인 자 능 호 인 능 오 인

Confucius said, "The humane person alone can fairly discriminate the good person from the bad."

누구나 다른 사람을 좋아할 수도 있고 미워할 수도 있다. 그러나 이를 위해서는 그러한 감정을 갖는 당사자가 '공정함'을 가져야 한다고 공자는 말한다. 군자는 공명정대公明正大하여 사사로운 마음으로 사람을 평가하지는 않는다는 말이다. 패거리를 짓는 사람들은 그러한 '공정함'이 없다. 자신들의 사욕에 근거를 두고 다른 사람을 좋아하고 미워한다.

알베르토 코르다Alberto Korda; 1928~2001, 쿠바 사진가가 찍은 아르헨티나 한 청년 사진이 붉은 티셔츠에 프린팅되어 전 세계 젊은이들의 가슴에 실려 다닌다. 연예인도 아닌 청년으로서 죽은 지 50여 년 이상 지났는데도 이렇게 전 세계적으로 사랑받는 사람이 '체 게바라Che Guevara'이다. 1928년에 아르헨티나에서 태어나 1967년에 볼리비아에서 39세의 나이로 사살당한 그는 의사, 혁명가였고, 프랑스 철학자 장 폴 사르트르Jean Paul Sartre로부터 '20세기 가장 완전한 인간'이라는 찬사를 받았다. 그는 안정된 의사라는 직업을 버리고

20세기 초 남미 민중의 비참한 현실을 개혁하겠다는 신념에 따라 행동하고 죽었다.

그는 같은 시대 사람들의 고통에 가슴 아파하였으며 자신에게 준엄하였고 휴머니스트로서 숭고하였다. 이러한 사람이 공자가 얘기하는 '공정함'을 갖는 군자로서 다른 이들을 좋아할 수도 있고 미워할 자격이 있는 것이다. 1966년 2월, 그가 딸 일디타Hildita에게 보낸 편지 중에 이러한 자신을 표현하는 내용이 있어 옮겨본다.

네 나이에는 많이 배워야 한단다. 정의를 지지할 수 있도록 공부하여라. 나는 네 나이에 그러지를 못했다. 그 시대에는 인간의 적이 인간이었다. 그러나 지금 너에게는 다른 시대를 살 권리가 있다. 그러므로 시대에 적합한 사람이 되어라."

어휘 & Words

- 오직 유
- 惡 미워할 오, 악할 악
- discriminate 차별하다

인덕에 뜻을 두라
4.4

공자가 말하였다. "진실로 인덕에 대해 뜻을 두고 있다면 악한 행위를 저지르지 않는다."

子曰, "苟志於仁矣, 無惡也."
자 왈 구 지 어 인 의 무 악 야

Confucius said, "If indeed one's will is set on humane conduct, he cannot do misbehavior."

<에린 브로코비치Erin Brockovich>라는 영화가 있다. 2000년 개봉된 미국 영화로 에린은 실존 인물로서 법률회사에서 소송과 관련된 자료를 피해자로부터 청취, 수집하는 조사관이었다. 그녀는 1992년 캘리포니아주의 작은 사막 도시 힝클리에 위치한 Pacific Gas & Electronic(PG&E) 사의 천연가스 압축공장에서 나오는 원인 모를 물질로 현지 주민들이 병들어가는 것을 직감하고 마을의 모든 사람을 만나고 조사하는 4년간의 과정을 통해 발암물질 크롬 VI로 환경이 오염돼 주민들에게 피해를 준 사실을 입증한다. 아울러 피해를 당한 주민들에게 PG&E가 3억3천3백만 달러를 지불하도록 배상금을 받게 한다.

그녀는 이 사건을 조사하기 전 두 번의 이혼과 16달러뿐인 통장 잔고 그리고 세 아이를 가진, 고졸 출신에 뚜렷한 자격증도 없어서 당장의 생계를 걱정해야 하는 처지였다. 자동차 사고로 우연히 알게 된 변호사를 무턱대고 찾아가 어떤 일이든지 닥치는 대로 하겠

다며 사정할 정도로 바닥의 삶에 떨어졌으며 버릇없고 거칠었다. 아울러 변호사들은 모두 돈만 밝히는 사기꾼이라는 편견이 있었을 정도로 선한 생각과는 반대쪽에 서 있던 사람이었다.

그러나 PG&E 사건조사를 계기로 고통받는 사람들을 만나고 그들의 아픔과 구구절절한 사연에 같이 공감하면서 그녀는 인仁의 세계로 들어선다. 이러한 인에 뜻을 두게 되면서 과거의 바르지 못한 생각과 행위가 정반대의 휴머니즘으로 지향해 나갔던 것이다. 이 장에서 공자가 얘기하고 있는 것처럼 진실로 인덕에 뜻을 두었기에 에린은 악한 행위를 저지르지 않는 소극적 차원에서 벗어나, 많은 이들에게 선한 행위를 베푼 사람으로 칭송받았다.

어휘 & Words

- 苟 진실로 구, 만약 구
- 志 뜻 지
- misbehavior 악한 행위

언제나 정정당당하라

4.5

공자가 말하였다. "부귀와 고귀함은 모든 사람이 바라는 것이지만 정당한 방법으로 얻은 것이 아니라면 그것을 누리지 않아야 한다. 빈천과 비천은 모든 사람이 싫어하는 것이지만 정당한 방법으로 버리는 것이 아니라면 버리지 않아야 한다. 군자가 인을 버린다면 어디에서 군자라고 부를 수 있는 근거를 찾을 수 있겠는가? 군자는 밥 먹을 때도 인을 어기지 않아야 하며, 다급한 순간에도 반드시 인을 지키고 실패할 때도 반드시 인을 지켜야 한다."

子曰，"富與貴，是人之所欲也，不以其道得之，不處也.
자 왈 부 여 귀 시 인 지 소 욕 야 불 이 기 도 득 지 불 처 야
貧與賤，是人之所惡也，不以其道得之，不去也. 君子去仁，
빈 여 천 시 인 지 소 오 야 불 이 기 도 득 지 불 거 야 군 자 거 인
惡乎成名?
오 호 성 명
君子無終食之間違仁，造次必於是，顚沛必於是."
군 자 무 종 식 지 간 위 인 조 차 필 어 시 전 패 필 어 시

Confucius said, "Wealth and honor are what people want, but if they are the consequence of getting out of the moral principle, I would have no part in them. Poverty and disgrace are what people dislike, but if they are the consequence of staying on the right way, I would not avoid them. Wherein do the men of virtue who would abandon their humane conduct warrant that name? Men of virtue do not act against their humane conduct even for the space of a meal. When they are troubled, they certainly turn to it, as they do in facing difficulties."

공자는 정당한 방법이 아니라면 가난을 버리지 말라고 얘기한다. 그러나 참으로 빈천貧賤; 가난하고 천한 것을 버리고 싶은 것이 사람의 바람이다. 재산을 늘리는 능력이 없는 사람은 부귀를 바라지는 않는다. 그러나 질이 낮은 음식과 남루한 옷이 상징하는 가난은 무항산無恒産 무항심無恒心이기에 벗어나고 싶어 한다.

그러나 애써 벗어나려 하다 보면 사람의 도리를 어기게 될 수도 있다. 그래서 공자는 정당한 방법으로 극복하라고 충고한다. 즉, 인仁이다. 아무리 힘들고 괴로워도 인을 끝까지 놓지 말라는 것이다. 빈천을 면하기 어렵거든 차라리 가난을 즐기라는 것이다. 밥 한 끼 먹는 것도 비굴하게 먹지 말라는 공자의 다짐 어린 말이 추상같다.

어휘 & Words

- 賤 천할 천
- 顚 아마 전
- 違 어길 위, 미적거리 위
- 沛 배가는 모양 패
- 顚沛 넘어지고 자빠지는 위급한 순간
- consequence 결과
- warrant 보증하다
- get out of 벗어나다
- abandon 포기하다
- disgrace 치욕
- wherein 그 가운데에

진리를 알면 죽어도 좋다
4.8

공자가 말하였다. "아침에 진정한 도리를 들으면 저녁에 죽어도 여한은 없다."

子曰, "朝聞道, 夕死可矣."
자 왈 조 문 도 夕 死 可 矣

Confucius said, "If at early morning I learn of genuine truth, I will not express my regret over it even if I die in the evening."

어른들은 안다. 나이가 아무리 들어도 37세에 정신 연령이 머무른다는 것을…. 왜냐하면 스스로 대략 37세 이후부터 이 세상이 주는 경험에 별반 새로운 것은 없다고 생각하기 때문이다. 결국 죽는 날까지 낙타같이 부지런히 주어진 인생을 살다 병들어 죽는다는 것인데, 그 과정이 녹록지는 않다. 평범하게 살다가 삶의 진정한 도리를 불현듯 듣고 진리에 따르는 삶을 살다가 죽은 자는 역사에 그리 흔하게 등장하지는 않는다.

신神의 목소리가 삶의 어느 한순간에 불현듯 개입했던 프랑스 성녀 잔 다르크Jeanne d'Arc나 유대인만의 종교를 탈피하여 지금의 보편적 기독교를 만든 사도 성 바오로St. Paul 같은 직접적인 영적 체험을 한 사람들을 제외한다면, 진리에 대한 이성적 탐구의 과정을 통해 삶의 도리를 깨우친 자는 인도의 싯다르타 같은 극소수의 성인들밖에 없을 것이다. 싯다르타Buddha; 석가모니는 초기 경전인 《법구경The Dhammapada》에서 공자가 이 장에서 말하는 똑같은 말을 제자들에게 설파하고 있다. 두 구절을 옮긴다.

비록 백 년을 살지라도 삶과 죽음의 도리를 모른다면, 그 같은 도리를 알고 사는 그 하루가 훨씬 낫다. (법구경 113)

He who lives a hundred years, not seeing beginning and end, a life of one day is better if a man sees beginning and end.

비록 백 년을 살지라도 최상의 진리를 모른다면, 그 같은 진리를 알고 사는 그 하루가 훨씬 낫다. (법구경 115)

And he who lives a hundred years, not seeing the highest law, a life of one day is better if a man sees the highest law.

[참조 : 한글역; 법정, / 영문역; F. Max Müller]

어휘 & Words

- genuine 참된
- regret 후회하다

군자는 가난도 마다하지 않는다

4.9

공자가 말하였다. "올바른 삶을 살겠다는 뜻이 있는 선비가, 나쁜 옷이나 거친 음식을 싫어한다면 그와 함께 어떤 논의도 할 수 없다."

子曰, "士志於道. 而恥惡衣惡食者, 未足與議也."
자 왈 사 지 어 도 이 치 악 의 악 식 자 미 족 여 의 야

Confucius said, "Those learned gentlemen who, having set their purposes on walking the right way, are ashamed of shabby clothing and rough food, are not worth engaging in discussion."

여기서 나쁜 옷이나 거친 음식은 가난의 다른 이름이다. 올바른 방법으로 부를 얻을 수 없다면, 부당하게 가난해도 이를 버리지 말라고 공자는 말한다. 공자가 말하는 가난의 수준은 수전 손택Susan Sontag; 1933~2004, 미국 소설가이 《타인의 고통》에서 말하는 이율배반적인 관념을 비판하는 수준인 '육체적으로 극한의 지점에 다다른 고통'의 수준은 아닌 것으로 봐야 한다.

몇 년간 극심한 가뭄이 계속되어 UN에서 식량센터를 운영할 정도로 기아starvation; 굶주림에 시달리며 굶어 죽는 처절한 상황를 겪는 극단적인 경우가 있으나, 공자가 얘기하는 가난은 기아 상태보다 좀 더 나은 상황으로, 즉 간신히 끼니를 때울 수 있을 정도의 빈궁함이라고 정의하는 것이 옳을 것이다. 《꾸뻬 씨의 행복 여행Le nouveau voyage d'Hector a la recherche du temps qui passe》에서 프랑수아 를로르François Lelord; 1953~ , 프랑스 정신의학자, 작가는 부유한 나라의 많은 사람의 불행이 '더 큰 부자가 되고 더 중요한 사람이 되려는 욕망'에 있다고 말한다. 반대로 이 세상에는 좋은 옷과 기름진 음식을 먹지 않아도 행복해하는 가난한 사람이 많다는 것이다.

공자가 제시한 '군자가 지녀야 할 올바른 삶을 위한 생활의 덕목'을 그는 2,500년이 지나 서양인의 문체로 다음과 같이 제시한다.

1. 자신을 다른 사람과 비교하지 말 것
2. 자신이 좋아하는 일을 하라.
3. 행복은 미래가 아닌 현재에 있다.
4. 더 큰 부자가 되고 더 중요한 사람이 되는 목표 지향적인 삶은 행복한 것이 아니다.
5. 다른 사람의 행복에 관심을 가져라.

어휘 & Words

- be ashamed of 부끄러워하다
- shabby 남루한

군자는 유연하다

4.10

공자가 말하였다. "군자는 세상의 일을 처리하는 데 있어 반드시 그렇다거나 반드시 그렇지 않다고 고집하는 일이 없으며, 의로운 것만을 따른다."

子曰, "君子之於天下也, 無適也, 無莫也, 義之與比."
자 왈 군 자 지 어 천 하 야 무 적 야 무 막 야 의 지 여 비

Confucius said, "Men of virtue in making their way in the world are neither bent on nor against anything; Besides, they go with what is righteous."

연암 박지원朴趾源; 1737~1805, 조선 실학자은 《낭환집서》에서 백호 임제林悌; 1549~1587, 문신, 조선 3대 천재 시인를 소개하고 있다.

백호 임제가 말을 타려 하자 마부가 나서며 아뢨다. "나리, 취하셨습니다. 목화(목이 긴 가죽신)와 (목이 짧은)가죽신을 짝짝이로 신으셨습니다."

그러자 백호가 꾸짖어 말했다. "길을 가다가 오른쪽에서 보는 사람은 내가 목화를 신었다 할 것이고, 길 왼쪽에서 보는 사람은 내가 가죽신을 신었다고 할 테니, 무슨 상관이 있겠느냐?"

군자는 어느 한 면만을 보고 그것만이 옳다고 집착하지 않는다. 유연하다flexible는 것인데, 단지 두루뭉술하게rough 일을 처리한다는 것과는 다르다. 올바른 인식은 여러 가능성을 열어놓고 동시에 관망함으로써 포괄적으로 사고思考할 때에야 가능한 것이다. 특히 어떤 일이 의롭다면 나와 생각이 달라도 그의 생각에 따를 수 있는 여유와 포용력을 가지라는 것이다.

산 정상까지 올라가는 길은 여러 길이 있다는 것을 그는 알고 있다. 공자가 '미자 8장'에서 말한 유명한 '무가무불가無可無不可; 꼭 그래야만 되는 것도 없고, 꼭 그래서는 안 되는 것도 없다.'이다. 논어를 보면 군자가 지켜야 될 덕목이 사실 딱딱한 계율로 다가올 수 있으나, 이 장에서 공자는 잠깐 쉬었다 갈 수 있는 여유를 보여주고 있다. 깊은 산 속에 조용한 약수터 같은 장이다.

어휘 & Words

- 適 갈 적, 주장할 적
- 莫 말 막(강한 부정)
- 比 비교할 비, 같은 비
- neither A nor B A와 B 둘 다 아니다
- besides 게다가
- be bent against 반대하다
- be bent on 수긍하다

군자는 덕을 좇고 소인은 이익을 좇는다

4.11

공자가 말하였다. "군자는 도덕의 기준을 생각하지만 소인은 자기가 거처하는 곳의 편안함을 생각하며, 군자는 공정함을 생각하지만 소인은 자신이 얻을 이익을 생각한다."

子曰, "君子懷德, 小人懷土, 君子懷刑, 小人懷惠."
자 왈 군 자 회 덕 소 인 회 토 군 자 회 형 소 인 회 혜

Confucius said, "Men of virtue cherish their moral excellence; narrow minded persons cherish their land. Men of virtue cherish fairness; narrow minded persons cherish the thought of gain."

기독교에서 선과 악이 항상 대비되듯이, 논어는 군자와 소인이 언제나 대비된다. 군자가 행동하는 두 가지 지침이 나온다. 여기에서 덕德은 도덕이다. 무엇을 해야 하는지에 대한 능동적인 지침이다. 형刑은 곧 법法이다. 무엇을 해서는 안 되는지에 대한 수용적인 지침이다.

소인은 땅과 이익을 추구한다고 했다. 땅은 옛날부터 지금까지 소인에게 있어선 부의 대상이었다. 소인은 늙어서 굶어 죽을까 봐 두려워하며 산다. 살면서 사람들을 잃어버렸으므로 말년엔 물질에만 의존할 수밖에 없는 것이다. 그러나 의義로써 살아온 군자는 옛적

부터 50세 이후 삶은 걱정하지 말라고 하였다. 주위에 사람들이 있기 때문이다.

서양 사람들도 땅은 'real estate'라고 한다. '진짜 재산'이라는 뜻이다. 그들도 군자와 소인이 있고 소인은 땅에 대한 욕심이 많다. 그래서 러시아 문호 레프 톨스토이Lev Tolsto; 1828~1910, 러시아 소설가이자 사상가는 《사람에게는 얼마만큼의 땅이 필요한가?》라는 단편소설에서 땅 욕심 때문에 계속 걷다, 심장이 터져 죽고 마는 바흠이 결국 2m 정도의 땅에 허망하게 묻히는 것으로 소설의 결말을 장식한다.

이에 비추어 한국 현실을 보면 자주 뉴스에 등장하는 고위 관직에 올라간 사람들의 재산 상황을 볼 수 있다. 대부분 출세한 사람들인데, 이들 모두 여러 채의 주택과 건물 그리고 땅을 보유하고 있었다. 아마도 이런 재산을 모으기 위해 그들은 남들이 쉬고 있는 시간이나 휴일에도 부지런히 일했을 것이라고 우리는 꼭 생각해야 하는가?.

어휘 & Words

- 懷 생각할 회, 품을 회
- 惠 어질 혜, 줄 혜
- cherish 간직하다
- gain 얻다
- fairness 공정함

자기 이익만 좇지마라

4.12

공자가 말하였다. "자신의 이익만을 추구하면서 행동하면 다른 사람으로부터 많은 원망을 듣게 된다."

子曰, "放於利而行. 多怨."
자 왈 방 어 리 이 행 다 원

Confucius said, "To act for the pursuit of personal profit will evoke a lot of resentment."

소인은 자신의 이익에 따라 사람과 세상을 스스로 재단한다. 이익의 추구가 삶의 동기이며, 인간관계도 그러하다. 모든 일에서 이익을 추구하려고 하기 때문에 다른 사람으로부터 원한 사는 것을 피하기 어렵다.

기업의 본질은 이익 추구이다. 그런데 기업도 대인 스타일이 있고 소인 스타일이 있다. 많은 이가 칭송하는 기업 중 유한양행(주)이라는 제약회사가 있다. 창업자 유일한柳一韓; 1895~1971, 경영인, 독립운동가 선생은 '민족의 생존과 민족혼의 재현은 건강에 있다.'라고 생각하였다. 그는 '건강한 국민만이 잃어버린 나라의 주권을 찾을 수 있다.'는 신념으로 일제 강점기에 회사를 창업하였다. 당시 의약품은 대부분 일본인에 의하여 수입·생산되었기 때문에 한약을 제외하고 한국 사람이 경영하는 기업은 거의 없었다. 이런 상황에서 그는 일본 회사들과 경쟁하면서 당시 백성들 사이에 만연되어 있던 피부병, 결핵, 학질, 기생충 감

염 등을 치료하기 위하여 각종 의약품을 수입·공급하는 한편, 소독제, 위생 재료, 혈청, 백신 등과 진통소염제 안티푸라민을 보급하여 질병 퇴치에 크게 일조하였다.

그는 1936년 유한양행㈜을 우리나라 최초로 종업원 지주제, 즉 주주자본주의를 도입하여 윤리경영을 실천하였다. 더욱이 정직한 기업 활동뿐만 아니라 "자신의 전 재산을 교육하는 데에 기증하라."고 유언을 남기며 사회 환원을 실천하였다. 자신 이익만을 좇지 않고 세상 사람들을 생각하였기에 유한양행㈜은 많은 칭송을 받았다.

어휘 & Words

- 放 따를 방
- 怨 원망할 원, 원수 원
- pursuit 추구
- evoke 불러일으키다
- profit 이익
- resentment 원망

자격을 갖춰라

4.14

공자가 말하였다. “자신에게 벼슬이 없는 것을 근심하지 말고 자신에게 그 벼슬을 할 만한 자격이 있는지를 걱정하라. 다른 사람이 자신을 알아주지 않는 것을 근심하지 말고 다른 사람이 알아줄 만한 자격을 갖추도록 노력하라.”

子曰, “不患無位, 患所以立. 不患莫己知, 求爲可知也.”
자 왈 불 환 무 위 환 소 이 립 불 환 막 기 지 구 위 가 지 야

Confucius said, “Do not worry over not having an official position; worry about what it takes to have one. Do not worry that no one acknowledges you; seek to do what will earn you acknowledgement.”

공자는 남들이 알아주지 않는 것을 걱정하지 말고 자신의 능력이 없음을 걱정하라고 말한다. 내가 잘되고 못 되는 건 다른 사람들과 아무 관련이 없다. 모든 일을 자기 자신에게서 구해야 한다. 싯다르타와 마찬가지로 공자도 행복과 불행의 원인을 외부에 두지 않고 자기 자신에 두었다. 세상이 어떻게 돌아가든 자신의 실력을 부단히 쌓으며 노력하고 또 노력하라는 것이다.

아울러 공자는 자신에게 ‘정직’해야 한다고 얘기한다. 자신에게 스스로 정직하면 남들

이 나를 봐주는 평판에 걱정이 되지 않는다. 내가 판단하는 나보다 과한 칭찬을 해주면 부끄러울 것이고, 미흡하다고 하면 열심히 더 노력할 뿐이다. 공자 스스로도 자신의 정치적 포부를 알아주는 사람이 없었지만 '하늘을 원망치 않고 사람을 탓하지도 않겠다. 배워서 통달하면 저 하늘이 알아주리라.(헌문편 35장)'라고 자위하였다.

어휘 & Words

- 患 근심 환
- acknowledge 인정하다

도는 하나로 통한다

4.15

공자가 "증참아, 나의 도는 하나로 일관되어 있다."라고 말하자, 증자가 "예"라고 말하였다. 공자가 나가자 다른 문인이 "스승님은 무엇을 말씀하신 겁니까?"라고 묻자, 증자가 이렇게 말하였다. "스승님의 일관된 도는 자신에게 최선을 다하는 충忠과 자신의 입장에서 미루어 남의 입장을 이해하는 서恕뿐입니다."

子曰, "參乎! 吾道一以貫之." 曾子曰, "唯." 子出,
자 왈 참 호 오 도 일 이 관 지 증 자 왈 유 자 출
門人問曰, "何謂也?"
문 인 문 왈 하 위 야
曾子曰, "夫子之道, 忠恕而已矣."
증 자 왈 부 자 지 도 충 서 이 이 의

Confucius said, "Zeng! My principle is bound together with one continuous way." Master Zeng replied, "Indeed."

When Confucius had left, the disciples asked, "What was he referring to?" Master Zeng said, "The way of the Master is doing one's sincerity and putting oneself in the other's place, nothing more."

서恕는 같을 여如와 마음心이 합쳐진 글자이다. '내 마음 같다.'는 것이다. 나와 타인이

둘로 나누어진 존재가 아니라 타인이 곧 나임을 느끼는 경지, 이를 공자는 인仁의 경지라 하였다. 인仁하다는 것은 극기복례克己復禮이다. 한때 잃어버렸던 자신을 극복하여 예전에 상실한 예禮를 되찾아 내면화시키는 일이라고 하였다.

동학의 창시자, 수운 최제우 선생도 한울님과의 대화에서 오심즉여심吾心卽汝心; 내 마음이 곧 네 마음이다.이라는 메시지를 어느 날 불현듯 받았다. 여기서 인내천人乃天, 즉 '사람이 곧 하느님'이라는 천도교의 중심 교리가 태동한다. 하늘과 땅과 사람이 일체인 이 교리는 인간을 누구나 평등하게 보고 근본적으로 귀천이 있을 수 없다고 선언한다. 사람마다 한울님을 모시고 있어서 사람 여기기를 한울님과 같이 여겨야 한다는 사인여천事人如天이 천도교의 행동 실천 요강이다. 자신의 한울님을 모신다는 말은, 자신에게 주어져 있는 한울님의 심기心氣를 바르게 기름으로써 한때 잃어버렸던 한울님을 되찾아 모시는 것을 의미하며, 이것을 양천주養天主라고 한다.

공자도 똑같이 말한다. "인仁하다는 것은 극기복례克己復禮이다."라고.

어휘 & Words

- 貫 꿸 관
- principle 원리
- disciple 제자
- refer to 언급하다

의리에 밝아라

4.16

공자가 말하였다. "군자는 의리에 밝고, 소인은 이익에 밝다."

子曰, "君子喩於義, 小人喩於利."
자 왈 군 자 유 어 의 소 인 유 어 리

Confucius said, "Men of virtue can sense what is righteous; narrow minded persons open eyes to what is of personal advantage."

평소에는 군자와 소인은 확연히 구분되지 않는다. 그러나 부귀와 관련되거나 공명에 관한 문제가 발생할 때, 군자는 법法을 좇으나 소인은 사적인 인맥에 의존한다. 군자는 사사로운 이익보다 덕과 의를 내세우지만 소인은 정반대이다. 소인의 해결방식은 불법을 불러오게 되고, 그래서 소인이 장사치와 어울려 정치를 하게 되면 백성의 삶이 피폐해진다.

《맹자孟子》의 첫 장인 '양혜왕梁惠王'에서 양혜왕이 "천릿길을 멀다고 여기지 않고 이곳까지 오셨으니, 앞으로 과인의 나라에 무슨 이익이 될 만한 것이 있겠습니까?"라고 묻자 맹자는 "왕께서는 하필이면 이익만을 물으십니까? 인의仁義가 있을 뿐입니다."라는 도덕정치를 설파하는 이유도 군주가 소인의 길을 따라가지 말도록 설파했던 공자의 가르침인 것이다.

어휘 & Words

- 喩 깨우쳐줄 유, 좋아할 유
- advantage 이익

덕을 추구하라

4.17

공자가 말하였다. "덕을 갖춘 사람을 보면 그 사람과 같아져야겠다고 생각하게 되며, 덕이 야박한 사람을 보면 혹시 그와 같은 점이 자신의 내면에 있는지 스스로 반성하게 된다."

子曰, "見賢思齊焉, 見不賢而內自省也."
자 왈 견 현 사 제 언 견 불 현 이 내 자 성 야

Confucius said, "When I meet wise men, I think to stand shoulder to shoulder with them; meeting persons of little wisdom, I always look inward and examine myself."

단편적으로 주위의 착한 사람을 모방하여 그들의 행동을 따라 하면 될 것 같은 교과서적인 얘기 같으나 절대 쉽지 않다. 본질은 과연 현자賢者가 누구냐는 것이다. 어질고 착한 덕을 갖춘 이는 어떠한 사람인가? 이토 히로부미를 하얼빈역에서 암살한 안중근安重根; 1879~1910 의사는 한국인에겐 위대한 의병장이나 일본인 입장에선 테러범이자 암살범이다.

극단적인 평가는 종교에도 그러하다. 불교의 싯다르타는 세계 3대 성인 중 하나이다. 그런데 필자가 당시 싯다르타 부인의 아버지, 즉 장인의 입장이라고 생각해 보았다. 그러면 갑자기 싯다르타는 몹쓸 사위가 되어버린다. 젊은 딸과 손주를 놔두고 어느 날 저녁, 인생의 생로병사의 본질을 깨닫겠다고 사위는 가출한다. 왕의 자리와 돈도 내다 버리고 거지 차림으로 야반도주하는 사위를 축원해줄 아량과 배포를 가진 장인은 세상에 그리 흔치 않을 것이다.

어질고 착한 덕을 가진 현자는 과연 누구인가? 현대에 사는 우리는 어진 덕을 갖춘 현명한 자를 어떻게 판단해야 한단 말인가? 무겁지만 평생 긴장할 수 있는 화두가 될 주제인지라 재미있기도 하다.

어휘 & Words

- 齊 가지런할 제
- 焉 어찌 언
- shoulder to shoulder 힘을 모아
- inward 마음속의
- examine 조사

부모가 잘못해도 원망치 마라

4.18

공자가 말하였다. "부모를 섬길 때 혹시 부모가 잘못하는 일이 있으면 완곡하게 잘못을 간해야 하고, 내 의사를 받아들이지 않더라도 여전히 공경하면서 부모의 뜻을 어기지 않아야 하며, 이로 인하여 힘들거나 걱정이 되더라도 원망해서는 안 된다."

子曰, "事父母幾諫, 見志不從, 又敬不違, 勞而不怨."
자 왈 사 부 모 기 간 견 지 부 종 우 경 불 위 노 이 불 원

Confucius said, "In serving your father and mother, advise with them gently. In seeing that they do not heed your suggestions, remain respectful and do not act contrary. Although this causes you to worry, you should not have ill feeling toward them."

'위정 5장'에 나오는 '부모의 말씀을 거스르지 않아야 한다.'보다는 완화된 공자의 말이다. 얼마 전에 학원이 밀집해 있는 상가의 한 분식점에서 식사한 적이 있었다. 옆 좌석에 중3 정도 보이는 남학생과 그 어머니의 대화를 우연히 듣게 되었는데, 두 모자간에 갈등이 있어 보였다.

주제는 '예배를 어느 교회에서 드리는 게 옳은가?'였다. 이사한 직후인 것 같았다. 어머

니는 현실적인 한국 교회 정서를 대변하듯이 그전에 다니던 교회에 계속 가야 한다는 주장이었고, 학생은 어느 교회에 가나 예수님이 계실 텐데 새로 이사한 동네의 가까운 교회로 나가 피곤함을 줄이고 싶다는 보편적인 기독교 진리로 맞서고 있었다.

아마도 니케아 종교회의가 다시 열린다면 다수결로 학생의 의견이 채택될 것이다. 그러나 공자가 이 회의에 초대되었다면 아마 어머니에게 표를 던졌을 것이다. 그런 후 그는 어머니에게 다가가 다음과 같이 말하고 회의장을 떠났을 것이다.

"당신이 다니는 큰 교회의 신의 대리인은 사욕에 차 있는 소인이고, 당신 아들은 공정한 군자의 기질이 보이는 작은 대인이다. 아들을 불편케 말라. 그러나 나는 아리우스Arius; 250년 또는 256~336, 기독교 성직자이자 신학자와 함께 부모인 당신에게 투표하였다. 왜냐하면 부모와 자식 간에 옳고 그름이 확연히 갈리는 일은 꼭 합당하지만은 않기 때문이다."

어휘 & Words

- 幾 얼마 기, 작을 기
- heed 주의
- respectful 공손한
- contrary 반대로

꼭 안부를 전하라

4.19

공자가 말하였다. "부모가 살아계실 때는 집을 떠나 너무 먼 곳으로 놀러 가지 않아야 하며, 어쩌다 먼 곳으로 놀러 갈 때에는 반드시 자신이 어디에 있는지 부모가 알 수 있게 해드려야 한다."

子曰, "父母在, 不遠游, 游必有方."
자 왈 부 모 재 불 원 유 유 필 유 방

Confucius said, "When your father and mother are alive, do not journey far, and when you do travel, be sure to have your parents informed of where you are at everytime."

당시 효경孝敬의 구체적인 방법을 서술한 공자의 말이다. 해외로 유학이나 여행을 자주 떠나는 현대인에게 가장 들어맞지 않는 논어의 구절이기도 하다.

공자 시대에는 질병과 전쟁, 환란이 도처에 있었다. 자식이 집을 나서는 순간부터 무사히 돌아오는 그때까지 부모는 자식의 안위만이 걱정이었다. 자식은 멀리 떠나면서 자신과 부모가 계속 하나의 끈으로 이어져 실타래가 풀려나가고 있음을 잘 모른다. 그러나 부모는 안다. 자식이 세계 어디에 가 있든 먹먹하면서도 잔잔한 근심의 끈이 자신과 자식 사이에 매어져 있음을 안다.

부모의 바람은 오직 자식이 제대로 먹고 자고 입고 병들지 않았으면 하는 가장 소박한 소망이다. 부모가 죽어야 부모가 된다고 하였다. 고아가 되어야 비로소 부모의 마음을 이해할 수 있다고 한다. 자식의 행동에서 내 과거의 행동을 그대로 보고 내가 돌아가신 부모가 되어서 그 부모의 그 자리에 그대로 앉아 있는 것이다. 시간과 인연의 법칙은 공평하여서 어차피 치렀어야 할 30년 전의 빚을 이제 청산하고 있는 것이다. 나의 부모는 떠나시고 내가 부모가 되어 자식으로서 부담 지우게 했던 빚을 그리움의 주머니에 슬프게 담는다.

어휘 & Words

- 游 헤엄칠 유, 놀 유
- journey 여행

효자란 무엇인가?

4.20

공자가 말하였다. "삼 년 동안 부모님이 살아오신 방식을 바꾸지 않는다면 효자라고 할 수 있을 것이다."

子曰, "三年無改於父之道, 可謂孝矣."
자 왈 삼 년 무 개 어 부 지 도 가 위 효 의

Confucius said, "A person who for three years abstains from changing the principles of his late parents can be called a filial child."

'학이 11장'과 중복된다. 대체로 옛 조상은 고향에서 태어나 멀리 가보지도 못하고 그곳에서 농사지으며 부모를 봉양하고 자식을 키우다 환갑잔치도 못 치르고 돌아가셨다. 현재 산업사회, 지식정보사회의 어른처럼 다양한 스펙트럼을 경험하며 산 것은 아니었다. 일상적인 삶은 단순하였으나 질병이나 기근, 전쟁이라는 세 가지 위협이야말로 옛 부모가 자식 양육에서 겪었던 고뇌의 최대 주제였다.

1년에 한 번씩 추석 전에 친척과 함께 조상 산소의 잡초를 제거하며 우의를 다지는 '묘사'에 가면 여러 직계 조상의 묘비를 보게 된다. 40살 이전에 졸卒한 어른이 많았다. 필자만 해도 공자처럼 3살 때 증조부가 졸하셨다. 현대 한국의 아버지들처럼 '생활에서의 소외'적 대상이 아니라 아예 '삶 자체에서 자식으로부터 소외'된 분이 많았으리라고 생각된다. 여인들도 애를 낳다가 죽는 경우가 많아 남겨진 후손은 한 분만 남은 부모로부터, 혹은 부모의 항렬과 같은 친척 어른으로부터 타계한 부모의 생각과 가치관, 삶의 행적을 이야기로 듣고 가슴 깊이 새겼을 것이다.

한반도에 사는 우리 모두 역사에는 위에 서술한 3가지 외부의 위협이 워낙 컸고, 종교적 분쟁이 구한말을 제외하곤 서구같이 심각한 갈등으로 등장한 적이 없었으며, 일찍이 충효사상忠孝思想이 자리 잡아 부모와 자식 간의 불화와 갈등이 거의 없었다고 보는 것이 무방하다.

어휘 & Words

- abstain from 삼가다
- principle 원칙

부모의 나이를 알라

4.21

공자가 말하였다. "부모의 연세는 자식이 알고 있어야 한다. 부모의 연세를 알게 되면 오래 살아 계신 것이 기쁘기도 하지만, 반면에 앞으로 모실 수 있는 날이 얼마 남지 않았다는 사실 때문에 두렵기도 하다."

子曰, "父母之年, 不可不知也. 一則以喜, 一則以懼."
자 왈 부 모 지 년 불 가 부 지 야 일 즉 이 희 일 즉 이 구

Confucius said, "You must know the age of your father and mother. On one hand, it is a source of joy; on the other hand, it is a source of sorrowful embarrassment."

부모의 연세(나이)는 계속 쌓여만 가는 아라비아 숫자가 아니다. 아빠를 '아버지'로, 엄마를 '어머니'로 호칭하게 되는 그 순간부터 부모의 나이는 멈추면서 객관화의 범주로 편입되게 된다. 같은 공통의 주제와 굴레에서 고민하면서 세상을 살아가는 아주 가까운 선배의 모습으로 이삼십 년은 연세가 정체되어 있다. 그들도 나와 똑같이 태어나고 고민하고 좌절하고 실망하고 기뻐하는 인간이었다.

그러다가 설날에 세배하는 존재에서 이를 받는 존재가 되었을 때, 부모의 나이시계는 다시 재깍거리며 움직이기 시작한다. 젊었을 때는 다른 인격의 개별적인 존재였으나, 어

느 날 부모의 얼굴에서 문득 미래의 내 얼굴이 확연히 그려질 때 우리는 살 만큼은 산 것이다.

어휘 & Words

- 喜 기쁠 희
- on one hand 한편으로는
- on the other hand 또 한편으로는
- 懼 두려울 구
- embarrassment 난처함
- sorrowful 슬픈

말을 먼저 앞세우지 마라

4.22

공자가 말하였다. "옛날 사람들이 말을 함부로 하지 않았던 것은 자신의 행동이 그 말을 제대로 실천하지 못할까 봐 부끄러움이 앞섰기 때문이다."

子曰, "古者言之不出, 恥躬之不逮也."
자 왈 고 자 언 지 불 출 치 궁 지 불 체 야

Confucius said, "The ancients were reluctant to speak easily because they were afraid to be ashamed if they personally did not live up to what they said."

현대 문명이 발달한다고 해서 인간이 발전하고 나아지는 것은 꼭 아니다. 인간이 갖추어야 할 기본 덕목을 지덕체예知德體禮로 나눈다면, 지知는 분화되어 세밀해지긴 했으나 부분적인 앎에만 편중되어 편협한 사람을 많이 양산하였고, 덕德은 사람들이 종교의 영역으로 대부분 밀어놓았다. 탐욕으로 주중을 살다가 주말에 성스러운 곳에 맡겨놓은 자신의 덕을 잠깐 어루만지다가 다시 세상으로 걸어 나오는 것이 이젠 자연스러운 일이 되어버린 것이다. 약간의 돈을 지불하고 주중에 지은 죄를 마음속으로 참회하면 맡겨놓은 덕은 초기화format가 되어 다시 깨끗해지는 청량감을 얻는 것이다.

예禮는 자본이 다른 통치의 메커니즘을 지배하면서 재빨리 지폐의 세계로 숨어들었다. 지폐를 가진 자가 예를 지배한다. 체體는 100m를 10초에 뛰는 사람이 나왔으나, 그들은 운동선수athlete이지 일반인의 체력이 옛날 사람보다 강건해진 것은 아니다. 현대인은 인류 역사상 체력적으로 가장 허약하다.

요즈음, 말을 함부로 하는 경향이 많아져서 이로 인해 사람 죽이는 일이 잦아지는 손꼽는 원인이 되었다. 말을 글로써 전환해 익명으로 사람의 목숨을 빼앗는 시대가 되어버렸다. 이렇게 되어버린 궁극적인 원인은 지덕체예 덕목 이전에 인간이 갖추어야 할 최소한의 부끄러움마저 이젠 사라져버렸기 때문이다. 공자는 '부끄러워할 줄 알아야 사람답다.' 고 하였다.

어휘 & Words

- 躬 몸 궁
- 逮 미칠 체
- the ancients 옛사람들
- reluctant 꺼리는
- ashamed 부끄러운
- live up to 부끄럽지 않은 생활을 하다

매사를 단속하라
4.23

공자가 말하였다. "자기 자신이 말과 행동을 조심스럽고 신중히 했는데도 잘못을 저지르는 경우는 매우 드물다."

子曰, "以約失之者鮮矣."
자 왈 이 약 실 지 자 선 의

Confucius said, "It is rare indeed for someone to go wrong who puts a personal restraint on himself."

약約은 '얽어맬, 구속할, 제약한다.'는 의미이다. 자기 자신을 제약하며 언행言行을 신중히 가져가면 잘못을 저지르는 일이 매우 적어지리라는 것이다. 매사가 조심스럽고 답답하겠지만, 사람과의 관계를 통해 세상사를 풀어나갈 때 무리수를 두지 않는 최적의 방법이라고 공자는 말한다.

로빈 윌리엄스Robin Williams; 1951~2014가 주연한 <피셔킹The Fisherking>이라는 영화가 있다. 부인과 레스토랑에서 식사하다 정신이상자가 총을 난사해 5명이나 살해되는데, 바로 눈앞에서 부인이 죽는 바람에 정신적인 충격을 받아 미쳐버린 전직 역사학 교수로 등장한다. 이러한 끔찍한 사건이 일어난 계기는 정신이상자가 뉴욕의 한 메이저 방송국 음악 프로에 전화를 걸었는데, DJ가 무심코 던진 악담 '여피족은 편한 것만 추구하는 악마들이야! 늦기 전에 다 쓸어버려야 해!'라는 말을 곧이곧대로 듣고 바로 레스토랑으로 달려가

총을 난사하게 된 것이었다. 이 사건으로 DJ는 양심의 가책을 받아 직장도 관두고 폐인이 되어버렸는데, 3년이 지난 후 미쳐버린 역사학 교수와 우연히 허드슨 강가에서 만나고 그 내막을 알게 되면서 자신의 죄를 조금이라도 털어버리고자 그의 행복을 위해 전력을 다한다는 영화이다.

이 영화는 냉소 속에 무심코 던진 한마디가 여러 사람에게 끔찍한 불행을 야기할 수도 있다는 말의 엄중함이었다. 현실에서 이 영화가 아니라도 가까운 사람의 말 한마디에 평생 못 잊을 충격을 받아 상처를 안고 살아가는 사람들이 주위엔 적지 않은 것 같다. 말은 덕행을 낳기보다는 악행을 낳는 경우가 훨씬 많다.

어휘 & Words

- 鮮 고울 선
- rare 드문
- due to 때문에
- indeed 참으로
- restraint 억제

실천하라

4.24

공자가 말하였다. "군자는 말은 어눌하지만 행동은 민첩하게 한다."

子曰, "君子欲訥於言而敏於行."
자 왈 군 자 욕 눌 어 언 이 민 어 행

Confucius said, "The man of virtue wants to be slow to speak yet quick to act."

공자는 제자인 염옹이나 민손같이 말하는 것을 좋아하지 않는 것을 덕의 경지에 들어섰다며 칭찬하였다.

그런데 말하는 것을 좋아하지 않는 것은 태어날 때부터 말을 어눌하게 하는 것과는 다르다. 달변의 재주를 가지고 있으나 신뢰를 얻기 위해 일부러 말을 천천히 조심스럽게 하는 정치인도 있다. 사실 말이 느리고 천천히 얘기하다 보면 헛된 말은 덜하게 마련이다. 말은 혀가 아니라 눈으로 한다는 말이 있는데, 세상을 살수록 공감하는 바가 크다. 사람들은 말을 믿는 것이 아니라 말하는 사람의 눈빛을 더 신뢰하며, 그 사람의 행동을 보고 더 믿는다.

랩Rap은 힙합의 한 축을 이루는 음악 요소로서 각 운韻을 이루는 말을 빠른 리듬에 맞추어 빠른 속도로 가사를 읊어대는 음악 장르이다. 계속 연이어 터져 나오는 말의 에너지로 추정컨대, 주로 한恨이 많고 사회적으로 억눌려온 나라의 피지배계층에서 파생된 것임을 알 수 있다. "난 널 사랑해!", "난 널 사랑해!"를 50번 외친 후의 다음은 무엇일까? 더 강한 어휘를 사용하든가, 아니면 행동이 결국 뒤따를 수밖에는 없을 것이다. 빠른 말보다는 꽃 한 송이를 건네는 것이 더 낫다고 공자는 말한다.

어휘 & Words

- 訥 어눌할 눌, 말 더듬을 눌
- 敏 민첩할 민

적절한 충고를 하라

4.26

제자인 자유가 말하였다. "군주를 섬길 때 너무 자주 간언을 하면 모욕을 당하게 되고, 친구를 사귈 때 너무 자주 충고를 하면 그 친구와 서먹해진다."

子游曰, "斯君數, 斯辱矣, 朋友數, 斯疏矣."
자유왈 사군삭 사욕의 붕우삭 사소의

Ziyou said, "If in serving your lord you advise too often, you will bring on insult; if in your friendships you do the same thing, you will find yourself neglected."

대부분 사람은 비가 오는 날씨보다 화창한 날씨를 더 좋아한다. 비가 와야 수목이 생기를 찾고 곡식이 수분을 먹어 성장할 수 있다는 사실을 알면서도 그러하다. '좋은 약은 입에 쓰다.'라는 격언도 마찬가지다. 몸에 좋다는 사실을 인지하면서도 쓴 약은 그냥 먹기가 싫다.

사람과의 관계도 그러하지 않을까? 대체로 칭찬해주는 것을 좋아한다. 특히 의심이 많은 통치자는 더하다. 백성을 다스리는 사람은 평판에 민감하다. 존경을 받고 싶어 하는 것이다. 이러한 통치자의 인간적인 약점을 알고 있는 간신은 그래서 더 아부한다. 칭찬 몇 마디에 자신의 부귀영화가 보장되기 때문이다. 하지만 진정한 선비는 그렇지 않다. 의로움으로 섬길 수밖에 없다. 말이 부르는 화를 알면서도 직언을 간하니 모욕이 온다.

그래서 공자는 '안연 23장'에서 자공이 친구를 사귀는 방법을 묻자 그에 빗대어 군주를 모시는 처세를 말한다. "충심으로 말해주고 잘 인도해주되 따르지 않으면 그만둬라. 그래야 스스로 욕을 보지 않을 것이다." 라고. 즉, 한번 말하고 그만두라는 것이다.

이 장에서 삭數은 셀 '수'가 아니라 자주often라는 뜻의 '삭'이라고 발음한다. 수다스럽다는 의미도 있다. 충忠이란 결국 자기가 할 수 있는 정성을 다하는 것이다. 정성을 다하여 말했으나 결국 듣지 않으면 그만둬야 하는 것이다. 너무 자주하면 서로가 불편하다. 조선 중종의 총애를 받던 정암 조광조趙光祖; 1482~1519, 조선의 문신가 그래서 죽었다. 너무 자주 간언했던 것이다.

어휘 & Words

- 游 헤엄칠 유, 노닐 유
- 數 헤아릴 수, 자주 삭
- 疏 소원할 수
- lord 군주
- insult 모욕
- neglect 무시하다

PART

05

공야장
公冶長

타고난 각자의 역할이 있다

5.4

제자인 자공이 물었다. "저는 어느 정도의 인물입니까?" 공자가 답했다. "너는 그릇이다." 자공이 다시 "어떤 그릇입니까?"라고 묻자, 공자는 "종묘에서 제사 지낼 때, 그릇으로 쓰이는 중요한 기물인 호련과 같은 인물이다."라고 평하였다.

子貢問曰, "賜也何如" 子曰, "女, 器也." 曰, "何器也?"
자공문왈　자공문왈　자왈　여　기야　왈　하기야
曰, "瑚璉也."
왈　호련야

Zigong inquired, "And what do you think of me?" Confucius replied, "You are a vessel." Zigong asked, "What kind of a vessel?" The Master replied, "You are a most precious and sacred kind of vessel that is used in ritual ceremony of the Royal Ancestors' Shrine."

호련瑚璉은 밥을 담는 아름다운 식기이다. 자공은 공자의 제자 중 언어와 외교와 상술에서 가장 능력이 뛰어난 제자였다. '위정 12장'에서 공자는 '군자불기君子不器라는 위대한 명언을 남겼다. 군자는 그릇이 아니라는 것이다. 즉, 군자는 기능적 인간이 아니라 도덕적 인간이어야 한다는 공문철학孔門哲學의 핵심이 이 네 글자에 녹아 있다.

공문사과孔門四科는 '덕행, 외교, 내정, 인문학술'이라는 순서대로 수행의 서열을 매기었다. 자공은 뛰어났으나 가장 중요한 첫 번째 과목인 덕행이 부족하다고 공자는 보았다.

대한민국의 VIP가 되기 위해서는 학벌의 출중함과 더불어 여러 시험을 치러 합격해야만 한다. 테크노크라Technocrat를 요구하기 때문에 전문 지식인이 고위 관료가 된다. 그러나 덕행의 시험은 없다. 최고 고위직인 경우 국회 '인사청문회'가 곧 덕행의 시험 관문인데, 국민들이 평하다시피 부동산 투기, 위장 전입, 세금 탈루, 논문 표절, 병역 비리 등 사회도덕의 수준은 상식 이하인 사람들이 태반이었다. 공부 머리가 좋다는 것은 바꾸어 말하면 곧 교활하다는 것이며, 덕행과는 반비례한다는 것이 대한민국 VIP의 본질이라는 것이다. 또한 재벌, 언론, 정치, 교수, 법조계 사람들이 혼인의 인맥으로 맺어져 탄탄한 계급적 상층구조를 형성하면서, 이제 한국은 과거 조선 시대 같은 신분 계급 질서의 세계로 고착화 되었다는 한탄도 타당성이 있어 보인다.

당시 자공은 세상에서 아주 출중한 사람이었다. 그러나 공자는 논어에서 그가 남을 평가하는 것에 대해 "너는 그럴 시간이 있는가? 나는 그럴 시간이 없다."라고 제자의 덕이 부족함을 일깨워 주었다. 자공은 이러한 스승의 가르침을 평생 내면화하면서 자신이 재상이 되었으면서도 오만해 하지 않았다. 한국의 상류층은 자공이 걸어간 길을 깊이 들여다봐야 한다.

어휘 & Words

- 女 너 여
- 瑚 제기 호
- 璉 제기 련
- sacred 신성한
- ritual (종교상의) 의식 절차, 의례

말주변은 중요하지 않다

5.5

어떤 사람이 "공자의 제자 중궁仲弓; 옹은 인하기는 하지만 말주변이 없다."고 하자 공자가 이렇게 말하였다. "말주변을 어디에 쓸 수 있겠는가? 사람들을 말주변으로 응대하려고 하면 사람들에게 미움을 받게 된다. 그가 인한지 아닌지는 잘 모르겠지만 말주변을 어디에 쓰겠는가?"

或曰, "雍也仁而不佞."
혹 왈 옹 야 인 이 불 녕
子曰, "焉用佞? 禦人以口給, 屢憎於人. 不知其仁, 焉用佞?"
자 왈 언 용 녕 어 인 이 구 급 누 증 어 인 부 지 기 인 언 용 녕

Someone said, "As for Yong, he is a man of virtue but is not eloquent." Confucius said, "What is the use of eloquence? A person who disputes with a talent for speaking earns the hostility of others. I cannot say whether or not he is a man of virtue, but what need is there for eloquence?"

한국에 토론문화 정착을 위해 애썼던 어떤 교수가 "토론에서 이기면 견해는 살아남으나 사람들을 잃게 됩니다."라고 말했던 것이 기억난다. 일전에 외고 토론 동아리 학생들이 어떤 주제를 놓고 토론을 벌이는 모습을 지켜본 적이 있다. 토론문화가 활성화되지 않은

한국에서 그것도 타국의 언어로 한 주제에 관해 상대방의 논리적 허점을 파고드는 영민함과 재주는 탁월하였던 걸로 기억된다. 결국 이긴 팀이 있고 진 팀이 생겼다. 이긴 팀은 환호했지만 한 가지 들었던 의문은 '과연 진 팀이 이긴 팀의 견해를 내면으로 받아들였겠는가?'라는 것이었다.

소크라테스Socrates; B.C. 469~399, 고대 그리스 철학자도 이렇게 말했다. "토론이 끝나면 패자는 중상모략을 하기 마련이다. When the debate is over, slander becomes the tool of the loser." 이처럼 세상일이란 본디 정답은 없는 법이다. 엄정한 논리에 따르는 수학도 <1 + 1 ≠ 2>가 아니라고 버트란드 러셀Bertrand Russell; 1872~1970, 영국 수학자·철학자과 화이트헤드Alfred North Whitehead; 1861~1947, 영국 철학자·수학자는 정의를 내렸다. 그들의 논지는 이 세상에 똑같은 질량을 가진 물체는 있을 수 없다는 것이다. 정답이 없기에 설득을 당하는 자는 당시엔 손해를 보는 것 같으나 나중엔 자신이 이익을 볼 수도 있는 것이다.

사실 재래시장에서 상인이 "손해보고 드리는 거예요!"라고 말하며 팔지만, 물건에 따른 이익은 상인이 가져가고 물건을 사용하면서 얻는 만족감은 사는 사람의 것이 상거래의 정답일 수도 있다.

어휘 & Words

- 佞 거짓말 영, 말 잘할 영
- 禦 막을 어, 대할 어
- 給 말 잘할 급
- 屢 자주 누(루)
- eloquent 말을 잘하는
- dispute 논쟁하다
- hostility 적대감

겸손하라

5.6

공자가 제자인 칠조개를 벼슬자리에 추천하였다. 그러나 칠조개가 "저는 아직 벼슬하는 일에 대해 자신이 없습니다."라고 대답하자 공자가 기뻐하였다.

子使漆彫開仕. 對曰, "吾斯之未能信." 子說.
자 사 칠 조 개 사 대 왈 오 사 지 미 능 신 자 열

Confucius recommended that Qidiao Kai seek government post. He replied, "I am not sure that I am adequate to it." The Master was pleased.

공자는 제자인 칠조개에게서 관직에 나아갈 만한 실력과 재주를 발견하였다. 벼슬을 권하니 그는 사양한다. 그 말을 듣고 공자가 기뻐한 것은 그의 겸손 때문이었다.

요즈음은 반대의 경우가 많다. 관직에 오를 자격이 없는 사람들이 선거에 도움을 주었다는 이유만으로 '낙하산 인사'의 오명을 갖게 되는 경우가 비일비재하다. 그들이 특정 관직을 임명받아 첫 출근하는 날, 부하 직원들이 출근반대투쟁을 벌이는 경우를 뉴스를 통해 자주 봐왔다. 밑으로부터의 신뢰와 긍정이 없으면 전쟁터에 홀로 남겨진 장군과 같다. 군기 하나만 들고 말에 탄 채 무엇을 하겠다는 말인가? 헛된 명예욕은 부끄럽고 욕될 뿐이다.

다산 정약용丁若鏞; 1762~1836, 조선 실학자은 벼슬길이 막혀버린 두 아들에게 벼슬길이 막

힌 장점에 대해 편지글로 말한다.

너희 처지가 비록 "벼슬길은 막혔어도 문장가가 되는 일이나 앎과 이치에 통달한 선비가 되는 일은 꺼릴 것이 없지 않느냐? 꺼릴 것이 없을뿐더러 과거 공부를 하는 사람들이 빠지는 잘못에서 벗어날 수도 있고, 가난하고 곤궁하여 고생하다 보면 그 마음을 단련하고 생각의 폭을 넓히게 되니 인정이나 사물의 참 거짓을 옳게 알 수 있는 장점을 가지게 되는 것이다."

어휘 & Words

- 使 하여금 사
- 漆 옻나무 칠, 검을 칠
- 彫 새길 조, 시들 조
- recommend 추천하다
- adequate 적합한

강직함은 기가 센 것과 다르다

5.11

공자가 "나는 아직까지 강직한 사람을 보지 못하였다."고 하자 누군가 "제자 중에 신정이 있습니다."라고 대답하였다. 그러자 공자가 말했다. "신정은 욕심이 많아 강직해 보일 뿐이지 어찌 강직하다고 하겠는가?"

子曰, "吾未見剛者." 或對曰, "申棖." 子曰, "棖也慾, 焉得剛?"

자 왈 오 미 견 강 자 혹 대 왈 신 정 자 왈 정 야 욕 언 득 강

Confucius said, "I have yet to meet the person who is truly unshakable." "What about Shen Cheng?" someone replied. "Shen Cheng is too greedy; how can he be unshakable?"

여기서 강剛은 strong의 개념이 아니라 firm에 가까운 개념이다. 즉, '욕심이 없는 경지에서 자신을 단련시킨다.'는 개념인 것이다. 진정으로 강한 사람은 중용의 도리를 따르는 사람이다. 남에게서 구하지 않는다는 것이다. 그는 자기 자신의 내면의 소리에 항상 귀 기울이고 내면을 단련시키는 사람이다. 그래서 '자로 27장'에서 공자는 "강직함, 굳셈, 질박함, 어눌함은 인仁에 가깝다."라고 하였다.

우리나라 역사상 기개가 강직한 선비가 많이 출현하였다. 그중 단재 신채호申采浩;

1880~1936, 독립운동가, 사학자 선생은 공자와 같은 시대에 살았더라면, 그리고 두 사람이 만났더라면 공자에게서 '강직한 사람'이라는 평을 들었을 선비 중 선비였다. 나라가 침탈당했던 시기에 그의 정신과 내면은 거꾸로 일본 제국주의의 사악한 본질과 반 인격적이며, 나약한 일본인의 노예적 근성을 서슬 퍼런 글로써 침탈하였다. 한 인간의 인격과 쌓아 올린 학문이 거대한 제국에 대해 도전하고 꾸짖고 윽박지르는 싸움에 있어 결코 뒤지지 않고 도리어 위대한 전투가 될 수 있다는 것을 그로 말미암아 깨달았다. 그는 자신의 내면과 실존과 역사와 그 시대의 지식인의 과제에 대해 단 한 번도 비굴하거나 물러서지 않았던 거인巨人이었다. 여기서 단재 선생의 시 한 편을 옮긴다.

열 해를 갈고 나니
칼날은 푸르다마는
쓸 곳을 모르겠다.
춥다 한들 봄추위니
그 추위가 며칠이랴.
자지 않고 생각하면
긴 밤만 더 기니라.
푸른 날이 쓸데없으니
칼아~ 나는 너를 위하여 우노라.

어휘 & Words

- 剛 굳셀 강
- 棖 사람이름 장
- unshakable 흔들리지 않는
- greedy 탐욕스러운

{ 자기가 싫어하는 것을 남에게 강요하지 마라 }

5.12

제자인 자공이 "다른 사람이 저에게 어떤 강요를 하지 않기를 바라며, 저 또한 다른 사람에게 어떤 강요를 하지 않으려고 합니다."라고 말하자, 공자는 "자공아, 이러한 경지는 너의 능력을 벗어나는 일이다."라고 말하였다.

子貢曰, "我不欲人之加諸我也, 吾亦欲無加諸人."
자 공 왈 아 불 욕 인 지 가 저 아 야 오 역 욕 무 가 저 인
子曰, "賜也, 非爾所及也."
자 왈 사 야 비 이 소 급 야

Zigong said, "I do not want others to impose on me, nor do I want to impose on others." Confucius replied, "Zigong, this is quite beyond your ability."

서양 속담에 "남들이 너에게 해주기를 바라듯이 다른 이에게 행하라. Do to others as you would be done by others."는 말이 있다. 동양에선 "자기가 싫어하는 것을 남에게 강요하지 마라. Do not impose on others what you yourself do not want."라고 공자가 얘기한다. 같은 동전의 앞뒷면인데 인간에 대한 접근과 해석에 있어 사뭇 다르다.

서양의 휴머니즘Humanism; 인문주의, 인본주의은 적극적이며, 인간의 욕망은 본질적으로 모든 사람이 똑같다는 가정을 담고 있다. 내가 좋아하는 것을 남들도 좋아할 것으로 생각

한다. 과연 그러한가? 내가 싫어하는 것을 남들도 싫어할 것이라는 동양의 수동적 휴머니즘적 시각과는 관점이 정 반대편에 서 있다. 그래서 파시즘Fascism; 극단적인 전체주의적·배외적 정치이념이 서양사에 등장할 수 있었다.

무엇보다 자기가 깨닫는 진리가 옳음으로 다른 사람들도 알아야 행복할 것이라는 가정 아래 진리를 적극적으로 전파해야 한다는 에반젤리즘Evangelism; 복음전도이 나온다. 사물에 대한 분석도 서양은 진취적이고 공격적인 경향이 있다. 어휘 정의를 보면 승강기昇降機는 'elevator'이다. 동양은 '올라가고 동시에 내려가는 기계'이지만 서양은 '올라가다elevate'라는 개념만 있다. 즉, 내려간다는 의미는 없는 것이다.

자공의 말에 이룰 수 없는 유토피아즘Utopianism; 현실에 존재하지 않는 이상향이 담겨있는 것을 공자는 보았다. 뒷말은 본인의 윤리적 의식으로 이룰 수 있으나 앞말은 개인의 바람과 의지대로는 되지 않는다.

어휘 & Words

- 賜 줄 사
- 爾 너 이
- impose 강요하다

예의를 다하고 어질어라
5.17

공자가 말하였다. "제나라 대부인 안평중(안영)은 사람과 잘 사귀었는데, 오래되면 사람들이 그를 공경하였다."

子曰, "晏平仲善與人交, 久而敬之."
자 왈　안 평 중 선 여 인 교　구 이 경 지

Confucius said, "Yen Pingzhong is very good at relations with others: As time passes by, he is respected more than ever."

안평중이 누구인가? 공자가 제나라에 갔을 때 임금인 경공景公이 공자를 대부로 임명하려고 하자 결사반대하여, 결국 공자가 정치사상을 펼칠 기회를 꺾어버린 제나라의 명재상이다. 공자는 그를 원수로 삼을만한데, 오히려 장점을 칭송한다. 참으로 인간관계에 있어 어렵고 어려운 일이다. 자字; 어릴 때 쓰던 이름가 평중이며, 이름은 영嬰인 안영에 대해 공자는 군자로서 최고의 도량을 보인다. 도리어 그의 인의치국仁義治國; 인의로 나라를 다스린다.의 철학 중의 하나인 공경심을 칭송하는 것이다.

사람과의 교제가 오래 지속하면 예의가 흐트러지기에 십상이다. 젊은 사람들이 친구관계를 맺어나가며 서로 욕을 스스럼없이 하는 경우를 자주 볼 수 있다. 이는 옳지 않다고 본다. 벗은 오래되고 가까울수록 서로 존중해야 하기 때문이다. 흐트러진 예의는 그 벗과 나의 우정에 대한 가벼움 외일 뿐이다. 아울러 벗이 찾아오면 의관을 갖추고 벗을 맞이하였다. 이처럼 안영은 사람과의 교제가 오래되어도 처음과 같은 예의를 갖추었다.

사악한 최저崔杼; 중국 춘추시대 제나라 대부 일당이 장공을 시해하고 권력을 찬탈한 뒤, 안영을 죽이고 싶어 하였지만, 그를 지지하는 민심이 워낙 강건하여 내버려둘 수밖에 없을 정도로 안영을 공경하는 경지는 대단하였다. 이처럼 아부를 모르는 강직한 성품을 지녔고, 백성을 자기 몸처럼 아끼고 근검절약하였으며, 어진 정치를 경공에게 계속 펼치라고 간언했던 그에 대해 공자는 자신과의 관계는 섭섭하였지만, 그의 군자적인 덕목에 대해서는 칭찬하였던 것이다.

어휘 & Words

- 晏 늦출 안
- be good at 능숙하다

두 번은 생각하라

5.20

노나라 대부인 계문자는 세 번 생각한 후에 일을 실행하였다. 공자는 이에 대해 "두 번만으로도 족하다."고 말하였다.

季文子三思而後行. 子聞之曰, "再, 斯可矣."
계문자삼사이후행 자문지왈 재 사가의

Ji Wenzi only took action after thinking about it three times. On hearing of this, Confucius said, "Twice is enough."

어떤 행동이든 결과를 낳는다. 섣부른 행동은 결과가 바람직하지 않은 경우가 많다. 그래서 서양 속담에 '서두르면 일을 망친다. Haste makes waste.'고 하였다. 반면, 너무 신중한 행동도 바람직스러운 건 아니다. 지금 상태의 불완전성이 불만족으로 나타나기 때문에 남의 약점이나 실수를 자주 지적하게 되며, 따라서 불화가 오게 되고 자신의 불완전성에 대해 스스로 좌절하게 되는 경우가 많다. 완벽을 추구하는 사람이 윗사람이거나 배우자인 경우 곤란한 일이 많이 발생한다. 이런 경우에는 일찍 헤어지는 것이 서로에게 유리하다. 역시 중용을 추구하는 것이 옳은 것이다.

두 번 생각하면 족하다는 공자의 생각은 지금의 논리에도 그대로 적용된다. 어떤 행동을 하기 전에 긍정적으로 한 번 생각하면 자기가 하려고 하는 일에 확신을 하게 되는 장점이 있다. 아울러 부정적으로 두 번 생각하면 펑크 날 수 있는 여러 돌발적인 변수도 계량화

할 수 있는 논리성을 갖게 된다. 웬만하면 사고가 안 터질 수 있게 할 수 있는 것이다. 이것으로 생각은 접어야 한다. 그다음은 행동과 추진력의 과제인 것이다.

고향으로 돌아가자
5.22

공자가 진陳나라에 있을 때 이렇게 말하였다. "돌아가자, 돌아가자! 노나라 내 고향의 젊은이들은 뜻은 크지만 구체적인 일에는 세련미가 없고, 재능은 찬란하게 빛나건만 그것을 어떻게 조절하여 일을 이루어야 할지 모른다."

子在陳, 曰, "歸與! 歸與! 吾黨之小子狂簡, 斐然成章, 不知所以裁之."
자재진 왈 귀여 귀여 오당지소자광간 비연성장 부지소이재지

Confucius was in the state of Chen, and said, "Let's go home, Let's go home! My young friends at home are hasty and ambitious, while perhaps not refined in the details. With the noble elegance of the intellectuals, they put on a full display of culture, but they don't know how to cut out and arrange it."

학식과 경륜이 높은 스승 입장에서 볼 때 젊은이들은 안타까운 점이 한둘이 아니다. 스승은 청년을 다듬는 방법을 안다. 그러나 모두 다 순조롭게 다듬어지지 않는다. 부모의 욕망 때문에, 본인의 의지 부족 때문에, 기타 여러 가지 요인으로 날개가 꺾이는 것을 본다. 안타까울 뿐이다. 옳은 스승은 청년의 미래와 만나 그들의 기쁨과 절망을 현재의 가슴에

조아리고 산다. 지금 꺾어지면 평생 그늘이 드리워지는 젊음의 순간과 항상 맞닥뜨리기에 노심초사한다. 공자는 주유열국을 마치고 고향인 노나라로 돌아가 제자를 키우고 죽을 수 있었다.

1801년 2월 28일, 조선의 다산은 전라남도 강진으로 가는 세 번째 귀양길에 오른다. 셋째 형 정약종은 신유년 종교박해로 죽고, 둘째 형 정약전은 똑같이 귀양을 갔다. 자기 자신도 주군이었던 정조와 함께 꿈꾸었던 대동大同 사회에 대한 갈망을 놓아야 했다. 강진에 도착한 다산은 초당을 짓고 가족들과 떨어져 홀로 유배 생활을 시작한다. 첫아들 학연이 18살, 둘째 아들 학유가 15살이어서 공자가 노나라의 젊은이들을 염려하였듯 그도 아들들을 염려하는 마음을 담아 편지를 보낸다. 그가 편지글에 주로 써 보냈던 주제는 '효'와 '독서'였다. 그는 모든 일이 효에서 시작된다고 생각하였다. 혼자 계신 어머니를 잘 살펴드리고 소소한 일에 정성을 기울이라고 하였다. '새벽이나 늦은 밤에 방이 찬지 따뜻한지 항상 점검하고 요 밑에 손을 넣어보고 차면 항상 따뜻하게 직접 불을 때 드리되 이런 일은 종들에게 시키지 않도록 하라.'고 말했다.

공자의 염려도 마찬가지였다. 젊은이들은 뜻과 야심은 크나 구체적이고 소소한 일은 무시하는 법이다. 그러나 '천 리 길도 한 걸음부터' 시작하는 법이다.

어휘 & Words

- 狂 미칠 광
- 簡 간소할 간
- 斐 문채(아름다운 광채) 날 비
- 裁 마름질할 재
- refined 세련된
- hasty 성급한
- details 자세한 일
- elegance 우아함

덕도 지나치면 안 된다

5.24

공자가 말하였다. "누가 미생고를 정직하다고 말하는가? 어떤 사람이 그에게 식초를 빌리러 갔더니 집에 없다고 말하지 않고 이웃집에서 얻어다 주었다고 한다."

子曰, "孰謂微生高直? 或乞醯焉, 乞諸其隣而與之."
자 왈 숙 위 미 생 고 직 혹 걸 혜 언 걸 저 기 린 이 여 지

Confucius said, "Who said that Weisheng Gao is frank? When someone begged vinegar from him, with all its absence, he borrowed it from his neighbors and then presented it to the person who had asked him for it."

미생고는 노나라 사람이며 미생이 성이고 고高가 이름이다. 당시 정직한 사람으로 유명하였으나 공자는 그의 정직을 거짓으로 보았다. 매직賣直, 즉 정직을 파는 쇼 같은 행위로 본 것이다. 공자는 덕의 행위도 지나치면 모자라는 것과 본질적으로 같다고 보았다. 효라는 덕의 차원에서도 이는 예외가 아니다.

공자의 제자 증삼曾參은 효자로 유명하였다. 어느 날 오이의 싹을 밟아 부러뜨리는 바람에 아버지 증석에게서 큰 몽둥이로 등을 맞았으나 그는 피하지 않고 기절하였다. 깨어

난 후에 아버지에게 찾아가 도리어 교훈을 내려주셨다고 고마워하며 혹시 아버지 손을 다쳤는가 염려하였다.

이 말을 들은 공자는 화가 나서 증삼을 불러 다음과 같이 꾸짖었다.

"옛날 순舜임금은 아버지가 회초리로 때리면 맞았으나 큰 몽둥이로 때리면 도망을 갔다. 폭력을 행사할 때 그대로 당하고 있다가는 다치거나 죽을 수도 있기 때문에 만약 아들이 맞아 죽었다면 아비가 뒤집어쓸 오명을 더 걱정했기 때문이다. 자식을 죽인 아버지는 평생 다른 이들의 입에 오르내렸을 텐데 이것이야말로 불효인 것이다."

어휘 & Words

- 微 가늘 미
- 乞 구걸할 걸
- 醯 식초 혜
- 隣 이웃 린
- vinegar 식초
- with all ~에도 불구하고
- frank 솔직한

위선적이지 말라

5.25

공자가 말하였다. "교묘하게 꾸민 말과 위선적인 표정 그리고 지나치게 공손한 것을 옛날의 현인인 좌구명이 부끄러워하였는데, 나 또한 그것을 부끄러워한다. 원망의 감정을 숨기고 원망하는 사람과 친구로 사귀는 것을 좌구명이 부끄러워하였는데, 나 또한 그것을 부끄러워한다."

子曰, "巧言令色足恭, 左丘明恥之, 丘亦恥之.
자 왈 교 언 영 색 주 공 좌 구 명 치 지 구 역 치 지
匿怨而友其人, 左丘明恥之, 丘亦恥之."
익 원 이 우 기 인 좌 구 명 치 지 구 역 치 지

Confucius said, "Skillfully pretended speech, an false mask countenance, and excessive politeness - Zuoqiu Ming thought this kind of conduct shameless, and so do I. To seek out someone's friendship while harboring ill will towards them - Zuoqiu Ming thought this kind of conduct shameless, and so do I."

교언영색巧言令色은 '듣기 좋게 꾸민 말과 보기 좋게 꾸민 표정'이다. 왕이 있었던 조정에서는 '간신'들의 특징이었고 마을에서는 공자가 그렇게 싫어했던 '향원鄕愿; 거짓 선비'들의 특징이었다. 향원은 현대적인 용어로 표현하면 사이비 지식인이다. 사회문제에 관심이 있

는 듯 그럴듯한 말과 행동을 하지만 속마음은 권력과 재산 축적에 가 있는 사람들이다. 권력 주변엔 이런 사람이 대부분이다. 공자가 '양화 13장'에서 향원을 '도덕의 적이다. 德之賊也'라고 표현했듯이 사이비 지식인은 '시민과 나라의 적'인 것이다. 신약성경에 바리새인 Pharisee人들이 그러한데, 예수는 그들을 가리켜 '독사의 새끼들아'라고 표현하였다. 공자는 '교언영색'함을 '부끄러워할 줄 알아야 한다.'라고 점잖게 타일렀다.

또한 원망의 감정이 있지만, 그 감정을 숨기고 그 사람과 친구로 지내는 것은 나도 속이고 그 사람도 속이는 일이다. 결국 정직하지 못한 것이다. 원망하게 된 데에는 분명히 원인이 있다. 심사숙고해서 원인을 해명한 후 내 욕망의 좌절이라면 거두어야 할 것이고, 친구의 잘못이면 들을 귀가 있는 자라면 직언해야 할 것이고 그렇지 않다면 만나지 않는 것이 옳다.

어휘 & Words

- 令 아름다울 령
- 足 발 족, 지나칠 주
- 恥 부끄러울 치
- 怨 원한 원
- ill will 원망
- excessive 지나친, 과도한
- harbor 숨다
- countenance 안색
- shameless 파렴치한

■ **좌구명** 左丘明 Zuoqiu Ming

성은 좌씨고 이름이 구명이다. 춘추시대 노나라 사람으로 공자와 거의 같은 시기에 살았던 걸로 추정되며, 공자는 그의 인간됨을 칭송하였다. 직업은 사관史官이었고 좌씨전左氏傳과 국어國語의 저자이다. 좌구실명左丘失明이라는 사마천의 기록 때문에 후대인들은 그를 가리켜 맹좌盲左라고도 하였다.

자기 과오를 알아라

5.27

공자가 말하였다. "이제는 그만두어야겠다! 자기 잘못을 알고 마음속으로 스스로 자책하는 사람을 나는 아직 보지 못하였다."

子曰, "已矣乎! 吾未見能見其過而自訟者也."
자 왈 이 의 호 오 미 견 능 견 기 과 이 자 송 자 야

Confucius said, "Ok! Let's stop! I have not met anyone who, on seeing their own faults, is ready to accuse themselves."

과오에 대한 단순한 자기반성의 차원이 아니다. 자기 내면에 대한 반성이다. 이 영역은 쉽게 다다를 수 없는 차원이다. 첫째, 자기 잘못을 깨닫고 인정하기 위해서는 그 방면에 깊은 학식과 경험의 시간이 있어야만 한다. 둘째, 내면의 자유가 있어야만 한다. 하늘 아래에 자기 자신을 가장 잘 아는 사람은 바로 자기 자신뿐이다.

아메리카 인디언들은 그래서 종교도 교리나 철학의 차원이 아닌 각각의 사람과 신과의 문제라고 보았다. 자기의 내면에서 침묵으로 조용히 있을 때만이 위대한 신비는 자신의 비밀을 드러내 보인다. 스스로 책망과 반성은 비로소 이때 이루어진다.

김수환金壽煥; 1922~2009, 천주교 성직자 추기경이 타계하시기 바로 전에 고백했던 얘기 하나가 떠오른다. 한국 사회에서 가장 덕망 높은 분이 솔직하게 내면을 반성했던 말씀이어서 당시 감동이 컸다.

"저는 이때까지 머릿속으로 추상적으로만 사랑을 해왔어요. 그 사랑이 머리에서 마음으로 내려오는 데 70년이나 걸렸네요."

어휘 & Words

- 訟 꾸짖을 송
- be ready to 기꺼이 하다
- accuse oneself 자책하다

배움을 좋아하라

5.28

공자가 말하였다. "열 가구 정도의 작은 마을에도 반드시 나만큼 성실하고 신의를 중시하는 사람은 있겠지만, 나처럼 배움을 좋아하는 사람은 없을 것이다."

子曰, "十室之邑, 必有忠信如丘者焉, 不如丘之好學也."
자 왈 십 실 지 읍 필 유 충 신 여 구 자 언 불 여 구 지 호 학 야

Confucius said, "There are, in a town of ten households, bound to be people who are as good as I am in doing their sincerity and in making good on their word, but there will be no one who can compare with me in the love of learning."

공자가 배운 과목은 현대의 우리가 공부하는 전문지식과는 다른 것이었다. 현존하는 중국사 연구자 가운데 중요한 인물인 안핑친Annping Chin, 金安平은 공자 관련 자료를 20년 동안이나 모아 《공자평전》(돌베개 刊)을 저술한 공자 연구의 최고 학자다. 그녀는 '공자가 지금 시대에 출현한다면 도덕주의자나 예의를 따지는 예학자들을 피해 도망 다녔을 것이다.'라고 평하였다.

공자는 서구인들이 예수를 스콜라 철학으로 묶어놓았듯 자신을 이기설理氣說이라는 존재론에 잡아매었던 후대의 주자학자와는 부류가 다른 사람이다. 그는 도리어 자유로운 정신의 소유자였다. 공자는 《시경》을 좋아하였으며 음악에 심취하였고 예의 기법을 통해 사

람 만나는 것을 즐기었다. 어떻게 보면 학자라기보다는 부드럽고 섬세한 한량의 기질에 가까웠던 사람이다.

'양화 9장'에서 시를 배우는 기쁨과 효용성에 대해 말하며, 요순임금 때 음악인 소昭를 듣고선 석 달 동안 맛있는 음식을 먹어도 음식 맛을 모를 정도로 심취하였다. 또한 공산불요公山弗擾같이 반란을 일으킨 자들조차도 만나보고 싶어 하여 자로에게 핀잔을 들을 정도로 사람과의 교제에 적극적인 인물이었다.

배움의 최고 경지는 '예술'에서 노는 것이다. 그것이 곧 배움이다. 자신의 내면에 쌓인 에너지를 끄집어내어 사람들과 교류하고 같이 감동하는 것, 그럼으로써 자신의 정체성을 더욱더 알아나가는 것, 그것이 바로 배움의 본질인 것이다.

PART 06

옹야
雍也

누가 배우기를 좋아하는가
6.3

노나라 애공이 "제자 중에 누가 배우기를 좋아합니까?"라고 묻자, 공자가 이렇게 대답하였다.

"안회라는 제자가 있었는데 배우기를 좋아하였고 자기 노여움을 남에게 화풀이하지 않았으며 같은 잘못을 반복하지 않았습니다. 그러나 불행하게도 명이 짧아 죽었습니다. 지금은 그런 사람이 없으니, 배우기를 좋아하는 사람에 대해 아직 들어보지 못하였습니다."

哀公問, "弟子孰爲好學?"
애공문 제자숙위호학

孔子對曰, "有顔回者好學, 不遷怒, 不貳過. 不幸短命死矣,
공자대왈 유안회자호학 불천노 불이과 불행단명사의

今也則亡, 未聞好學者也."
금야즉무 미문호학자야

Duke Ai inquired, "Which of your disciples truly loves learning?" Confucius replied, "There was one Yan Hui who truly loved learning. He did not take his anger out on others; he did not make the same mistake twice. But to his misfortune, he died young. Nowadays, there is no one like him. Since then I haven't come across anyone who truly loves learning."

배움의 본질에 대해 추상적으로 답하지 않고 구체적인 실례로써 답하는 두 가지의 실질적인 가르침을 공자가 얘기하고 있다. 안회같이 최고의 덕을 가진 사람만이 행할 수 있는 배움이기에 또한 절대로 쉽게 따라 할 수 없는 가르침이기도 하다.

공자가 제자 안회顔回; B.C. 521~491의 덕행을 통해 우리에게 얘기하는 가르침은 다음과 같다. 첫째, 배운 이는 자신의 노여움을 타인에게 옮기지 않는다는 것이다. 죽은 안회를 통해 공자는 배움의 본질이 서恕라고 얘기한다. 즉, 용서하라는 것이다. 내가 싫은 것은 남도 싫은 것이며 이를 행하는 것이 첫 번째 배움이라고 얘기하였다. 둘째, 배운 이는 같은 잘못을 반복하지 않는다는 것이다. 게임이나 도박을 해본 사람은 안다. 시간과 영성과 몸이 망가지는 그 행위를 한순간에 그만둔다는 것이 얼마나 어려운지를….

어휘 & Words

- 遷 옮길 천
- 貳 둘 이, 다시할 이
- 亡 망할 망, 없을 무
- come across 우연히 만나다

현명하다, 안회여!

6.11

공자가 말하였다. "현명하구나, 안회여! 소쿠리에 담긴 밥과 표주박에 담긴 물만 마시면서 누추한 거리에서 산다면 다른 사람은 그 어려움을 참을 수 없을 텐데, 안회는 그것을 즐거워하는 태도를 바꾸지 않는구나. 현명하구나, 안회여!"

子曰, "賢哉, 回也! 一簞食, 一瓢飮, 在陋巷, 人不堪其憂,
자왈 현재 회야 일단사 일표음 재루항 인불감기우
回也不改其樂. 賢哉, 回也!"
회야불개기락 현재 회야

Confucius said, "A man of wisdom is this Yan Hui! He has a bamboo bowl of rice to eat, a vessel of water to drink, and a dirty humble house in which to live. Other people would not be able to endure his hardships, yet for Hui it has no effect on his enjoyment. A man of wisdom is this Yan Hui!"

유명한 단표누항簞瓢陋巷의 장이다. 가난 속의 즐거움인데, 공자도 '인자불우仁者不憂; 인한 사람은 근심하지 않는다.'라고 말하였으나 이는 본인도 못 하는 일이라고 하였다. 그러나 제자 안회는 이를 육화 시켜 행하였다. 그래서 공자는 자공에게 '너와 나보다 나은 자가 안회이다.'라고 평했다.

가난한데도 안회가 즐거웠다는 것은 늘 웃고 행복해했다는 것이 아니다. 군자 최고의 도리를 직접 행하면서 그 높은 경지에서 우러나오는 도道의 향기를 느끼며 스스로 만족하고 안온했다는 것이다. 증자도 공문의 벗 중 안회 한 사람만 자신보다 수준이 더 높은 군자라고 칭송하였다(태백 5장).

가난 속의 즐거움을 법정法頂; 본명은 朴在喆, 1932~2010 스님은 《무소유》라는 책을 통하여 우리에게 전해주고 입적하였다. 그는 《월든》을 쓴 헨리 데이비드 소로의 월든 호숫가 오두막을 세 번이나 방문하였다. 두 사람으로 말미암아 랠프 월도 에머슨Ralph Waldo Emerson; 1803~1882, 미국 시인, 사상가이 대표하는 미국 '자연주의' 사상이 거칠게 앞만 보고 물질의 세계로만 치달려온 한국 사회에 조용히 스며들게 되었다. 하지만 사상적인 원조는 몰라도 물질에 속박되지 않는 정신의 자유를 실천한 사람은 논어에 등장하는 안회가 대선배인 것이다.

어휘 & Words

- 簞 대그릇 단
- 食 밥 사
- 瓢 표주박 표
- 陋 더러울 루
- 巷 골목 항
- 堪 견딜 감
- vessel 그릇
- endure 참다
- humble 초라한
- hardship 어려움
- have effect on 영향을 주다

더 나아가라

6.12

제자인 염구가 "저는 스승님께서 말씀하신 삶의 도리를 좋아하지 않는 것은 아니지만 제 힘이 그것을 다 실천하기에 부족합니다."라고 하자, 공자가 이렇게 꾸짖었다. "능력이 부족한 사람은 실천하다가 도중에 그만두는데, 지금 너는 미리부터 너의 능력의 한계를 설정하고 있구나."

冉求曰, "非不說子之道, 力不足也."
염 구 왈 비 불 열 자 지 도 역 부 족 야
子曰, "力不足者, 中道而廢, 今女畫."
자 왈 역 부 족 자 중 도 이 폐 금 녀 획

Ranyou said, "It is not that I do not welcome the way of the Master, but that I do not have the strength to walk it." Confucius said, "Those who do not have the strength for it collapse somewhere along the way. But with you, you have already drawn your own line before you start."

세상에 될 수 있는 일과 될 수 없는 일이 있다. 그러나 그 한계를 정한 어떠한 교과서도 가르침도 없다. 한계를 정할 수 없는 이유는 우리가 인간이기 때문이다. 하늘을 날아다니고 바닷속을 헤집고 다니는 일은 과거의 그리스인들에겐 신들만이 할 수 있는 일이었다.

인간의 '하고 싶다.'라는 욕망과 '하겠다.'라는 의지는 역사 속에서 인간의 위치를 신의 영역까지 드높였다. 도道의 경지도 인간이 어디까지 도달할 수 있는지는 몇몇 성인이 인간의 몸으로 역사 속에 이미 구현해 보였다. 평범한 자는 부단히 노력만 할 뿐이다.

'역부족力不足'이란 있는 힘을 다해도 더는 어쩔 수 없는 상태이며, 획畫이란 충분히 해낼 여력이 있음에도 불구하고 스스로 포기하는 것을 뜻한다. 공자가 보기에 염구는 능력이 출중한데도 노력을 하지 않는다고 보았다. 더욱더 나쁜 것은 노력하지 않으면서 자신 능력의 최대치가 거기까지라고 이미 한정 짓고 안주하는 태도이다. 스스로 한계를 짓고 노력하지 않는 나태함에 대해 공자는 꾸짖고 있는 것이다.

어휘 & Words

- 說 기쁠 열
- 廢 폐할 폐
- 女 너(汝) 여
- 畫 그을 획
- collapse 붕괴하다

군자다운 선비가 되어라

6.13

공자가 제자인 자하에게 말하였다. "너는 군자다운 선비가 되어야지 소인 같은 선비가 되어서는 안 된다."

子謂子夏曰, "女爲君子儒! 無爲小人儒!"
자 위 자 하 왈 여 위 군 자 유 무 위 소 인 유

Confucius remarked to Zixia, "You should become the kind of learned man who is a man of virtue, not the kind that is a narrow minded person."

제자마다 타고난 성격과 재능, 그릇이 모두 다르다. 공자는 '문학'에 재능은 있었으나 마음이 섬세하고 소심한 자하를 염려하였다. 배우는 열정에 비해 스케일이 작고 사고가 옹졸한 면이 있었기에 '과감하지 못하다.'라고 자공이 자장과 비교하여 물어봤을 때 답하였다. 자하의 공부는 남에게 알려지기만을 바라는 소인다운 공부였고, 공자가 바라는 군자의 공부는 자기 내면을 닦아 자연스럽게 사람들에게 알려지는 공부였기에 그의 공부에 대해 염려하였다. 자하는 그러한 스승의 보살핌을 알았기에 자신의 인격을 '문학'으로 갈고 닦았다. '팔일 8장'에서 자하는 '시'를 읽고 이해하는 경지에 대해 스승에게서 '너와 더불어 시를 말할 수 있겠구나.'라는 칭찬을 듣는다.

조화를 이뤄야 군자다

6.18

공자가 말하였다. "본바탕이 겉모양보다 강조되면 거칠어서 야인 같은 느낌이 들고, 반면에 겉모양이 본바탕보다 강조되면 꾸밈이 많아져 관리같이 느껴진다. 본바탕과 겉모양이 함께 잘 어울려야 군자다운 모습을 갖게 된다."

子曰, "質勝文則野, 文勝質則史. 文質彬彬, 然後君子."
자 왈 질 승 문 즉 야 문 승 질 즉 사 문 질 빈 빈 연 후 군 자

Confucius said, "When one's inborn nature overwhelms refinement, the person looks like rough man. When refinement overwhelms one's inborn nature, the person looks like public servant. It is only when one's inborn nature and refinement are in proper balance that you can be called the man of virtue."

유명한 질質과 문文의 조화의 장이다. 질은 사람 안에 이미 내재해 있는 본질, 즉 바탕이다. 소박하여 순수하며 꾸밈이 없는 것이다. 문은 겉치레이고, 길들어서 세련되어 보이며 정교하다. 질이 문을 능가해서도, 문이 질을 능가해서도 군자라는 칭호를 듣기는 어렵다. 바탕과 꾸밈이 적절히 조화되어 자신만의 향기를 내뿜는 사람이 되어야 한다고 공자는 얘기한다.

현대인은 특히 도시에서 마주치는 사람들은 대부분 후자인 경우가 압도적으로 많다. 어릴 때부터 경쟁 구도 속에서 똑같은 교육과정을 받고 성장해서 그런지 의식주 문화 전반은 물론이고 취미생활도 비슷한 경우가 많다. 야생마같이 거칠면서도 신비로운 인물인 '그리스인 조르바' 같은 유형은 찾아보기 힘들다.

어휘 & Words

- 勝 이길 승
- 野 야만 야
- 史 빛날 사
- 彬 빛날 빈
- overwhelm 압도하다
- proper 적절한

왼손이 하는 일을 오른손이 모르게 하라

6.22

제자인 번지가 지혜에 관해 묻자 공자가 이렇게 말하였다. "백성들이 의로움을 실천하도록 힘써 행하고, 귀신을 공경하기는 하지만 멀리하여 현혹되지 않는다면 지혜롭다고 할 것이다." 다시 인에 관해 묻자, 공자는 이렇게 말하였다. "어려운 일을 먼저 행하고 그 이익을 중시하지 않으면 인하다고 할 수 있다."

樊遲問知. 子曰, "務民之義, 敬鬼神而遠之, 可謂知矣."
번 지 문 지　자 왈　무 민 지 의　경 귀 신 이 원 지　가 위 지 의

問仁. 曰, "仁者先難而後獲, 可謂仁矣."
문 인　왈　인 자 선 난 이 후 획　가 위 인 의

Fan Chi inquired about real knowledge. Confucius replied, "To apply yourself to what is righteous for the people, and to show respect for the ghosts and spirits while keeping them at a distance can be called real knowledge." He then inquired about humane conduct. The Master responded, "As for humane conduct to reap one's successes only after having dealt with difficulties can be called being humane."

지혜와 인에 대하여 추상적인 사고를 얘기하지 않고 구체적인 실천의 덕목을 얘기한

장이다. 질문한 제자가 '번지'여서 그렇다. 번지는 공문에 공자 말년에 들어온 젊은 제자였다. 농사를 짓고 채소 기르는 일 배우기를 청한 '실용성'을 추구하는 제자이기에 공자도 실용적으로 답했다.

150년 후 맹자는 허행許行; 춘추전국시대 제자백가로 사회사상가이 창설한 농가農家의 도전을 받는데, 공자가 살았던 시대에도 번지의 질문을 분석해 보면 그가 농가 사상에 가까운 사람임을 알 수 있다. 번지의 질문에 공자가 답하는 실용적인 지혜는 단순해서 놀랍다. 각자가 맡은 일을 열심히 행하라는 것, 그리고 모르는 세계에 대해서는 경원敬遠; 존경하나 가까이 하지 아니함.은 하되 현혹되지 말고 현실에 닥친 고민을 하나하나 풀어나가는 인생이 지혜롭게 살다 가는 것이라고 공자는 말한다.

공자가 답한 '인仁'도 단순해서 놀랍다. 그러나 실제로는 행하기가 어려운 일이다. 노동은 그에 따른 대가가 있기 때문에 행하는 일이다. 이익을 염두에 두기보다는 남들이 하기 싫어하는 힘든 일을 헌신적으로 먼저 하라는 것인데, 사람들에 대한 애정 없이는 할 수 없는 일이다. 예수는 왼손과 오른손을 소재로 삼으면서 자신이 베푸는 선행도 선행으로 의식하면 위선이 된다고 말했다.

우리 어머님이 살아오신 길을 어찌 말로 표현할 수 있으랴? 집안의 어려운 일을 항상 먼저 행하셨고 이익을 중시하지 않으셨으며 평생 헌신하셨다. 인한 사람은 멀리 있지 않다. 인자仁者는 우리의 어머님이다.

어휘 & Words

- 難 어려울 난
- 獲 얻을 획
- apply oneself to 몰두하다
- respond 응답하다
- reap 수확하다

PART 07

술이
述而

어떻게 살 것인가

7.6

공자가 말하였다. "도에 뜻을 두고, 덕에 근거하여 지내며, 인에 의존하고, 예에 빠져 지내야 한다."

子曰, "志於道, 據於德, 依於仁, 遊於藝."
자 왈 지 어 도 거 어 덕 의 어 인 유 어 예

Confucius said, "Set your desire on the righteous way, dwell with moral excellence, rely on humane conduct, and go deep into the arts."

공자가 말하는 네 가지 지침을 준수하며 살려고 했던 선배가 많았을 것이다. 그러나 쉽지 않았을 것이며 미치지 못함에 한탄하였을 것이고, 이를 준수하다 역적으로 몰려 졸한 선배도 상당하였다고 역사는 기록하고 있다.

도道는 보편적인 진리이다. 어떠한 도리이건 보편성을 담고 있는 한 걸어야 할 길은 열려 있다. 덕德은 보편적인 진리가 나에게 내면화되어 품성으로 우러나오는 것이다. 우리는 이런 사람들을 '사람다운 향기'가 난다고 말한다.

인仁은 서恕이다. 남의 처지에 서서 그 사람을 받아들이고 용서하라는 것이다. 내가 싫어하는 것을 남에게 강요하지 않으며, 예수가 얘기했던 '내가 원하는 것을 먼저 남에게 행하라.'라는 적극적인 사랑으로 나아가는, 인간사에 있어 최고의 준칙이다.

그리고 공자는 예藝를 마지막으로 당부한다. 공자의 위대함은 여기에 있다. 살아오면서 각 방면에 인재를 보고 만날 수 있었다. 그들은 탁월하였고 강건하였으며, 경험이 산山처럼 많고 다양하였다. 몸가짐도 흠잡을 데가 거의 없었으며, 자신이 살아오면서 겪은 역경도 꽃을 피우는 화단으로 가꾼 사람들이었다. 그러나 인생의 방점까지 찍었다고 보기에는 대부분 아쉬운 점이 있었다. 세월이 지나 우연히 그 해답을 얻었다. 바로 공자가 이 장에서 마지막으로 덧붙이는 예술의 결핍이었다.

내면에 쌓여 있는 자신의 창조성과 생명의 에너지를 예술로 표현할 수 있는 사람이 될 때, 우리는 인간으로 태어나 살다가는 삶의 여정에 마지막 방점을 찍을 수 있다고 생각한다. 공자는 준엄하게만 느껴질 수 있는 군자의 모습에 예술로써 자유를 주었다.

어휘 & Words

- 志 뜻 지
- 據 어지할 거, 기댈 거
- 遊 헤엄칠 유
- rely on 의존하다

배우려는 의지를 가져라
7.7

공자가 말하였다. "육포 열 묶음 이상의 작은 예물을 가지고 오는 사람에게 나는 가르침을 주지 않은 적이 없다."

子曰, "自行束脩以上, 吾未嘗無誨焉."
자 왈 자 행 속 수 이 상 오 미 상 무 회 언

Confucius said, "I have never failed to instruct students who could only afford a gift of dried meat."

배우고자 하는 사람의 자발성을 육포 한 꾸러미의 성의로 표현하였다.

자신이 스스로 배우려고 하는 자유의지야말로 스승을 움직이게 하는 가장 강력한 힘이다. 배우려고 하는 자에게 배움을 주지 않은 적은 없다고 공자는 말한다. 뒤집어보면 '와서 배울 줄 모르는 사람에게 가서 가르쳐주는 예는 없다. 不知來學, 無往敎禮'라고 하였다. 공자는 제자를 받으면서 출신을 따지지 않았다. 오로지 자세만 척도로 삼았을 뿐이다.

나의 경험으로도 그러하다. 몇 해 전 경기 성남에 사는 한 교육가의 자녀를 무료로 가르치러 간 적이 있었는데, 3번 가서 3번 다 학생에 의해 거부당했던 기억이 있다. 어머니의 간절한 바람만으로는 자식에게 가르침을 줄 수가 없었다. 배우려고 하는 의지가 본인에게 있어야만 한다. 마지막 세 번째 방문한 날은 추운 겨울밤이었는데, 학생이 약속한 시간에 오지 않아 1시간 정도 문밖에서 서성이면서 공자의 가르침을 몸으로 체험했던 기억이 난다.

옛사람의 이야기가 옳았던 것이다. 가르치는 사람의 정성과 의지만으로는 학생이 전진하지 않는다. 이 장에서 속수束脩는 스승을 뵙는 데 쓰는 예물이다. 학비는 아니다. 공문은 학비를 받았다. 학비는 과해서도 안 되지만 무료이거나 너무 싸서도 안 된다.

배우려고 노력하라

7.8

공자가 말하였다. “스스로 배우려는 열정이 없으면 깨우쳐주지 않고, 모르는 것을 답답해하지 않으면 깨닫도록 알려주지 않으며, 한 가지를 가르쳐주었을 때 나머지를 알려고 스스로 노력하지 않으면 다시금 가르쳐주지 않는다.”

子曰, “不憤不啓, 不悱不發. 擧一隅, 不以三隅反, 則不復也.”
자 왈 불 분 불 계 불 비 불 발 거 일 우 불 이 삼 우 반 즉 불 부 야

Confucius said, “I do not open the way for students who are not driven with eagerness; I do not supply some hints for students who are not trying desperately to find the correct meaning in their studies. If on showing students one corner they do not come back to me with the other three, I give lessons no more.”

“자발적인 것이 아니면 교육은 시체와 같다.”라고 공자는 말한다. 죽은 사람에게 노래를 불러주고 예쁘게 화장하고 옷을 입혀 좋은 경전을 읽어준들 아무 의미는 없는 것이다. ‘깨우쳐주지 않고 깨닫도록 알려주지 않으며 다시금 가르쳐주지 않는다.’라는 공자의 교육에 대한 단호함과 냉정함은 유대 회당 성전에서 장사하는 이들에게 채찍을 휘둘러 내쫓은

예수의 분노와 본질적인 면에서 같다.

공자는 대답하기 거북한 질문엔 침묵으로 일관하거나 반어법을 쓰는 경향이 많았다. 그리고 대부분의 가르침은 '~이 옳지 않겠는가?'라는 공감을 끌어내는 유도문으로 끝내는 경우가 많다. 그러나 교육방침에 있어 공자는 단호하다. 공자는 암기식의 공부를 거부했다. 기계적으로 외우는 학생은 사회에 나가 기계적으로 쓰일 뿐이다. 질문할 줄 모르는 학생은 누군가가 시키는 대로 일하다가 사라질 뿐이다. 가르칠 가치가 있는 학생은 반드시 자신이 공부하려고 하는 방향에 대한 내적인 충동이 있어야 하고 그에 수반되는 질문을 스승에게 해야만 옳다.

어휘 & Words

- 憤 분할 분
- 啓 열 계
- 悱 분할 비, 말 머뭇거릴 비
- 隅 모퉁이 우
- eagerness 열정
- correct 옳은
- desperately 필사적으로

좋아하는 일을 하라

7.12

공자가 말하였다. "부유해지는 것이 구하여 얻어지는 것이라면 비록 시장터에서 말채찍을 잡는 하찮은 일이라도 내가 하겠지만, 구하여 얻어지는 것이 아니라면 내가 좋아하는 일을 하겠다."

子曰, "富而可求也, 雖執鞭之士, 吾亦爲之. 如不可求,
자 왈 부 이 가 구 야 수 집 편 지 사 오 역 위 지 여 불 가 구
從吾所好."
종 오 소 호

Confucius said, "If wealth were a pursuable goal as I wish, without reluctance I would serve as humble man even holding a whip in the marketplace, I would do it with pleasure. But if it is not a pursuable goal, I will follow my own preference."

"부귀라는 것이 추구한다고 해서 얻어질 수 있다면 직업의 귀천 없이 열심히 해보겠지만, 인간의 힘으로 아무리 애를 써도 안 되는 일이라면 아예 포기하고 마음 편안히 내가 원하는 일을 하는 것이 낫다."라는 공자의 말이다. 긍이부쟁矜而不爭하라는 것이다. 즉, 자기 자신에 대해 긍정하고 스스로를 믿으며 외물에 휘둘리지 않는 자부심을 가지라는 것이다.

남들과의 경쟁은 배움의 길에 보탬이 되지 않는다. 공자는 제자들끼리 경쟁을 시킨 적

이 없다. 각각의 제자들이 타고난 성정을 스스로 깨닫게 하는 데에 조언을 주고 그에 따라 가르침의 실례를 달리 선별하여 설명해주었을 뿐이다. 사실 스승인 자신도 평생 자신이 좋아하고 맞는 방향으로 살아왔다. 자신이 그 일을 즐기게 되는 경지에 이르면 재물은 저절로 따라온다고 설명하였다.

어휘 & Words

- 雖 비록 수
- 執 잡을 집
- 鞭 채찍 편
- pursuable 추구할 수 있는
- whip 말 채찍
- reluctance 꺼리는 것
- preference 좋아하는 것

의로운 가난함이 의롭지 못한 부귀보다 낫다

7.16

공자가 말하였다. "잡곡으로 된 거친 밥을 먹고 물을 마시고 팔을 베고 누워도 즐거움이 그 한가운데 있다. 의롭지 못하게 얻어진 부귀는 나에게는 뜬구름과 같은 것이다."

子曰, "飯疏食飮水, 曲肱而枕之, 樂亦在其中矣.
자 왈 반 소 사 음 수 곡 굉 이 침 지 낙 역 재 기 중 의

不義而富且貴, 於我如浮雲."
불 의 이 부 차 귀 어 아 여 부 운

Confucius said, "Though I eat rough food, drink plain water, and pillow myself on a bent arm, the real pleasure lies in these. But the riches and honors gained through dishonesty means to me floating clouds."

'옹야 11장' 안회의 단표누항簞瓢陋巷과 같다. 여기서 반소사飯疏食는 거친 밥, 즉 쌀과 밀가루가 아니라 옥수수, 콩, 좁쌀 같은 잡곡밥을 먹는 것이다. 음수飮水는 따뜻한 물인 탕湯이 아니라 찬물을 마시는 것이다. 공자가 가장 총애했던 제자 안회는 죽기 전까지 좋은 음식을 거의 먹지 못했다고 한다.

그러나 안회는 가난에 얽매이지 않았다. 그는 자신의 가난을 흘러가는 구름같이 보았

다. 박탈감 같은 상대적 기준을 버렸을 뿐만 아니라 그 버림에서 자유의 영역도 보았다. 물질에 매이지 않는 그의 자유로운 세계는 아무나 가질 수 없는 것이다. 무욕, 무소유, 무차별에서 오는 진정한 기쁨의 세계를 제자 안회와 더불어 공자는 체험했으며, 이를 제자들에게 얘기하는 장이다.

이 장에서 공자는 정당하게 얻어진 재물이 아니라면 뜬구름 같은 것이라 하였다. 재물을 대하는 그의 철학은 논어에서 그가 얘기하는 균무빈均無貧으로 정점에 도달한다. 즉, 재물을 고르게 갖는다면 가난이 없다는 것이다. 그의 이치는 단순하다. 재물을 고르게 갖게 되면 비록 그 양이 적고 부족한 듯해도 남들과 비교하는 데에서 비롯되는 상대적인 박탈감 자체가 없어지리라는 것이다. 그러한 토양 위에서 정신문화 또한 조화롭게 발달할 것이며, 재물이 고르고 정신문화도 조화롭다면 그것이 곧 군자들이 사는 세상인 것이다.

어휘 & Words

- 疏 섬길 소, 상소할 소
- 肱 팔뚝 굉
- 枕 베개 침
- plain 소박한
- float 둥둥 뜨다

표준말을 하라

7.18

공자가 표준말로 삼은 것은 《시경》과 《서경》이었다. 예를 집행할 때는 표준말을 썼다.

子所雅言, 詩書執禮, 皆雅言也.
자 소 아 언 시 서 집 례 개 아 언 야

Examples on which Confucius used to adopt the standard language were in reciting the Songs and the Documents. In practicing ritual courtesy, the Master used the standard language.

'가가 가가가? Gaga gagaga?'라는 사투리는 경상도 사람만이 해석할 수 있는 방언일 것이다. '그 아이가 가 씨 성을 가진 아이니?'라는 뜻으로 첫 글자는 지시대명사, 두 번째 '가'는 주격 조사, 세 번째 '가'는 성姓이며 네 번째 '가'는 가문家, 마지막 '가'는 의문형 종결어미이다. 영어로 표현하면 'Is he a Ga family man?' 정도일 것이다.

또한 띄어쓰기와 악센트를 달리하면 완전히 다른 뜻이 되기도 한다. '가? 가가 가가? Ga? gaga gaga?'는 '그 아이? 그 아이가 그 아이냐?'라는 뜻으로 번역된다. 첫 글자는 감탄적 의미의 지시대명사, 두 번째 '가'는 지시대명사, 세 번째 '가'는 주격 조사, 네 번째 '가'는 지시대명사, 마지막 '가'는 의문형 종결어미이다. 영어로 표현하면 'That man? Is that man very that man?' 정도이다.

방언, 즉 사투리가 언어에 있어서 표준어와 비교해 하위의 언어는 아니다. 풍토와 지리적, 문화적 고유 기질을 담고 있는 사투리는 도리어 그 나라 언어문화의 돈으로 환산할 수 없는 재산이기도 하다. 표준어는 정치 사회적 의미를 배제하고 얘기할 수 없다. 통일신라 시대에는 경주 방언이 표준어였고, 서울 방언은 경기도 변두리 방언의 한 부분을 차지하고 있었다. 그러나 언어의 사회적 기능에 초점을 두게 되면 방언은 표준어보다 지위가 낮은 하급의 언어 체계일 수밖에 없다. 왜냐하면 표준어는 한 나라 국민 전체 간의 의사소통을 대변하는 통일적 상징성을 담고 있기 때문이다.

공자는 사회를 도덕적 공동체로 개조시키고자 하였다. 이를 위해 학자들의 공동체, 즉 군자들의 공동체가 우선으로 만들어져야 했다. 그가 설립한 공문이 그러한 공동체의 첫 표본이었고, 따라서 강의도 표준말로 통일하지 않을 수 없었을 것이며, 특히 공자가 중시했던 예의 집행에서는 표준말의 준수가 당연했으리라고 생각된다. 《시경》과 《서경》의 언어는 하·은·주 삼대三代의 첫째인 하夏나라의 언어였다. 하나라는 야만스러운 주변국인 오랑캐 이夷와 구별되는 고대 정통 문명의 뿌리였다. 하나라 말은 공자가 살고 있었던 산동山東지방 어휘인 노나라 말과도 많이 달랐을 것이다. 그러나 공자는 자신이 사는 노나라 말도 방언으로 분류하고 《시경》과 《서경》에 실려 있는 고대 정통 하나라 말을 표준말로 채택하였다.

어휘 & Words

- 雅 바를 아, 아언(雅言)은 표준어
- 執 잡을 집
- adopt 채택하다
- recite 암송하다

사념을 경계하라

7.21

공자는 불가사의한 일, 무력을 사용하는 일, 덕을 어지럽히는 일, 귀신에 대한 일, 이 네 가지에 대해서는 말하지 않았다.

子不語 : 怪, 力, 亂, 神.
자불어 괴 력 란 신

Confucius had nothing to say about mysterious happenings, the use of force, disorder, or the ghosts.

공자는 본인 스스로 성격도 그러하거니와 마음 상태 중 평심平心, 즉 평안한 마음을 최고의 경지로 보았다. 또한 인간과 사회, 역사 외에 다른 주제의 논의는 정작 고민하고 정진해야 할 도道를 해치는 그릇된 사념邪念이라고 보았다.

집에 불이나 사람이 상해를 입고 있는데 대청마루에 앉아 날아가는 기러기 떼를 볼 수는 없는 일이다. 사람은 사람으로 태어난 이상 고민하고 해결해야 할 주제가 있다. 힘들고 난해하다고 해서 세태와 그릇된 권력에만 그 일을 맡길 수는 없는 노릇이다. 그래서 공문들이 같이 머리와 마음을 맞대고 논의해야 할 주제는 '인간과 사회체제와 역사 속에서 인仁이라는 도덕체계를 어떻게 구현할 것인가?'라는 구체적인 것이었다.

세상엔 미처 다 파악하지 못한 자연에 대한 무지 때문에 괴상한 일이 많이 일어난다(언젠가는 그 이치를 드러낼 것이다.). 이마로 큰 못을 판자에 세게 눌러 박아도 피 한 방울 안 나는 무력의 사나이도 있다(망치로 박으면 될 것을 공자는 헛되이 무리한 일을 하는 사람이다.). 덕을 어지럽히는 일이 일어난다(인간 본연의 심성에 대한 믿음을 악화 시켜 허무주의에 빠질 수 있다. 이를 경계하여야 한다.). 귀신에 대한 말이 많다(살아 있는 사람도 잘 모르는데, 죽은 자에 대해 어찌 알려고 하느냐?)와 같은 주제에 대해 공자는 제자들이 평심을 놓칠까 봐 대꾸하지 않았다.

어휘 & Words

- 怪 괴이할 괴
- 亂 어지러울 란, 다스릴 란

반면교사

7.22

공자가 말하였다. "나와 두 사람이 길을 걸어갈 때 그중에 반드시 나의 스승이 있다. 그의 좋은 점을 골라 따르고, 좋지 못한 점을 통해 나를 고친다.

子曰, "三人行, 必有我師焉, 擇其善者而從之,
자 왈 삼 인 행 필 유 아 사 언 택 기 선 자 이 종 지
其不善者而改之."
기 불 선 자 이 개 지

Confucius said, "In strolling in the company of just two other persons, I am bound to find my teacher. Identifying their good behaviors, I follow them, and identifying their weak points, I reform myself accordingly."

나를 포함해서 세 사람이 길을 간다. 한 사람은 나보다 잘난 사람이고, 한 사람은 나보다 못한 사람이다. 잘난 사람에게서 장점을 찾아내서 나 자신의 귀감으로 삼고 그의 결점을 찾아서 나 자신에게도 그런 점이 있는지 살펴보고, 있으면 바르게 고쳐야 한다는 것이다. 그러면 나보다 못해 보이는 사람은 어떻게 대해야 하나? 무시해야 하나? 아니다. 그가 바로 더 큰 스승인 반면교사反面教師이다.

작년 봄 아름다운 벚꽃 길을 걸었던 좋은 추억보다는 옆 건물이 불탔던 안 좋은 추억이

머리에 오래 더 각인되는 법이다. 그의 잘못된 행동이 나에게 '저러지 말아야지.'라고 주는 교훈은 훨씬 더 내면화되고 몸에 체득된다. 그래서 반면교사는 더 위대한 스승이다. 그리고 거기에서 교훈을 얻어 나의 인격을 수양하게 되면 타산지석他山之石이라고 일컬어지는 것이다.

나보다 잘난 사람은 선善이다. 못한 사람은 불선不善이다. 악惡이라고 하지 않는다. 두 사람은 대립적인 관계가 아닌 것이다. 이분법으로 공자가 나누지 않는 이유는 나누는 그 순간 세상은 각박하고 다투게 된다. 불선은 언제든지 고치고 연마하면 선이 될 수 있는 것이다.

어휘 & Words

- stroll 거닐다
- reform 개혁하다
- identify 확인하다
- company 일행
- be bound to 틀림없이 ~하다

네 가지를 가르쳤다
7.25

공자는 네 가지를 가르쳤는데, 고전 문헌, 덕행, 최선을 다하는 것, 그리고 자신이 말한 바를 이행하는 것이 바로 그것이다.

子以四教：文，行，忠，信
자 이 사 교 　 문 　 행 　 충 　 신

Confucius taught under four categories: ancient culture, proper conduct, doing one's sincerity, and making good on one's word.

화이트헤드Alfred North Whitehead; 1861~1947, 영국의 철학자·수학자는 '교육은 〈자유〉와 〈인내〉를 요구하는 〈규율〉의 영원한 변증법적 지향이다. Education is the rhythmic claim of freedom and discipline. Freedom and discipline are the two essentials of education.'라고 정의하였다.

이 장에서 공자의 가르침은 기독교의 사도 바오로가 말한 "사랑이란 부분을 알다가 전체를 알게 되는 것이다."와 맥락이 동일하다. 공자의 인仁은 '사랑한다.'의 개념보다는 도덕(당위)과 현실의 괴리를 받아들이고 참아내는 인내를 의미한다고 보는 것이 더 옳다.

도올 김용옥 선생은 "공자의 인은 규범 윤리로 해석되어서는 안 된다. 그것은 '심미적 감수성'이며 윤리 규범을 초월하는 '우주적 느낌'이다."라고 얘기하였다.

한결같은 마음을 가져라

7.26

공자가 말하였다. “성인을 만나볼 수 없다면, 군자라도 만나게 되면 괜찮겠다. 선한 사람을 만나볼 수 없다면, 한결같은 마음을 가진 사람이라도 만나게 되면 괜찮겠다. 없으면서도 있는 척하고 비어 있으면서도 가득 있는 척하고 가난하면서도 넉넉한 척한다면, 한결같은 마음을 갖기 어렵다.”

子曰，“聖人，吾不得而見之矣，得見君子者，斯可矣.”
자 왈　성 인　오 부 득 이 견 지 의　득 견 군 자 자　사 가 의

子曰，“善人，吾不得而見之矣，得見有恒者，斯可矣.
자 왈　선 인　오 부 득 이 견 지 의　득 견 유 항 자　사 가 의

亡而爲有，虛而爲盈，約而爲泰，難乎有恒矣.”
무 이 위 유　허 이 위 영　약 이 위 태　난 호 유 항 의

Confucius said, “If I have no opportunity to meet a sage - I would be content to meet a man of virtue.” The Master added, “If I have no opportunity to meet a truly good-natured person - I would be content to meet someone who is constant. It is difficult indeed for persons to be constant in a world where nothing is taken to be something, emptiness is taken to be fullness, and poverty is taken to be comfort.”

선인善人은 '현인'이다. 세파에 물들지 않고 다른 사람을 돕는 깨끗한 사람으로 아프리카 오지인 남수단 톤즈에서 봉사활동을 하다 암으로 세상을 떠난 이태석李泰錫; 1962~2010 신부 같은 사람이다. 빈곤, 질병으로 고통받는 사람들을 돌보고 병원, 학교 등을 짓는 천주교 사제의 길을 걸음으로써 예수의 가르침으로 갔던 현인이다.

그러한 헌신devotion의 길을 갈 수 없다면 항심恒心; 한결같은 마음을 가진 사람이 되는 것도 위대한 삶의 길이라고 공자는 얘기한다. 가식이 없고 있는 그대로 자신을 드러낼 수 있어야 한결같은 사람이 될 수 있다. 공자는 한결같은 사람이 되는 방법을 '술이 2장'에서 귀띔해준다.

"배운 지식을 묵묵히 기억하고, 배우기를 싫증 내지 않으며, 남을 가르치는 일을 게을리하지 않는 것이 나에게 무슨 어려움이 있겠는가?" 한결같은 사람이 되려면 꾸준히 배우는 사람이어야 그 경지가 가능한 것이다.

어휘 & Words

- 虛 빌 허
- 盈 찰 영
- 難 어려울 난
- content to 만족하다

살생을 해도 도리가 있다

7.27

공자는 낚시는 했지만 그물은 쓰지 않았고, 주살을 쓰기는 했지만 잠들어 있는 새는 쏘지 않았다.

子釣而不綱, 弋不射宿."
자 조 이 불 망 익 불 사 숙

Confucius fished with a line, but did not use a net; he used a stringed arrow, but did not shoot at resting birds.

옛날 사람들은 새를 잡을 때 익弋; 주살으로 잡았다. 즉, 끈이 달린 화살이다. 공자는 낚시와 새 사냥을 좋아하였다고 기록에 남아 있다. 그가 낚시할 때 투망을 쓰지 않은 이유는 물고기의 씨를 말릴까 봐 걱정하는 것이었으며, 쉬고 있는 새들에게 화살을 쓰지 않았다는 것은 생명에 대한 경외심이다. 쉬거나 잠자는 생명은 미물이라도 죽이지 않는 것이 조금 우월한 생명체로서의 도리인 것이다.

부득이 먹고살기 위해 다른 생명체를 죽일 때도 일 년 중 때를 정해 동물의 영혼을 달래주는 위로 제사를 지내주는 풍습이 있었다.

공자는 2,500년 전 낚시와 사냥을 통해 다른 생명을 죽여도 사냥 방법의 한계치를 설정함으로써 우리에게 '다른 생명에 대한 존중과 경외심을 가져라.'는 교훈을 주고 있다.

어휘 & Words

- 釣 낚시 조 fish hook
- 網 그물 망
- 弋 주살 익 stringed arrow
- line 낚싯줄
- stringed 줄 달린

많이 듣고 배워라

7.28

공자가 말하였다. "잘 알지도 못하면서 책을 쓴 사람이 있겠지만, 나는 그런 적이 없다. 많이 듣고 그중에 좋은 것을 골라 추종하며 많이 보고 그것을 기억해두는 것은, 진실로 잘 아는 것에 버금가는 경지이다."

子曰, "蓋有不知而作之者, 我無是也.
자 왈 개 유 부 지 이 작 지 자 아 무 시 야

多聞, 擇其善者而從之, 多見而識之, 知之次也."
다 문 택 기 선 자 이 종 지 다 견 이 지 지 지 지 차 야

Confucius said, "There are probably those who can initiate new paths while still not understanding them, but I am not one of them. I learn much, select out of it what works well, and then follow it. I observe much, and remember it. This is the next stage to the utmost intelligence."

공자는 잘 모르면서 글을 쓰는 것에 대해 경계하였고, 최고의 경지는 아닐지라도 잘 안다는 것에 대해 구체적으로 제자들에게 설명하였다. 일단 많이 습득하라는 것이다. 지식과 견문이 쌓이면 그중에 바른 것을 골라 더 깊이 천착해 들어가 전문 영역으로 계속 따라가라는 것이다

편견을 버려라

7.29

호향 사람들은 함께 이야기하기 어려운 사람들인데, 그곳의 한 어린아이가 공자를 알현하자 제자들이 이상하게 생각하였다. 그러자 공자가 이렇게 말하였다. "내가 그 아이의 알현을 허락한 것은 그가 이전보다 나아지는 것을 인정하고 그가 퇴보하는 것을 인정하지 않은 것이다. 어찌 거절하여 심하게 대할 수 있겠는가? 누구나 자신을 깨끗이 반성하고 앞으로 나아간다면, 그의 깨끗함을 인정하고 그가 과거에 잘못했던 행위와 어디 출신인지는 따지지 않는 것이다."

互鄕難與言，童子見，門人惑.
호 향 난 여 언　동 자 견　문 인 혹
子曰，"與其進也，不與其退也，唯何甚?
자 왈　여 기 진 야　불 여 기 퇴 야　유 하 심
人潔己以進，與其潔也，不保其往也."
인 결 기 이 진　여 기 결 야　불 보 기 왕 야

The people of Huxiang are difficult to talk with, so when a youth from there had an interview with Confucius, his disciples were in doubt. The Master responded, "To approve of his interview is not to approve of what he does retire but to approve of what he does advance. Why be so extreme? A person purifies himself to gain entry, so we approve of his purity. We should not be obsessed with where he comes from or where he is going."

예수의 행적과 공자의 행적 중 가장 유사한 행위를 했던 장이다. 성경 요한복음 4장에는 예수가 우물가에서 사마리아 여인과 대화하는 장면이 나온다. 기원전 128년 유대인 지배자가 사마리아인의 신전을 파괴한 이후 유대인과 사마리아인은 원수로 지냈으므로 이 대화 장면은 당시의 유대인들에겐 충격이었다.

예수는 그녀에게 하느님에게 드리는 예배 방식이 사마리아식이나 유대식보다 더 진보한 방식이 있음을 설명한다. 예수가 사마리아인에 대한 전통적인 편견을 버리고 순수한 한 인간에게 다가갔듯이, 공자도 호향 사람들에 대한 전통적인 편견을 버리고 순수한 본연의 인간에게로 다가갔다. 어떠한 출신 지역의 사람이어도 군자의 도道를 받아들일 수 있는 자세를 가지고 있다면 그가 곧 예비 군자라는 것이다.

과거와 혈통은 중요하지 않다. 현실과 행위가 중요한 것이다. 공자는 우리에게 선입견을 버리라고 얘기한다. 사람을 만날 때 출신 지역, 학력 같은 세상 사적인 것으로 보지 말고 그 사람됨을 제대로 보아서 열매를 맺을 수 있도록 도우라는 것이다.

어휘 & Words

- 惑 의심낼 혹, 미혹할 혹
- 甚 심할 심 extremely
- 潔 깨끗할 결 clean
- approve 찬성하다
- purify 정화시키다
- respond 응답하다
- purity 순수
- be obsessed with 사로잡히다

인은 구하면 온다
7.30

공자가 말하였다. “인은 멀리 있는 것인가? 내가 인하기를 바라면 인은 바로 찾아온다.”

子曰, “仁遠乎哉? 我欲仁, 斯仁至矣.”
자 왈 인 원 호 재 아 욕 인 사 인 지 의

Confucius said, “Is the perfect virtue far away from us? No sooner do I seek it than it has already arrived.”

공자는 인仁을 좋아하는 사람을 본 적이 없다고 하였다. 아울러 불인不仁을 싫어하는 사람도 못 보았다고 하였다. 즉, 바랄 수는 있어도 쉽게 다가갈 수는 없는 멀리 떨어진 영역에 인의 세계를 그려놓았다. 그러나 희망차게 ‘이인 6장’에서 “하루만이라도 인을 실천하는 데 힘을 쏟는다면 인자가 될 수 있다.” 고 말한다.

논어 중 참선에 의하여 본성을 터득하려는 선불교禪佛敎적인 주제와 가장 가까운 인의 정체를 말한 장이다. 불가의 선승들이 던지는 화두를 모아놓은 《벽암록碧巖錄》의 주제처럼 인은 추상적이면서도 내 마음이 지향해야 할 가장 구체적인 실체로 공문의 제자에게 유교의 화두로 던져진다.

과연 인仁은 무엇인가? 공자는 ‘안연 1장’에서 제자 안연의 질문에 바로 극기복례克己復禮: 자기를 이기고 예의 법도에 따라 산다.의 정신이라고 답한다. “예가 아니면 보지 말고, 예가 아니면 듣지 말고, 예가 아니면 말하지 말고, 예가 아니면 움직이지 마라. 非禮勿視, 非禮勿聽, 非禮勿言, 非禮勿動"

문제는 극기克己, 자기를 이기는 것이다. 육체를 가진 인간이 극기의 수준을 어디까지 높여야 하는가? 《명심보감》 '계성戒性; 성정을 경계함편'에 공자와 자장이 나눈 대화를 옮긴다. 이 장에서 얘기하는 인의 실천에 가장 가까운 가르침이 아닐까 싶다.

자장이 길을 떠나며 스승에게 하직 인사를 드리면서 "수신修身의 미덕으로 삼을 만한 한마디 말씀을 해주시길 바랍니다."라고 덕담을 청한다. 공자가 말했다. "모든 행실의 근본은 참는 것이 으뜸이 된다."

자장이 물었다. "어찌 참아야 합니까?" 공자가 말했다. "천자가 참으면 나라에 해가 없게 되고, 제후가 참으면 큰 나라를 이룰 수 있고, 관리가 참으면 그 지위에 나갈 수 있고, 형제가 참으면 집안이 부귀하게 되고, 부부가 참으면 그 일생을 함께 마칠 수 있으며, 친구가 참으면 친구라는 이름이 못 쓰게 되는 법이 없고, 자신이 참으면 재앙과 해가 없게 된다."

자장이 다시 물었다. "참지 않으면 어떻게 됩니까?" 공자가 말했다.

"천자가 참지 않으면 나라가 텅 비게 되고, 제후가 참지 않으면 그 몸을 잃게 되고, 관리가 참지 않으면 형법에 의해 처벌받게 되고, 형제가 참지 않으면 각각 떨어져 살게 되고, 부부가 참지 않으면 자식이 외롭게 되고, 친구가 참지 않으면 친구 간의 정과 생각함이 멀어지게 되고, 자신이 참지 않으면 근심이 줄지 않게 된다."

자장이 말했다. "훌륭하신 말씀이구나. 훌륭하신 말씀이구나. 참기는 어려운 일이구나. 사람이 아니면 참지 못하고 참지 않는다면 사람이 아니구나."

어휘 & Words

- no sooner ~ than = as soon as ~하자마자

허물을 인정하라

7.31

진陳나라의 법무장관에 해당하는 사람이 노나라 소공이 예를 아는지에 대해 묻자 공자는 "예를 압니다."라고 답하였다. 공자가 떠난 후 그 사람이 공자의 제자인 무마기에게 인사를 한 뒤 가까이 다가오게 하여 이렇게 말하였다.

"내가 듣기로 군자는 자기들끼리 편을 가르지 않는다고 하던데, 군자도 역시 편을 가르는가요? 소공이 오나라에서 같은 성을 가진 여인을 부인으로 취하고는 오맹자라고 불렀는데, 소공이 예를 안다고 하면 누가 예를 알지 못하겠습니까?" 무마기가 공자에게 이 이야기를 전해주자, 공자는 "나는 운이 좋구나. 내가 잘못을 저지르면 다른 사람들이 반드시 그것을 알려주니."라고 말했다.

陳司敗問昭公知禮乎，孔子曰，"知禮." 孔子退，揖巫馬期而進之，
진 사 패 문 소 공 지 례 호 　공 자 왈 　지 례 　공 자 퇴 　읍 무 마 기 이 진 지

曰，"吾聞君子不黨，君子亦黨乎？君取於吳爲同姓，謂之吳孟子.
왈 　오 문 군 자 부 당 　군 자 역 당 호 　군 취 어 오 위 동 성 　위 지 오 맹 자

君而知禮，孰不知禮？" 巫馬期以告. 子曰，"丘也幸，苟有過，
군 이 지 례 　숙 부 지 례 　무 마 기 이 고 　자 왈 　구 야 행 　구 유 과

人必知之."
인 필 지 지

The Minister of Justice of the state of Chen inquired, "Did your late Duke Zhao of Lu know how to observe ritual courtesy?"

and Confucius replied, "He knew it." Confucius then withdrew. The Minister then bowed to Wuma Qi, the Master's disciple, and summoned him to come closer. "I have heard your Master say that the man of virtue is not partisan, and yet isn't Confucius himself acting partisan in this?" he said. "The Lord of Lu took a wife from the state of Wu who had his same surname, 'Ji', and then called her 'Wu' Mengzi. If he knew how to observe ritual courtesy, who doesn't know the ritual courtesy? It's nonsense." When Wuma Qi told the Master of this gossip, the Master said, "I am lucky. Even if I commit an error, others are certain to notice it."

공자가 B.C. 491년에서 489년까지 진나라 민공 밑에서 벼슬하던 때의 일이다. 노나라 임금인 소공이 같은 성인 오吳씨를 부인으로 삼았다. 옛날에는 같은 성姓끼리는 혼인을 하지 않았다. 예에 어긋났던 것이다. 그래서 노나라 소공도 자신의 부인을 오희吳嬉라고 호칭하지 않고 오맹자吳孟子라고 불렀다.

그런데 같은 노나라 사람인 공자가 이를 두고 '예를 안다.'고 했으니 같은 동향 사람으로 그냥 눈감아주는 것 아니냐고 진나라 법무장관이 따져 물은 것이다. 공자는 그의 비판이 옳다는 것을 인정한다. 자기가 틀린 것이다. 그러나 공자의 원칙은 흔들리지 않았다. 아버지의 허물을 아들이 바깥사람들에게 대놓고 인정할 수는 없는 것이다. 군주와 신하의 관계도 마찬가지다.

어휘 & Words

- 巫 무당 무
- 取 장가들 취
- withdraw 물러나다
- summon 부르다
- partisan 패거리

도의 실천이 부족하다

7.33

공자가 말하였다. "노력하는 점에서는 나도 다른 사람과 같겠지만, 군자의 도를 실행하는 점에서는 나는 아직 제대로 하지 못한다."

子曰, "文莫吾猶人也. 躬行君子, 則吾未之有得."
자 왈 문 막 오 유 인 야 궁 행 군 자 즉 오 미 지 유 득

Confucius said, "In the respect of efforts for my cultivation, There can be no distinction between me and others. But in the respect of behaving the way of man of virtue, I have accomplished little."

공자의 겸손함이 보인다. 노력과 실천은 다르다고 얘기한다. 본인뿐만 아니라 제자들에게도 배움에만 만족하지 말고 좀 더 겸허해지라고 충고하는 그의 진지함이 느껴진다. 공문孔門에 정치인들의 방문이 잦고 제자들이 벼슬자리로 추천되는 들뜬 분위기를 가라앉히려는 스승의 침착함이 드러나는 장이다.

어휘 & Words

- 莫 더할 수 없을 막
- cultivation 수련
- in the respect of ~의 관점에서

성인의 경지에 다가서다
7.34

공자가 말하였다. "어찌 감히 내가 성인이나 인자라고 스스로 자임할 수 있겠는가? 다만 그러한 경지에 이르고자 노력하는 일에 싫증 내지 않고 남을 가르치는 일을 피곤하게 여기지 않는다고 말할 수 있을 뿐이다." 그러자 제자인 공서화가 "바로 그것이 저희 제자들이 배울 수 없는 점입니다."라고 말하였다.

子曰, "若聖與仁, 則吾豈敢? 抑爲之不厭, 誨人不倦,
자 왈 약 성 여 인 즉 오 기 감 억 위 지 불 염 회 인 불 권
則可謂云爾已矣."
즉 가 위 운 이 이 의
公西華曰, "正唯弟子不能學也."
공 서 화 왈 정 유 제 자 불 능 학 야

Confucius said, "How would I dare to consider myself a sage or a humane person? What can be said about me is simply that I continue my studies without tiresomeness and instruct others without growing weary." Gongxi Hua remarked, "It is precisely this commitment that we students are unable to learn."

공자는 성자聖者와 인자仁者와 군자君子를 구분하였다. 군자는 예와 공경하는 마음으로 자신을 수양하는 사람이다. 아직 서지는 못하고 공부하는 학생인 것이다. 인자는 컴퍼스

가 바깥으로 하나 더 그려진다. 인자는 자신을 수양하여 다른 사람을 편안하게 해주는 사람이다. 나와 너의 구분을 뛰어넘은 경지이다.

'옹야 30장'에서 공자는 인仁을 '자신이 서고자 하면 다른 사람도 설 수 있게 해주고, 자기가 이루고자 한다면 남도 이루게 해주는 것'이라고 설명하였다. 다른 사람을 자신과 같이 여기며 거기에서 자연스럽게 우러나오는 헌신의 마음을 자기 주위의 사람에게 베푸는 경지인 것이다.

성자는 인자의 영역에서 훨씬 더 바깥쪽으로 컴퍼스가 원을 그릴 수 있는 끝까지 원이 그려진다. 성스러움의 대상은 온 천하의 백성이다. 뭇사람을 구제하는 일이다. 그래서 공자는 성의 경지는 요임금이나 순임금도 고민하던 것이라고 말했다. 즉, 성자는 자신을 수양하여 백성을 편안하게 해주는 하늘이 내린 사람인 것이다.

공자는 이 장에서 자신을 군자의 차원으로 낮춘다. 정치를 통해 성인의 경지에 도달하려는 자신의 야망이 실패하였기 때문에 성인으로 인정하려는 제자들의 뜻을 거절하였다. 다만 배우는 데 싫증 내지 않고 가르치는 데 피곤한 줄은 모른다는 사실은 인정하였다. 《맹자》 '공손추'에서는 자공이 '그러셔서 지혜롭고 어지시니 스승님이시야 말로 성인입니다.'라는 최고의 찬사를 올린다.

어휘 & Words

- 豈 어찌 기
- 敢 감히 감
- 誨 가르칠 회
- 倦 게으를 권
- sage 성인
- weary 지친
- tiresomeness 싫증
- precisely 정확하게

검소하라

7.36

공자가 말하였다. "사치스러우면 불손해지고 검소하면 융통성이 없게 된다. 하지만 불손한 것보다는 차라리 융통성이 없는 편이 낫다."

子曰, "奢則不孫, 儉則固. 與其不孫也, 寧固."
자 왈 사 즉 불 손 검 즉 고 여 기 불 손 야 영 고

Confucius said, "Extravagance leads to incivility; frugality leads to stinginess. But it is better to be stingy than uncivil."

사치라는 개념을 막상 본인은 모른다. 내가 좋아하는 물건을 가지고 있다고 생각할 뿐이다. 남들이 내가 소유하고 있는 물건을 부러워하며 그 물건에 찬사를 보내고, 그들이 갖고 있지 못하다는 사실에 아쉬움의 표정이 드러날 때 그 물건은 완벽히 사치스러운 물품이다. 그러나 그 물건에 대한 찬사는 한두 번이다. 곧 찬사는 거두어지며 나는 또다시 그들과 같이 평범해진다. 그래서 또 찬사를 받을 만한 다른 물건을 찾게 되며 이전의 찬사를 받았던 물건은 창고 안에 묻히게 되는 일이 반복된다.

남들이 갖지 못한다는 것은 자본주의 시스템 안에서는 그 물건이 비싸다는 것이다. 효용성이 척도가 아니라 가격이 척도이기에 인간은 돈의 노예가 된다. 돈에 정신이 수렴된 사람은 오만해진다. 검소하다는 개념은 타인에 대한 헌신의 시간과 열정이 많지 않을 때 그 사람을 고루하고, 식견이 편협하며, 옹졸하게 보이게끔 만든다. 때로는 고집이 너무 세

서 바늘로 찔러도 피가 나오지 않는 숨 막히는 긴장감도 느껴지는 것이다. 그러나 검소한 사람은 타인에게 상처를 주는 거만함과 안하무인인 갑의 행동은 저지르지 않는다. 공자는 꼭 사귀어야 한다면 차라리 후자의 사람이 더 낫다고 보았다.

어휘 & Words

- 奢 사치할 사
- 孫 겸손할 손
- 儉 검소할 검
- extravagance 사치
- frugality 검소
- incivility 무례
- stinginess 인색함

PART

08

태백
泰伯

예를 다하라

8.2

공자가 말하였다. "공손하지만 예가 없으면 헛되이 수고하게 되고, 신중하지만 예가 없으면 소심하게 되고, 용감하지만 예가 없으면 무례해지고, 정직하지만 예가 없으면 너무 박절하게 된다. 군자가 친족들에게 돈독하게 행동하면 백성들에게 인덕이 홍성해지고, 옛 친구를 소홀히 대하지 않으면 백성들이 야박해지지 않는다."

子曰, "恭而無禮則勞, 愼而無禮則葸, 勇而無禮則亂,
자 왈 공 이 무 례 즉 로 신 이 무 례 즉 사 용 이 무 례 즉 란

直而無禮則絞.
직 이 무 례 즉 교

君子篤於親, 則民興於仁, 故舊不遺, 則民不偸."
군 자 독 어 친 즉 민 흥 어 인 고 구 불 유 즉 민 불 투

Confucius said, "Politeness unrefined by observing ritual courtesy is wasting time and labor unrefined by observing ritual courtesy is timidity; boldness unrefined by observing ritual courtesy is rudeness; frankness unrefined by observing ritual courtesy is heartlessness. Where men of virtue are friendly to their relatives, the people will thrive in humane conduct; where they do not neglect their old friends, the people will not be stonehearted each other."

자신만의 출중한 미덕을 가지고 있어도 예에 의한 절제가 없다면 그 미덕은 곤란한 악덕으로 추락하고 만다. 예의 없이 마음만 공손하면 아무도 알아주지 못하니 헛될 것이다. 예의 없이 너무 조심스러워만 하면 소심해지면서 일을 잘 추진하지 못할 것이다. 예의 없이 용맹스럽기만 하면 다툼이 많을 것이며 재앙이 닥치게 된다. 예의 없이 솔직하기만 하면 융통성 없이 꽉 막힌 사람으로 간주될 것이다. 모든 장점은 뒤집어보면 바로 단점이 될 수 있다. 역으로 단점도 장점이 될 수 있는 것이다. 그 조심스러우면서도 위대한 전환의 열쇠를 공자는 '예의'라고 보았다.

친족은 피를 나눈 사람들이다. 같은 조상을 모시고 있는 끈끈한 인연으로써 분란의 근원이 될 수도 있으나 또 가장 믿을 수 있는 혈족의 관계이다. 그들과의 관계가 좋지 않은 사람이 다는 아니나 타인에게 인덕을 더 베푸는 자라고 생각하긴 힘든 것이다. '피는 물보다 진하다.'고 여기는 것이 통념이며 우리의 일반적인 생각이다. 옛 친구는 나의 오래된 족보이다. 힘들 때 도와주어야 하며 내가 힘들 때도 격의 없이 상황을 논해볼 수 있는 마음의 벗인 것이다. 흉년이 들어 가솔에게 먹일 식량이 부족해도 굶어 죽을 처절한 상황만 아니라면 옛 친구와 같이 살아야 옳다. 이러한 벗과의 도리에 충실해야 백성들의 인심도 야박해지지 않는 것이다.

어휘 & Words

- 葸 두려울 사, 삼갈 사
- 絞 목맬 교
- 遺 버릴 유
- 偸 훔칠 투, 야박할 투
- unrefined 세련되지 않은
- thrive 번창하다
- heartlessness 박절
- stonehearted 야박한

부모가 준 생명을 중시하라

8.3

제자인 증자가 병이 들자 그의 제자들을 불러 이렇게 말하였다. "내 발을 들어 올려 보고, 내 손을 펴 보아라! 《시경》에 '두려워하고 조심하여 깊은 연못가에 서 있는 듯 살얼음을 밟은 듯하네.' 라고 하였는데, 제자들아! 이제부터는 내가 부모로부터 받은 신체를 손상할까 그런 걱정은 면하게 되었음을 알겠노라!"

曾子有疾, 召門弟子曰, "啓予足! 啓予手!
증 자 유 질 소 문 제 자 왈 계 여 족 계 여 수
詩云, '戰戰兢兢, 如臨深淵, 如履薄氷.' 而今而後,
시 운 전 전 긍 긍 여 림 심 연 여 리 박 빙 이 금 이 후
吾知免夫! 小子!"
오 지 면 부 소 자

Master Zeng got sick and summoned his disciples to him, saying, "Look at my feet! Look at my hands! The Book of Songs says: 'Fearful! Careful! As if standing near a deep abyss, As if walking across thin ice.' My young disciples! It is only from this moment hence that I can be sure I have avoided damage of my body."

유가儒家는 공자의 가르침에 따라 부모가 준 생명을 중시하고 부모가 준 몸을 잘 보호

해야 도리를 다하고 있다고 간주한다. 증자는 유명한 효자였다. 《대대례기大戴禮記》에서 그는 이렇게 말한다.

"하늘이 낳는 것과 땅이 기르는 것 가운데 사람이 가장 위대하다. 부모가 온전히 낳아준 것을 자식이 온전하게 간직했다가 돌아가는 것을 효라고 할 수 있을 것이다. 제 몸을 손상하지 않는 것을 온전하다고 할 수 있을 것이다."

이 장에서 증자는 《시경》의 시 구절을 암송하며 제자들에게 자신의 몸이 상하지 않고 잘 간직된 것을 확인 시켜 준다. 몸이 상하지 않고 늙은 나이까지 잘 보존했다는 것이다. 아울러 이젠 늙고 병들었으니 밖에서 상해를 입어 효의 도리에 어긋나지는 않겠다는 안도감을 느끼는 장이다. 또한, 공자의 제자들은 고전의 시를 암기하였다가 상황에 따라 적용하고 있음을 알 수 있다.

이러한 유가의 전통은 지금도 중국에 면면히 이어져 내려오는 교육정책으로 자리 잡았다. 중국은 초등학생부터 교과서에 이백, 두보 등 당나라 시인의 시를 실어 필수적으로 외우도록 하고 있을 뿐만 아니라 중고등학교 시절 논어 등을 가르쳐 고등학교를 졸업한 사람이면 고전의 기본소양은 갖추어졌다고 봐야 한다.

어휘 & Words

- 啓 열 계
- 戰 두려울 전
- 兢 조심할 긍
- 履 밟을 리
- 薄 엷을 박
- summon 소환하다
- abyss 심연

안회는 배움을 완벽히 실천하였다

8.5

제자인 증자가 말하였다. “능력이 많으면서도 능력이 부족한 사람에게 묻기도 하고, 많이 알고 있으면서도 조금 알고 있는 사람에게 묻기도 하며, 재능이 많으면서도 없는 듯이 행동하고, 학식이 가득해도 없는 듯 겸손하며, 남이 자신에게 잘못을 저질러도 그와 다투지 않는, 이와 같은 일을 예전에 내 동료인 안회가 몸소 행한 적이 있다.”

曾子曰，“以能問於不能，以多問於寡，
증 자 왈 이 능 문 어 불 능 이 다 문 어 과

有若無，實若虛，犯而不校，昔者吾友嘗從事於斯矣.”
유 약 무 실 약 허 범 이 불 교 석 자 오 우 상 종 사 어 사 의

Master Zeng said, “Able himself yet asking those who are not so, informed himself yet asking those who are less so, having much talented himself yet seeming to have nothing, substantial himself yet seeming to be empty, made an error against himself yet no struggling in the old days I had a friend who proceeded in just such a way.”

증자가 얘기한 안회의 5가지 덕목은 범상치가 않다. 공자는 공문자가 문文이라는 시호

를 얻게 된 이유에 대해 자공이 묻자(공야장 15장), 아랫사람에게 묻는 것도 부끄러워하지 않을 정도로 배우는 것을 좋아해서 그렇다고 답하였다. 안회는 공문자보다 더 나아간다. 배움의 화신 같다. 자공조차도 안연은 자기보다 열 배는 낫다고 하였으며, 스승인 공자도 안연이 나보다 낫다고 충격적인 고백을 하였다. 사실 공자는 자신이 말한 이치와 논리가 어디까지 다다를 줄은 구체적으로 몰랐다.

안회는 스승이 말한 이치를 깨달은 뒤, 자신의 행동으로 직접 실천하였고 실천하는 도중 그만둠이 없었으며, 스승의 말을 항상 기뻐하며 경청하였다. 아울러 스승이 말한 이치뿐만이 아니라 그 이치의 내면을 안회는 들여다보았다. 기독교식으로 말하면 말씀이 육화되어서 공자는 최고 군자의 모습이 제자인 안회에게서 드러나는 것을 보았던 것이다. 범이불교犯而不校는 다른 사람이 나를 속일지라도 보복하지 않는다는 것이다. 안회의 경지가 어디까지 갔는지 추측할 수 있다.

어휘 & Words

- 寡 적을 과
- 嘗 일찍 상, 항상 상
- proceed 나아가다
- substantial 실력이 있는
- struggle 다투다

교만 인색하지 마라

8.11

공자가 말하였다. "설령 주공과 같이 훌륭한 재능을 가졌다 할지라도 교만하고 인색하다면 그 밖에 다른 장점이 있더라도 더 볼 것이 없다."

子曰, "如有周公之才之美, 使驕且吝, 其餘不足觀也已."
자 왈 여 유 주 공 지 재 지 미 사 교 차 린 기 여 부 족 관 야 이

Confucius said, "If a person with talents as excellent as those of the Duke of Zhou is arrogant and stingy, the rest is not worthy of notice."

공자가 얘기하는 주공이 누구인가? '술이 5장'에서 꿈속에서 못 본 지 오래되었다고 아쉬워하는 공자의 아이돌(?)인, 문왕의 아들이자 무왕의 동생이며 노나라 시조인 주공周公 단旦이 바로 그 사람이다. 그렇게 위대한 사람도 만약 교만하고 인색하다면 다른 미덕이 있어도 보기 싫다는 것이다. 문득 공자가 살던 시대의 귀족과 부자들의 오만함과 방탕함이 그에게는 뼈가 사무치는 아픔으로 와 닿지 않았을 까라는 생각이 든다.

어휘 & Words

- 驕 교만할 교
- 吝 인색할 린
- arrogant 거만한
- stingy 인색한

도를 따르라

8.13

공자가 말하였다. "자신의 신념을 굳게 지키고 배우기를 좋아하며 목숨을 걸고 선한 도를 지켜야 한다. 위태로운 나라에는 들어가지 않고, 혼란스러운 나라에는 살지 않는다. 천하에 올바른 도가 행해지면 나타나 벼슬하고, 행해지지 않으면 숨는다. 나라에 올바른 도가 행해지는데도 빈천하다면 부끄러운 것이며, 행해지지 않는데도 부귀를 누린다면 부끄러운 것이다."

子曰，"篤信好學，守死善道．危邦不入，亂邦不居．
자 왈 독 신 호 학 수 사 선 도 위 방 불 입 난 방 불 거

天下有道則見，無道則隱．
천 하 유 도 즉 현 무 도 즉 은

邦有道，貧且賤焉，恥也，邦無道，富且貴焉，恥也．"
방 유 도 빈 차 천 언 치 야 방 무 도 부 차 귀 언 치 야

Confucius said, "Make an earnest commitment to the love of learning and be steadfast to the death in service to the righteous way. Do not enter a state in crisis, and do not reside in one that is in revolt. Be known when the righteous way prevails in the world, but remain hidden away when it does not. It is a disgrace to remain poor and without rank when the righteous way prevails in the state; it is a disgrace to be wealthy and of noble rank when it does not."

군자가 태어나는 시대와 세상이 어떠한가에 따라 그가 갈 길은 정해진다. 다만, 바깥세상이 어떠하든 공부를 즐겨하며 죽은 스승과 살아 있는 스승과의 문답을 통해 내면의 세계에 축적된 옳은 도道에 목숨마저 내놓을 수 있어야 한다. 우리 역사에서도 옳은 선비는 이렇게 살았다.

위태롭고 혼란스러운 나라는 정변이 일어나거나 군주의 친인척 또는 환관 등의 비리로 도를 올바르게 추진할 수 있는 정치적 토대가 흔들리는 나라이다. 이런 나라는 피해야만 한다. 나라가 태평하고 바른 정치가 행해지고 있을 때 자신의 능력을 입증해 보이지 못하면 이는 군자로서는 부끄러운 일이라 할 수 있다. 왜냐하면 자신의 인덕과 실력이 부족하기 때문이다. 그러나 군주가 무능하고 조정에서 일하는 각료와 신하들이 부패와 이권 등에 개입해 올바른 정치가 행해지고 있지 않을 때, 그러한 정부에서 각료로 활동한다든가 재산이 늘어난다면 이는 창피하고 부끄러운 일이며, 자신이 군자가 아님을 세상과 역사에 입증하는 일이라고 공자가 얘기하는 장이다.

어휘 & Words

- 篤 도타울 독
- earnest 진지한
- prevail 지배하다
- steadfast 불변의
- disgrace 치욕
- reside 거주하다
- noble 고상한
- revolt 반란

이도 저도 안 되는 사람이 있다

8.16

공자가 말하였다. "과격하면서도 정직하지 못하고, 아둔하면서도 성실하지 못하며, 무능하면서도 믿음을 주지 못하는 사람은 정말 아무 가능성이 없어 어떻게 해야 할지 모르는 사람이다."

子曰, "狂而不直, 侗而不愿, 悾悾而不信, 吾不知之矣."
자 왈 광 이 부 직 동 이 불 원 공 공 이 불 신 오 부 지 지 의

Confucius said, "I cannot understand people who are radical yet lacking in frankness, who are slow yet lacking in caution, and who are simple yet lacking in honesty."

사람은 누구나 장단점의 특질을 동시에 갖고 있다. 완벽한 중용적 기질은 있을 수가 없으며, 그것은 우리가 인간이기에 그러하다. 손이 바깥쪽이 있고 안쪽이 있듯이 성격도 세상에 비치는 것은 양면성이다. 성격이 급하다는 기질은 망설이지 않는 추진력이 있다는 장점으로 해석될 수 있다. 미적거리고 우유부단하다는 기질은 신중한 사람이라는 평을 얻는 것이다. 이는 조화에 해당하는 사항이며, 언뜻 불협화음 같으나 본질적으로는 이러한 해석이야말로 조화로운 것이다.

과격한 사람의 장점은 정직성이다. 그가 아무리 물불을 가리지 않는 성격이라도 그의

내면은 순수하며 교활하지는 않다. 전투 시 돌격대장으로 임명하거나 새로 만든 제품의 해외시장 개척이라는 임무를 맡기면 여러 이득을 가져다줄 수 있는 성품이다.

학식을 제대로 갖추지 못한 사람은 본인의 지적 콤플렉스 때문에 열심히 일하고 성실하게 산다. 특별한 재주나 기술이 없는 사람은 자신의 한계를 실감하기에 속임 없이 부지런히 일할 뿐이다. 이런 사람은 안과 밖이 같다. 공자는 이러한 인간의 양면성이야말로 조화로운 본질이라고 보았다. 그러나 이러한 조화가 잘못된 인격 형성으로 뒤틀렸을 때, 교육도 안 먹히고 설득도 되지 않는 처참한 인격의 추락을 보았던 것이다.

어휘 & Words

- 侗 무지할 동 slow
- 愿 삼갈 원 reserved
- 悾 경황없을 공 too busy
- radical 과격한
- frankness 솔직함
- caution 조심

배우고 또 복습하라

8.17

공자가 말하였다. "배우고자 할 때는 마치 다 배우지 못할까 두려워하는 듯이 해야 하고, 또 배우고 나서는 그 배움을 잃어버릴까 두려워해야 한다."

子曰, "學如不及, 猶恐失之."
자 왈 학 여 불 급 유 공 실 지

Confucius said, "Study as though you cannot catch up with it, and study as though you fear you are going to lose it."

면학勉學의 본질이다. 이상도 없고 이하도 없다. 일단 무엇을 배우고자 정하면 순탄한 길이 펼쳐지는 게 아니다. 여러 단계를 거쳐야 하며, 단계마다 방해물과 목표에 도달하지 못할 것 같은 좌절감이 찾아든다.

두려움은 외부에서 오지 않는다. 역시 나 자신과 싸움이다. 기존 사회와 학계에서 아무도 인정해주지 않는 공부를 홀로 하는 사람들도 있다. 밥벌이 생계와도 관련이 없다. 그래도 그 길을 꾸준히 걸어갔던 의로운 선배들이 있었다.

일제 강점기 동안 대한민국 문단의 유명 문인들이 친일적인 글을 발표한 자료를 샅샅이 찾아 저술한 《친일문학론》의 저자 임종국 선생이 대표적인 분이다. 저술에 필요한 자료가 미흡하고 불충분할까 봐 전국의 도서관에서 과거 신문 한 페이지 한 페이지를 샅샅이 뒤졌다고 고백하였다.

그러한 미흡할까 봐 염려하는 마음이야말로 이 장에서 공자가 얘기하는 바로 그 두려움이다.

어휘 & Words

- 猶 오히려 유
- 恐 두려울 공
- catch up with 따라잡다

PART

09

자한
子罕

폭넓게 배워라
9.2

달항 마을 사람이 말하였다. "위대하구나, 공자여! 박학하지만 어느 한 전문 분야로 이름을 날리지 않으니."라고 말하자, 공자가 이를 듣고 제자들에게 이렇게 말하였다. "내가 무엇을 전문으로 할까? 수레 몰기를 전문으로 할까, 아니면 활쏘기를 전문으로 할까? 나는 수레 몰기를 전문으로 할 것이다."

達巷黨人曰, "大哉孔子! 博學而無所成名." 子聞之,
달 항 당 인 왈 대 재 공 자 박 학 이 무 소 성 명 자 문 지
謂門弟子曰, "吾何執? 執御乎? 執射乎? 吾執御矣."
위 문 제 자 왈 오 하 집 집 어 호 집 사 호 오 집 어 의

An inhabitant from Daxiang village said, "How great is Confucius! He is wide in his learning, and yet he is not well-known in any special area." The Master on hearing of this, said to his disciples, "What should I specialize in? Perhaps charioteering? Or maybe archery? If I should choose one of the two, I'll readily take charioteering."

'자장 6장'에서 자하는 '박학이독지博學而篤志'를 말한다. '널리 배우고 생각을 집중하라.'는 것이다. 현대사회에서는 그의 가르침이 맞다. 자신의 전공 분야에 대해 실력도 쌓고

또한 광범위하게 책을 읽어 우물 안 개구리가 되지 말라는 것이다. 그는 지혜로운 중용의 길을 우리에게 권유하였다.

공자는 어떠한가? 고대 전투에 쓰였던 전차에는 두 명의 군인이 탑승한다. 수레를 모는 하급의 군사와 활을 쏘는 상급의 군사이다. 수레를 모는 군인은 전문지식이 필요 없다. 두루두루 말을 몰 뿐이다. 하지만 활을 쏘는 군인은 다르다. 목표를 주시하고 타깃을 잡아내는 집중력과 전문적인 살상 기술을 갖추어야 한다. 공로도 그의 것이다. 그러나 공자는 두루두루 달려가는 수레 몰기를 택하였다. 즉, 박학博學을 택한 것이다.

현대에선 어떤 전문 분야의 박사 학위를 취득하려고 하는 공부가 아니라 이렇게 광범위한 지식과 공부를 하는 케이스를 잡학雜學이라고 깎아내렸다. 전문성이 없기 때문에 일하는 것을 믿을 수 없다는 것이다. 의사로 치자면 뇌수술부터 피부과까지 다 진료하고 처방하며 수술할 수 있다는 것인데, 공자는 전문성에 치중하는 삶은 스스로 거부하였다. 그는 전문적인 기능인technician보다는 보편성을 지향하는 군자man of virtue의 길을 택하였다. 군자불기君子不器는 그의 모토이다.

어휘 & Words

- 巷 거리 항
- 黨 마을 당
- 執 잡을 집
- 御 모길 어
- inhabitant 거주자
- charioteering 수레 몰기
- disciple 제자
- archery 활쏘기
- specialize in 전공하다

예의의 근본을 지켜라

9.3

공자가 말하였다. "삼베로 만든 관을 쓰는 것이 예의이지만 지금은 명주로 짠 간단한 것을 쓰는데, 그것이 검소하므로 나는 지금의 관행을 따르겠다. 신하가 임금을 뵐 때 당 아래에서 절하는 것이 예의이지만 지금은 당 위에서 절하는데, 그것은 교만한 태도이므로 지금의 관행을 따르지 않고 당 아래에서 절하는 것을 따르겠다."

子曰, "麻冕, 禮也, 今也純, 儉, 吾從衆.
자 왈 마 면 예 야 금 야 순 검 오 종 중
拜下, 禮也, 今拜乎上, 泰也. 雖違衆, 吾從下."
배 하 예 야 금 배 호 상 태 야 수 위 중 오 종 하

Confucius said, "The use of a hemp cap is prescribed in the observance of ritual courtesy. Nowadays, that a silk cap is used instead is a matter of frugality. I would follow accepted practice on this. On entering the hall a subject deep bowing below the hall is prescribed in the observance of ritual etiquette. Nowadays that one bows deep only after ascending the hall is a matter of arrogance. Although it goes contrary to accepted practice, I still bow deep below the hall on entering the hall."

세상을 자신의 철학과 경륜으로 꼭 이끌어보고 싶다는 야망이 있는 사람이라면 이 장을 암기하고 깊이 자신의 내면에 새겨야 한다는 생각이 드는 장이다.

'민심民心은 천심天心'이라고 한다. 그러나 꼭 그러한 것은 아니다. 물론 한두 사람의 견해보다 여러 명이 합의한 것이 더 공정할 가능성은 크다. 그러나 군중은 감정에 기반을 두고 사태의 본질을 놓치고 정보와 언로를 독점한 독재자와 하수인들에 의해 가공된 정보로서 길들여지는 경우가 역사상 비일비재하였다.

공자는 논어에서 "많은 사람이 미워하더라도 반드시 직접 잘 살펴보아야 하며, 많은 사람이 좋아하더라도 반드시 직접 잘 살펴보아야 한다.(위영공 28장)"라고 말하였다. 군중심리의 위험을 경계한 것이다. 군중의 판단을 믿지 말고 스스로의 가치관에 의해 사람과 상황을 판단하라는 것이다.

군자는 자신이 옳다고 믿는 것에 대해 합리성과 도리에 근거한 굳은 고집이 있어야 한다. 군중이 검소함 같은 인仁의 덕목에서 움직여 나갈 때는 대중의 뜻을 따르는 것이 옳다. 그것이 천심이다. 그러나 교만함과 이익의 추구 같은 불인不仁의 바탕에서 움직여나갈 때는 손가락질을 받고 천하에 외톨이가 되더라도 대중을 따르지 않는 것이 옳다. 그런 자가 바로 군자라고 공자는 얘기하고 있는 것이다.

공자가 현대에 태어났더라면 고급 해외 브랜드의 상표가 달린 옷은 입지 않았을 것이다. 브랜드가 달린 의류도 자기만족이 있다고는 하지만, 상표를 가위로 잘라버리기 전까진 나와 타인을 구별 짓는 것, 그것도 결국 교만함인 것이다.

어휘 & Words

- 麻 삼 마
- 冕 면류관 면
- 純 굵은 실 순
- 泰 거만할 태
- hemp 삼베
- frugality 검소
- prescribe 명령하다
- subject 신하
- observance 준수
- ascend 올라가다
- ritual 제사의
- arrogance 거만함
- instead 대신에
- contrary 반대로

네 가지 덕목을 지켜라

9.4

공자는 네 가지를 하지 않았는데, 멋대로 생각함이 없었고, 독단적이지 않았으며, 자기 생각을 고집함이 없었고, 자기 자신만을 생각하지 않았다.

子絶四, 毋意, 毋必, 毋固, 毋我.
자 절 사 무 의 무 필 무 고 무 아

There were four things Confucius refrained from entirely: he did not speculate at whim, he did not claim or demand certainty, he was not inflexible, and he was not self-absorbed.

《대학大學》의 신독愼獨; 사람들이 보지 않는 곳에서도 양심에 부끄럽지 않게 주의하며 행동을 삼간다. 즉, 자기 자신을 스스로 엄하게 다스린다.이 논어의 이 장에 등장하는 4개 덕목 뒤에 추가되어야 공자를 더 잘 설명했다고 할 수 있다. 의意는 근거 없이 추측하고 상상하는 것이다. 필必은 독단적인 것이다. 무엇이 안 되면 절대 안 된다는 융통성이 전무한 경지이다. 고固는 타협할 줄 모르는 고집이며, 아我는 객관적 상황을 고려하지 않는 주관성의 극치를 말한다.

사람 사는 세상은 온통 갈등의 덩어리이다. 정치계, 경제계, 문화계, 교육계 등등 TV 뉴스와 신문을 보면 대립과 싸움의 연속이다. 그러나 가만히 들여다보면 바로 이 장에서 얘기하는 공자의 네 가지 행위와 정반대의 행위로 나아가서 그렇다는 것을 발견하게 된다.

중국 문화혁명 기간에 공자 사상을 봉건주의 산물로 규정하여 유적지의 석상까지 파괴

했던 시간을 거쳤음에도, 오늘날 공자의 인간 도리에 대한 깊은 성찰에서 우러나온 향기는 계속 피어오른다. 나의 일신상 갈등뿐만 아니라 TV 뉴스와 신문에 실린 모든 갈등의 근원이 이 장에서 공자가 얘기한 4가지 경우 외에는 거의 없는 것 같다.

어휘 & Words

- 絶 끊을 절
- 毋 말 무, 없을 무
- refrain from 삼가다
- inflexible 고정된
- speculate 사색하다
- at whim 변덕스럽게
- self-absorbed 자기중심적인

다양하게 배워라
9.7

공자의 제자인 노가 말하였다. "스승님께서 스스로에 대해 '나는 벼슬시험을 보지 않았기 때문에 오히려 재주가 많다.'고 말씀하셨던 적이 있다."

牢曰, "子云, '吾不試, 故藝.'"
노 왈 자 운 오 불 시 고 예

Disciple Lao said, "The Master says of himself, 'it is because I have never studied the examinations for public officials that I have learned many lessons.'"

공자는 출신이 비천하여 관리가 되려는 공부보다 주역 등 순수 고전을 많이 읽고 대부분의 시간을 인문학 공부에 투자했던 것 같다. 성공하려는 편협한 지식 위주의 공부보다는 두루 공부하였기에, 오늘의 자신을 만들 수 있었다고 제자인 노에게 얘기하였다.

역사상 천재는 두 종류로 분류할 수 있다. 먼저 자신의 재능이 있는 방면으로 후천적인 노력을 한 결과 천재의 수준에 오른 사람이다. 공자가 대표적이다. 반대로 선천적인 재능을 물려받은 천재가 있는데, 조선시대 세종이 천재라고 인정한 '김시습金時習; 1435~1493, 조선 문인, 생육신'과 정조와 정약용이 천재라고 인정한 '이가환李家煥; 1742~1801, 학자'이 대표적이다.

그중 이가환은 실학자 성호 이익李瀷; 1681~1764, 문신의 종손이다. 정약용은 "기억력은 고

금에 뛰어나 한 차례 눈으로 보기만 하면 죽을 때까지 잊지 않다가 우연히 자극만 받으면 한 번에 수천 수백 마디를 외워 마치 술통에서 술이 쏟아지듯 유탄이 퍼부어 판때기를 뒤엎듯 하였다."고 그의 묘비명에 기술했으며, "뱃속에 저장된 것이 땅과 바다의 포용함과 같았다."라고 쓸 정도로 그의 지식에 탄복하였다.

또한《정조실록》에는 정조가 '투르크나 흉노, 선비족이 세운 북위의 역사 등 이민족의 정보'를 물어보자, 훤히 꿰뚫는 듯 역사에 관한 해박한 지식뿐만 아니라 역법 등 과학에 대해서도 모두 답변한 기록이 있다.

경청하라

9.8

공자가 말하였다. "내가 아는 것이 있는가? 사실 아는 것이 없다. 그렇지만 어느 미천한 사람이 나에게 무언가를 물어본다면, 그때는 내가 텅 비어 아는 것이 없는 듯해도 조만간 그 일에 대해 이것저것 다 들어 알아보고 그에게 알려줄 것이다."

子曰, "吾有知乎哉? 無知也. 有鄙夫問於我, 空空如也. 我叩其兩端而竭焉."
자 왈 오 유 지 호 재 무 지 야 유 비 부 문 어 아 공 공 여 야 아 고 기 량 단 이 갈 언

Confucius said, "Do I posses real knowledge? No, I do not. But if a humble man puts a question to me, at first I come up empty, but sooner or later I attack the question from both ends until I have gotten to the bottom of it."

인류 역사에 출현했던 모든 스승의 모습 중 최고의 사표師表라고 칭송해도 무방한 장이다. 자신의 실력에 대한 겸손함과 하나라도 더 배워서 가르치려고 하는 지극한 정성이 그대로 전달된다.

이 세상에 사람의 자격을 이름 지어 부르는 호칭 중 최고의 호칭은 '선생님'이다. 선생先

生, 미리 앞서 살아봤다는 것인데, 그 경험과 배웠던 지식을 후생後生에게 나눠주는 사람이다. 아울러 후생에게서 다른 각도의 사유思惟와 새로운 지식을 유연하게 배우는 이도 선생인 것이다. 선생과 후생 사이에는 본질적으로 딱딱한 위계질서가 없다.

선생은 조금 앞서 살았던 사람일 뿐이다. 교수Professor는 전문 분야의 지식을 연구하고 가르치는 지식인이라는 의미가 강하고, 서양의 Teacher, Instructor도 알고 있는 내용을 가르친다는 의미가 강하다. 인문학적으로 그리고 철학적으로 선생님보다 더 좋은 호칭은 없다는 생각이 든다.

아울러 가르치는 대상에 귀한 자, 천한 자의 구분을 두지 말라고 공자는 얘기한다. 배우려고 나를 찾아온 자는 소중한 사람인 것이다. 대충 아는 것만 가리키지 말고 혼신을 다하라고 공자는 선생의 길에 들어선 모든 이에게 준엄히 당부한다. 잘못 알게 되면 배우는 자가 잘못된 방향으로 갈 수 있기 때문이다.

어휘 & Words

- 叩 두드릴 고, 물을 고
- 竭 다할 갈, 고갈할 갈
- humble 미천한

약자에게 더 예의를 갖춰라
9.10

공자는 상복을 입은 사람과 정식 관복을 입은 사람 그리고 장님과 마주쳤을 때, 그들이 젊은 사람이라도 반드시 일어섰고, 그들 앞을 지나갈 때는 반드시 빠른 걸음으로 걸었다.

子見齊衰者冕衣裳者與瞽者，見之，雖少必作，過之必趨.
자 견 자 최 자 면 의 상 자 여 고 자 견 지 수 소 필 작 과 지 필 추

Whenever he came across those who wore mourning dress, formal official uniform or those who were blind, even if they were his juniors, Confucius would, on first catching sight of them, invariably rise to his feet, and in passing them, would invariably hasten his step.

공자가 예의를 차린 사람들의 신분을 알 수 있다. 죽음으로 이별하여 슬픔에 젖은 사람과 백성을 위하여 일하는 사람, 세상에 태어나 장애인으로 불행하게 사는 사람들이다. 나이도 불문하였다.

공자는 세상에 힘든 사람들 앞에서 꼭 예의를 갖추었다. 예의는 남들에게 보여주는 인위人爲에서 나오는 것이 아니라 자기 내면에서 우러나오는 진솔한 동료애에서 나온다는

것이다. 그들의 눈물과 힘들어하는 마음이 바로 나의 슬픔과 고뇌이다. 공자의 잔잔한 인격의 아름다움을 느낄 수 있는 장이다.

어휘 & Words

- 齊 상복 자
- 衰 상복 최
- 瞽 소경 고
- 趨 빨리 걷을 추
- come across 우연히 만나다
- mourn 애도하다
- catch sight of 흘끗 보다
- hasten 서두르다
- invariably 변함없이
- rise to one's feet 벌떡 일어서다

군자가 사는 곳으로 가고 싶다

9.14

공자가 동방 오랑캐 아홉 성姓씨가 모여 사는 곳에 살기를 바라자, 어떤 사람이 "그곳은 누추할 텐데 어떻게 사시겠습니까?"라고 물었다. 그러자 공자가 이렇게 대답하였다. "군자가 사는데 어찌 누추함이 있겠는가?"

子欲居九夷. 或曰, "陋如之何?" 子曰, "君子居之,
자 욕 거 구 이 혹 왈 루 여 지 하 자 왈 군 자 거 지
何陋之有?"
하 루 지 유

Confucius wanted to go and live amongst the nine clans of the Eastern Yi Barbarians. Someone said to him, "How could you live in such an uncultured place like that?"

The Master replied, "The uncultured cannot reside in where learned man resides. do not worry."

군자는 어떤 곳에 가서도 군자로서 살 수 있다. 환경에 물들지 않고 배타성에 휘둘리지 않으며 타자他者로 존재치 않고 능동적 화합을 통해 낯선 곳을 인한 마을로 바꾸어 놓는다. 자기를 열어놓고 타자를 받아들이며 원활한 소통을 통해 자유로움의 경지로 나아가는 것이다.

'양화 7장'에서 필힐이 중모中牟 땅에서 반란을 일으킨 곳으로 공자가 간다고 했을 때, 스승의 여정에 대한 자로의 걱정에 대해 공자는 말한다. "군자는 갈아도 작아지지 않고 흰 바탕은 물들이려 해도 검어지지 않는다."

그런데 이 장은 달리 해석할 수도 있다. 오랑캐 나라에 이미 군자들이 살고 있으니 공자가 괜찮다고 얘기하는 장으로 볼 수 있는 것이다. 논어에는 공자가 중원의 제후국들에 실망하여 '자로와 함께 뗏목을 타고 바다로 나가고 싶다.'라는 내용이 나오는데, 바다로 나간다면 동쪽의 황해바다이며 계속 가게 된다면 한반도 충청남도 서산, 태안반도에 도착하게 된다. 중국의 상주商周 시기에는 일반적으로 구이九夷는 산둥지역의 동이東夷와 회수유역의 회이淮夷를 가리킨다고 보는 것이 정설이다. 따라서 이 장에 대해 중국인들은 중화사상 때문에 첫 번째 해석을 따르고 있으나 논리적으로는 두 번째 해석이 더 타당하다고 볼 수 있다.

공자는 어릴 때부터 제기 그릇인 조두를 가지고 놀았으며, 짐승고기와 노래 부르기를 좋아하였고 인성과 풍속이 어질고 유순함을 흠모하였다. 그는 자신이 갈망하는 군자의 나라를 중국 중원에 세우고 싶었으나 뜻대로 되지 않았다. 그가 살던 곳에서는 변방이나 이미 익히 들어 알고 있었던 군자들이 사는 동이의 나라로 차라리 가고자 하였다. 이 장은 이렇게 해석하는 것이 더 타당하다. 우리와 공자는 인연이 깊다.

어휘 & Words

- **夷** 오랑캐 이
- **陋** 더러울 루 dirty
- barbarian 야만인
- amongst 사이
- clan 씨족
- reside 거주하다

모든 결과는 자기 책임이다
9.19

공자가 말하였다. "비유하자면, 산을 쌓아 올릴 때 흙 한 삼태기가 부족한 상태에서 그만두어도 나 자신이 그만둔 것이다. 또한 땅을 평평하게 고를 때 흙 한 삼태기를 쏟아부으며 나아가는 것도 나 자신이 노력하여 나아가는 것이다."

子曰, "譬如爲山, 未成一簣, 止, 吾止也.
자 왈 비 여 위 산 미 성 일 궤 지 오 지 야
譬如平地, 雖覆一簣, 進, 吾往也."
비 여 평 지 수 복 일 궤 진 오 왕 야

Confucius said, "Metaphorically speaking, As in piling up earth to erect a mountain, if, only one basketful short of completion, I stop, I myself have stopped, not everyone else. As in filling a ditch to level the ground, if, having dumped in only one basketful, I continue, I myself am progressing, not everyone else."

자기가 원했던 일에 전력을 다해 나아가다가 마지막 순간에 자포자기하면 결국은 아무 일도 하지 않은 것이다. 세상 사람들은 그가 성취한 것이 없다고 얘기할 것이며 역사에 기억되지도 않는다. 구슬을 서 말이나 쌓아놓으면 뭐 하겠는가? 마지막 순간에 꿰어야 보배라고 하였다.

공자는 자기가 원했던 일을 시작할 때 첫발을 내디뎠으면 끝까지 매진하라고 얘기하고 있다 . 대부분 사람은 일을 시작한 지 얼마 되지 않아 곧 자기 자신의 능력을 의심하고 회의에 젖으며 남들의 도움을 받으려고 한다. 그래서 우리 조상들은 '첫술(숟가락)에 배부르랴?'라는 금언을 후대에 남겼다.

어휘 & Words

- 譬 비유할 비
- 簣 삼태기 궤
- 覆 뒤엎을 복
- metaphorically speaking 비유적으로 말하자면
- pile up 쌓다
- ditch 도랑
- erect 세우다
- level 평평하게 하다
- earth 흙

배운 뒤 실천함은 극히 어렵다

9.20

공자가 말하였다. "배움을 주면 게을리하지 않을 사람은 정말 안회뿐일 것이다."

子曰, "語之而不惰者, 其回也與!"
자 왈　어 지 이 불 타 자　기 회 야 여

Confucius said, "If there was anyone who listened with full attention to what I said, it was surely Yan Hui."

안회는 가난하였다. 끼니를 제대로 이어가지 못할 정도였다. 그러나 자신의 어려움을 받아들였으며 더 나아가 훌륭한 스승의 가르침으로 살아가는 자신의 운명을 오히려 고마워하고 즐거워하였다. 일찍이 무소유無所有의 가치를 실현하였으며 스승에게 도리를 배워 비굴하거나 아첨하지 않았다.

배움을 게을리하지 않아 스승인 공자보다 인仁의 세계를 더 깊이 터득하고 자유로웠다. 그는 인의 자유에서 활보하였고 스승은 인의 세계를 소개하고 설명하였으나 도리어 제자인 안회보다 인의 세계를 향유하지 못하였다. 공자는 안회보다 정치에 대한 욕망이 컸고 백성에 대한 측은지심이 더 깊었기에 직접적인 인의 세계에서 안회보다 더 자유로울 수는 없었다. 그래서 공자는 자공에게 "스승인 나도 안연보다 못하다."라고 고백하였던 것이다.

안회는 스승이 가르쳐주는 도리에 대한 끊임없는 질문과 사색을 통해 스승이 손가락으로 가리켰던 과녁도 뛰어넘은 사람이다. 그의 의식과 인식은 인간이 도달할 수 있는 최고의 경지에까지 도달하였다. 안회의 물질적인 삶은 항상 비참하였으나 그의 외부적인 비참한 삶은 그의 내면적인 의식의 진화에 가장 도움이 되는 경험으로 작용하였다.

위대한 스승이 던지는 짤막한 가르침은 그의 영성을 깊고 자유롭게 하였다. 그를 나무에 비유한다면 큰 바위틈에 하나의 씨앗으로 날아와 그 바위틈에 엉킨 흙 속에 뿌리를 깊이 내리고 우뚝 성장해버린 소나무 같다는 생각이 든다. '돌 위에 나무'가 그의 운명인 것이다.

'나는 항상 이것만은 말하고 싶었습니다.
지금까지 내가 틀림없다고 확신하는 것은
우리들은 언제나 어려움에 의지해야 한다는 사실입니다.
그 어려운 쪽이 바로 우리들의 몫이지요.'

- 〈젊은 시인에게 보내는 편지〉 중에서, 라이너 마리아 릴케

운명은 거역할 수 없다

9.22

공자가 말하였다. "싹이 나도 이삭이 나오지 않는 경우가 있다! 아울러 이삭이 나왔지만, 열매를 맺지 못하는 경우가 있다!"

子曰, "苗而不秀者, 有矣夫! 秀而不實者, 有矣夫!"
자 왈 묘 이 불 수 자 유 의 부 수 이 불 실 자 유 의 부

Confucius said, "There are indeed sprouts that do not flower, and there are flowers that do not fruit."

이 세상에 가장 슬픈 일은 '젊은이의 죽음'이라고 요한 제바스티안 바흐Johann Sebastian Bach; 1685~1750, 독일 작곡가가 말했던 것으로 기억된다. 그래서 그는 <파사칼리아Passacaglia> C단조를 젊은이의 묘비에 헌정하였다. 지난 2014년에 세월호 참사를 겪은 일은 국민 전체가 겪은 스트레스일 거라고 어떤 심리학자가 말했다. 열일곱 살의 나이가 무엇을 의미하는지, 그리고 그 아이들이 어떤 시간을 다 잃어버리고 사라져갔는지를 세상을 살아본 어른은 안다. 공자가 얘기하는 이 장은 젊은이의 삶과 교육에 있어서 벌어질 수 있는 잔혹한 비극적인 현실을 지적하고 있다고 생각된다.

어휘 & Words

- 苗 싹 묘
- 秀 이삭 수 come into flower
- 實 열매 실
- seedling 묘목, 싹

꾸준히 공부하라

9.23

공자가 말하였다. "젊은이들은 무서운 존재이니, 어찌 미래의 그들이 현재의 우리보다 못할 것이라고 장담할 수 있겠는가? 그렇지만 그들이 나이 마흔이나 쉰이 되어서도 학문을 했다는 소문이 나지 않는다면 이 또한 두려워할 것이 못 될 뿐이다.

子曰, "後生可畏, 焉知來者之不如今也?
자 왈 후 생 가 외 언 지 래 자 지 불 여 금 야

四十五十而無聞焉, 斯亦不足畏也已."
사 십 오 십 이 무 문 언 사 역 부 족 외 야 이

Confucius said, "The young should be held in high esteem. After all, how do we know that those yet to come will not surpass our contemporaries? It is only when one reaches forty of fifty years of age and yet has not been devoted to one's studies that we should withhold our esteem."

젊은이는 씩씩한 기상과 무한한 가능성의 존재이다. 나이 든 천재는 젊었을 때 천재였기에 나이 들어서도 천재라는 칭송을 듣고 있다. 젊은이들이 세상에 펼쳐나가는 무모함과 도전의 정신을 가늠하기 어렵기에 공자는 '두려워할' 정도라고 표현하였다.

그러나 젊은이도 나이를 먹는다. 자신이 살아온 경험에 근거해 고집불통이 되고 재물을 모았기에 거만해지며, 신중하기는 하나 유연하지 못한 늙은이로 어김없이 변모해 가는 것이다. 공자는 늙은 티를 내지 않으려면 배우고 또한 배워서 유연한 사람이 되어야 한다고 경고하는 장이다.

어휘 & Words

- 畏 두려워할 외 awe
- surpass 능가하다
- esteem 존경
- 焉 어찌 언 how
- contemporary 동시대 사람
- withhold 보류하다

잘못을 고치는 것이 중요하다

9.24

공자가 말하였다. "바르게 일깨워주는 엄정한 말을 어찌 따르지 않을 수 있겠는가? 그 말로써 자신의 잘못을 고치는 것이 중요하다. 정중하게 알려주는 말을 기뻐하지 않을 수 있겠는가? 그 말의 깊은 뜻을 찾아내는 것이 중요하다. 그러나 그러한 조언을 기뻐하면서도 깊은 뜻을 찾지 않거나 그러한 조언을 따르면서도 자신의 잘못을 고치지 않는다면, 이러한 사람은 나도 어떻게 해 볼 도리가 없다."

子曰，“法語之言，能無從乎？改之爲貴．巽與之言，能無說乎？
자 왈 법 어 지 언 능 무 종 호 개 지 위 귀 손 여 지 언 능 무 열 호
繹之爲貴．說而不繹，從而不改，吾末如之何也已矣．”
역 지 위 귀 열 이 불 역 종 이 불 개 오 말 여 지 하 야 이 의

Confucius said, "How could one but follow what model sayings have to say? But the real value lies in reforming one's wrong ways. How could one but find pleasure in polite language? But the real value lies in drawing out its deep meaning. What can possibly be done with people who find pleasure in polite language but do not draw out its meaning, or who follow model sayings but do not reform their ways."

'법어지언法語之言'은 법이라는 단어가 의미하듯이 엄정한 말이다. 곧으면서도 매섭고 신랄한, 비교적 듣기에 귀에 거슬리는 말이라고 할 수 있다. 즉, 직언直言이다. 옛적부터 왕이 잘못된 행동을 할 때 충신들이 간했던 방법이다. 듣기가 거북해 왕이 충신을 많이 죽였다. 그러나 에둘러 얘기하지 않고 정확하게 꼬집어 낸 자신의 잘못이기에 후회하면서 잘못을 고친 왕도 많다. 그러한 왕은 후에 역사에서 명군으로 기록되었고, 고치지 않은 왕은 반역이 일어나 죽거나 비참한 여생을 살았다.

'손여지언巽與之言'은 품위 있는 공손한 말이다. 정중하고 완곡한 표현을 쓴다. 듣기엔 편안하다. 그러나 가만히 음미해보면 나의 현재 고집을 꺾고 말을 해준 사람의 뜻에 따르는 게 옳다는 생각이 들어야 정상이라고 할 수 있다. 말을 한 사람은 직언하면 의도하지 않았던 방향으로 가게 하거나 우정에 금이 갈 수 있다는 지혜를 가진 사람이다. 바람 가는 대로 잎이 날리듯 조용히 따르는 게 옳다.

어휘 & Words

- 巽 부드러울 손
- 說 기쁠 열
- 繹 이을 역, 찾을 역
- reform 개혁하다
- lie in 달려있다

헌신과 믿음으로 살아라

9.25

공자가 말하였다. "항상 최선을 다하고 남에게 믿음을 주는 삶을 살아야 하고, 자기보다 못한 사람을 벗으로 사귀지 말며, 잘못이 있다면 그 잘못을 고치는 것에 대해 주저해서는 안 된다."

子曰, "主忠信, 毋友不如己者, 過則勿憚改."
자 왈 주 충 신 무 불 여 기 자 과 즉 물 탄 개

Confucius said, "Live along your sincerity and making good on your word all the time. Do not have a friend who is not as good as you are. And if you acknowledge yourself to be wrong, do not hesitate to mend your ways."

프로 축구선수들의 평가 기준이나 연봉의 척도는 여러 가지가 있겠으나 단연 골과 어시스트, 결정적 순간의 패스, 태클 등 서양식 기준으로 눈에 드러나는 성과가 점수로 환산되며 그것이 곧 선수의 몸값이다. 그래서 유명한 프로 축구선수들은 이러한 기준에 따라 경기해나간다.

그런데 한 선수는 달랐다. 그도 의식을 안 하는 건 아니었으나 카메라와 관중들의 시선이 잡히지 않는 숨은 공간에서 팀의 승리를 위해 뛰어다니고 압박을 가하고 보이지 않는

동선을 활발히 뛰어다니는 '그림자적인 헌신Shadow devotion'의 모습이 축구 전문가들의 눈에 포착되기 시작했다. 화려하진 않으나 꼭 있어야 할 자리에 미리 가 있고, 그래서 상대방 공격을 차단하고 동시에 공격하는 위치에서 그는 움직였다고 한다. 관중들과 카메라의 눈에 띄진 않으나 꼭 있어야 할 위치에서 전체 팀을 위해 헌신하는 선수, 그가 바로 박지성이다.

그리고 그가 서양 축구에 보여줬던 그러한 모습이 바로 동양의 공자가 얘기했던 충이다. 누가 보든 안보든 자신이 맡은 자리에서 정성을 다하는 것, 그것이 충인 것이다. 자신의 이익을 따지지 않기에 동료 선수에게 믿음을 주었으며 술, 도박 같은 잡기로 유혹하는, 선수생활에 방해가 될 수 있는 사람(자기보다 못한 사람)을 벗으로 사귀지 않았고, 과거 은사들과 당시 맨유 감독인 알렉스 퍼거슨 경이 조언하는 얘기에 항상 귀를 기울였기 때문에 축구에 있어 세계적인 선수로 성장할 수 있었다.

어휘 & Words

- 毋 없을 무, 말 무
- 憚 꺼릴 탄
- acknowledge 인정하다
- mend 고치다
- hesitate 주저하다

지조는 빼앗을 수 없다

9.26

공자가 말하였다. "삼군이나 되는 대군을 통솔하는 장수를 빼앗을 수는 있을지 몰라도, 평범한 한 사람의 강한 뜻은 빼앗을 수 없다."

子曰, "三軍可奪帥也, 匹夫不可奪志也."
자 왈 삼 군 가 탈 수 야 필 부 불 가 탈 지 야

Confucius said, "The Combined Armies can be deprived of their commander, but a man of humble position cannot be deprived of his strong will."

1972년 중국의 은작산에서 춘추시대 오왕 합려를 섬기던 손무孫武; B.C. 545~470, 전략가가 저술한 《손자병법》이 발견되었다. 위나라 '조조'와 일본 '다케다 신겐'이 깊은 감명을 받고 응용했던 바로 그 책이다. 손자병법의 발견은 사마천의 《사기》 또한 소설이 아닌 실제 역사를 기록한 책으로 인정받는 계기가 되었다.

《손자병법》은 총 13권으로 작성되어 있으며 병법, 군사 진형, 전투 시 대처술 등을 기록해 놓았는데, 군쟁편軍爭篇에 '삼군은 기氣를 빼앗을 수 있고, 장군은 마음을 빼앗을 수 있다.'라는 구절이 있다. 군대는 기상이다. 전쟁이 격렬해지면 장군의 의지와 사병의 심리는 순식간에 붕괴할 수 있고 일단 사기가 무너지면 그 군대는 바로 패배하고 마는 것이다. 그 전투에 따라 나라가 망할 수도 있고 나라를 세울 수도 있다.

그러나 공자는 "전군을 통솔하는 장수의 기개는 뺏을 수 있어도 강한 의지를 가진 한 사람의 기개는 뺏을 수 없다."라고 말한다. 조선의 수양대군 세력에 대항한 사육신死六臣의 지조와 의기가 대표적인 표본이다.

어휘 & Words

- 三軍 약 12,500명
- 帥 장수 수, 거느릴 솔
- 奪 빼앗을 탈
- combine 결합하다
- deprive 빼앗다

곧은 지조를 가져라

9.28

공자가 말하였다. "날씨가 차가워진 뒤에야 소나무와 잣나무 잎이 늦게 시든다는 것을 알 수 있다."

子曰, "歲寒然後知松柏之後彫也."
자 왈 세 한 연 후 지 송 백 지 후 조 야

Confucius said, "It is only when the weather becomes cold that we realize the pine tree and the nut pine tree are the last to wither."

선비의 기개를 얘기하고 있다. 세한은 소한과 대한이며, 일 년 중 가장 추울 때다. 천하의 많은 나무가 다 잎을 떨어뜨린 뒤에도 소나무와 잣나무 잎이 끝까지 남아 산의 정기를 유지하고 있다는 공자의 얘기는 자신의 얘기이기도 하고, 공문의 제자들이 이러한 기개로서 사리사욕에 무릎 꿇지 말고 군자의 절개를 유지해달라는 당부의 말이기도 하다. 추운 겨울 같은 어려움을 지내고 난 뒤에야 국가에서도 충신이 가려지고 사람과의 관계에서도 진실한 벗이 드러날 수 있는 것이다.

완당 김정희金正喜; 1786~1856, 조선 서예가, 실학자의 <세한도歲寒圖>에 논어의 이 장이 소개되고 있다. 세한도는 완당이 환갑을 바라보는 나이에 제주도로 유배되었을 때 늘 변함없이 자신을 대해주던 제자 이상적에게 그려준 그림이다. 완당은 그림 왼편에 편지 형식의 화제畵題를 적어 넣었는데, 세한도에 적혀있는 그의 글을 옮긴다.

태사공 사마천이 말하기를 "권세와 이익으로 결합한 자는 권세와 이익이 다하면 그사이가 멀어진다."라고 하였는데, 그대 또한 거스를 수 없는 도도한 세상의 변화에 놓인 한 사람으로서 초연히 스스로 권세와 이익 밖으로 벗어나 권세와 이익으로 나를 대하지 않는 것인가? 태사공의 말이 틀린 것인가?

공자께서 말씀하시길 "날씨가 차가워진 뒤에야 소나무와 잣나무 잎이 늦게 시듦을 알 수 있다."라고 하였는데, 송백은 사계절 내내 시들지 않는 것으로 세한 이전에도 한결같이 송백이고 세한 이후에도 한결같이 송백인데 성인은 다만 세한 이후만을 들어 말한 것이다. 지금 그대가 나를 대하는 것은 곤경을 겪기 전에 더 잘 대해 주지도 않았고 곤경에 처한 이후라고 소홀히 하지도 않았다. 그러나 내가 곤경을 겪기 이전의 그대는 칭찬할 만한 것이 없겠지만 내가 곤경을 당한 이후에도 그대가 나를 변함없이 대하는 것은 칭찬받을 만하다. 성인께서 특별히 칭찬하신 것은 다만 추운 겨울 뒤에도 변치 않는 곧은 지조와 굳센 절개만을 말씀하신 것뿐 아니라 역시 추운 겨울과 같은 시련과 역경 속에서 느끼신 바가 있어서이다.

어휘 & Words

- 松柏 송백; 소나무와 잣나무
- 彫 시들 조
- pine tree 소나무
- nut pine tree 잣나무
- wither 시들다

지혜롭고 어질며 용기 있어라

9.29

공자가 말하였다. "지혜로운 사람은 미혹되지 않고, 어진 사람은 근심하지 않으며, 용기 있는 사람은 소심하지 않다."

子曰, "知者不惑, 仁者不憂, 勇者不懼."
자 왈 지 자 불 혹 인 자 불 우 용 자 불 구

Confucius said, "The wise are not deluded; the humane are not anxious; the courageous are not timid."

싯다르타가 사람의 운명을 생로병사生老病死로 함축 시켜 얘기했듯이 길흉화복吉凶禍福의 굴레에서 우리들은 상승과 하강을 되풀이한다. 그러나 인자仁者는 이러한 길흉화복의 일에 매이지 않는다. 왜냐하면 이것들은 본질적인 내면의 문제는 아니기 때문이다.

인자가 고민하는 것은 자신의 인격이 세상 속에서 옳고 바르게 구현되는 문제이다. 지혜로운 사람은 사건이나 사물을 겉으로 보지 않고 내면의 본질을 보려고 노력하기 때문에 현혹되어 고민에 빠지지 않는다. 이는 팩트fact 자체에만 몰입되지 않고 싯다르타의 '연기론' 같은 방법처럼 그 원인을 이해하려고 노력하기 때문이다.

가장 어려운 것은 참된 용기를 갖는 것이다. 죽음도 마다하지 않을 기세를 갖기 위해서는 자신의 생명도 기꺼이 버릴 수 있는 최종의 목적론적 대상을 치열한 사유의 고뇌 속에서 찾는 과정이 필요한 것이다. 그러나 이는 아무나 할 수 있는 일이 아니며 하늘이 모든 사람에게 부여하는 것도 아니다. 이러한 소명을 가지고 태어난 자는 많지 않다. 그러므로 한때의 치기가 아닌 참된 용기를 가진 자는 자기애를 버릴 수 있는 사람이기에 최상의 인자라 할 수 있다.

어휘 & Words

- 惑 미혹할 혹
- 憂 근심 우
- 懼 두려워할 구 fear
- delude 속이다
- timid 겁 많은

유연하여라
9.30

공자가 말하였다. "함께 배울 수는 있으나 함께 도를 실천할 수는 없고, 함께 도를 실천할 수는 있지만 함께 변함없이 지켜나갈 수는 없으며, 함께 변함없이 지켜나갈 수는 있지만 상황과 의리에 따라 함께 융통성 있게 행동할 수는 없는 것이다."

子曰, "可與共學, 未可與適道, 可與適道, 未可與立, 可與立, 未可與權."
자 왈 가 여 공 학 미 가 여 적 도 가 여 적 도 미 가 여 립 가 여 립 미 가 여 권

Confucius said, "You can study with someone, and yet not necessarily walk the same path with them; you can walk the same path with someone, and yet not necessarily take your stand with them; you can take your stand with them, and yet not necessarily behave flexibly in the same way with them."

한 개인이 갖는 유연성flexibility은 의리faith보다 우선이고 의리는 공동수학co-study보다 우선이다. 공동수학, 즉 공학共學은 지금 말로는 학연이다. 같은 학교를 나온 애틋한 학우 관계가 사리를 잘 판단하여 적절하게 일을 처리하는 태도를 갖기는 힘들다고 공자는 말한다.

한국 사회에도 학연은 척결해야 할 병폐이다. 아울러 설사 일을 옳게 처리한다고 해도 세상사는 매번 정도正道를 가도록 허용치는 않는다. 어떤 사안에서는 갈라설 때도 있는 것이다. 그리고 일을 정도대로 같이 행한다고 해도 상황에 맞으면서 적절하고 융통성 있게 처신하기는 참으로 힘들다.

융통성이라는 것은 한 인간이 가질 수 있는 재량이다. 사람들을 대하다 보면 앞뒤가 꽉 막혀서 대화도 안 되고 일을 처리하기가 힘들다는 얘기를 자주 듣는다. 주로 원칙주의자가 그러한데, 극단주의자extremist로 가는 경우도 있다.

공자는 유연한 사람이 되라고 말한다. 원칙을 준수한다는 사람은 자신의 발목을 잡고 있는 원칙이 과연 무엇인지를 고민해야 한다. 진실로 강한 자일수록 겉은 부드러운 법이다. '내가 고집이 세다.'라고 자의반 타의반 인정하는 사람은 스스로 물어야 한다. 역설적으로 자신의 내면이 심약한 것은 아닌가?.

어휘 & Words

- **適** 갈 적
- **權** 저울질할 권 weigh

PART 10

향당
鄕黨

사람이 다쳤느냐?

10.15

마구간에 불이 났을 때 공자가 퇴근하여 "사람은 다치지 않았는가?"라고 말했을 뿐 말에 대해서는 묻지 않았다.

廐焚, 子退朝, 曰, "傷人乎?" 不問馬.
구 분 자 퇴 조 왈 상 인 호 불 문 마

When a fire broke out in his stable, Confucius left work and asked, "Was there anyone hurt?" He did not inquire after the horses.

현대인에게 매일 출·퇴근할 때 필요한 자동차보다도, 옛날 사람들에게 말은 더 긴요하고 필수적인 존재였다. 과거 미국에서 백인들이 개척이라는 명목으로 이주할 당시에는 말을 훔친 도둑은 곧바로 사형 집행이 내려질 정도로 동·서양에서 말은 사람의 생명과도 연관된 재산이었던 것이다. 그러나 아무리 가치 있고 소중한 것이라고 해도 사람의 생명과 안위와는 바꿀 수 없는 것이라고 공자가 얘기하고 있는 장이다.

어휘 & Words

- 廐 마구간 구
- 焚 태울 분
- break out 갑자기 발생하다
- stable 마구간
- inquire after 안부를 묻다

예는 신중해라
10.19

태묘에 들어가서는 모든 일에 대해 상세하게 물었다.

入太廟, 每事問.
입 태 묘　매 사 문

On entering the Grand Ancestral Hall, Confucius asked questions about everything.

태묘太廟는 노나라 조상의 사당, 즉 노나라 주공周公의 사당이다. 주공은 주나라 무왕의 동생으로 조카 성왕을 도와 나라를 다스렸다. 주공이 칭송받는 이유는 우리나라 수양대군과는 정반대로 형이 죽자 어린 조카가 왕위에 올랐음에도, 그 왕위를 탐내지 않고 왕인 어린 조카를 도와 나라를 돌보았다는 점이다. 또한 조카가 성인이 되자, 지방의 제후로 돌아가 살 만큼 군자의 덕을 실천했다. 아울러 훌륭한 인재를 놓칠까 염려해서 밥을 먹는 중이라도 누가 찾아오면 입에 있던 밥도 뱉어내고 사람을 만날 정도로 예에 충실하였다.

공자는 이런 주공을 군자의 완성체로 생각하였으며, 거의 종교적인 차원으로 흠모해서 꿈에서라도 오랫동안 주공을 만나지 못하면 매우 섭섭해했다고 한다. 그러한 주공의 사당인 태묘에 들어갈 때 공자의 자세는 익히 추측해볼 수 있다. 아마도 최고의 경건함이었을 것이다.

당시에 공자는 이미 예에 정통한 사람이라고 이름이 나 있었다. 그런 그가 일일이 물어

보니 다들 의아해했을 것이다. 수군거림을 듣고 공자는 말한다. "이렇게 하는 것이 바로 예입니다." 즉, 예의는 신중해야 한다는 것이다. 예의의 방법을 안다고 해서 조금이라도 자만의 마음을 가져서는 예의라고 할 수 없다는 공자의 말은 많은 상념을 가져다준다.

어휘 & Words

- 廟 사당 묘
- ancestral 조상의

꿩
10.25

새들이 사람들이 접근하자 날아올랐다가 다시 내려앉는다. 공자가 꿩을 보고 "산의 다리 위에 있는 꿩이 좋은 때를 만났구나, 좋은 때를 만났구나!"라고 말하였다. 그러나 자로는 공자가 한 이 말을 꿩고기를 먹고자 하는 것으로 오해하여 꿩을 잡아 요리하여 바치자, 공자가 세 번 냄새만 맡고 아무런 말도 없이 자리를 떠났다.

色斯擧矣, 翔而後集. 曰, "山梁雌雉, 時哉時哉!" 子路共之, 三嗅而作.
색사거의 상이후집 왈 산량자치 시재시재 자로공지 삼후이작

Sensing men's approach, a bird took flight, soaring up, coming down. Confucius said, "This hen-pheasant on the mountain bridge meets her real convenient time!" Zilu with pure heart mistook his Master's words for the appetite toward that bird. So he hunted the bird and cooked for the service to his master. Confucius smelled three times and took his leave without saying a word.

배경은 논어에서 드문 산길, 숲속이다. 논어에서 가장 코믹한 장일 것이다. 다른 해석도 있다. '자로공지 삼후이작'을 "자로는 그물을 펴놓았지만 꿩은 세 번 냄새를 맡아 보다 말고 날아가 버렸다."라고 해석할 수도 있으며, 《여씨춘추》에서는 "그러므로 자로는 꿩을 붙잡았다가 다시 풀어주었다."라고 기록되어 있다. 가장 널리 알려진 해석을 따랐다.

어휘 & Words

- 翔 날개 상
- 梁 다리 량
- 雌 암컷 자
- 雉 꿩 치
- 嗅 냄새 맡을 후
- hen-pheasant 꿩
- mistake A for B A를 B로 잘못 알다

PART 11

선진
先進

귀신과 죽음에 대해 나는 모른다

11.12

제자인 자로가 귀신을 섬기는 것에 관해 묻자 공자가 "사람도 제대로 섬기지 못하는데 어찌 귀신을 섬길 수 있겠는가?"라고 답하였다. 다시 "감히 죽음에 대해 묻고자 합니다."라고 말하자, "사는 것도 잘 알지 못하는데 어찌 죽음을 알 수 있겠는가?"라고 답하였다.

季路問事鬼神. 子曰, "未能事人, 焉能事鬼?"
계로문사귀신 자왈 미능사인 언능사귀

曰, "敢問死." 曰, "未知生, 焉知死?"
왈 감문사 왈 미지생 언지사

Zilu asked how to serve the spirits and the gods. Confucius replied, "Not yet being able to serve live people, how would you be able to serve the dead spirits?" Zilu said, "May I venture to ask about death?" The Master replied, "Not yet understanding life, how could you understand death?"

구석기시대 호모사피엔스가 낮에 노동하고 밤에 잠잤던 대략 200만 년 전부터 지금까지 풀 수 없었던 수수께끼는 죽음이다. 종교는 그러한 신비의 세계(죽음의 영역)에 대한 필사적인 사유의 길과 해답을 인류에게 제공하였다. 죽음이라는 미스터리는 살아 있는 어떠한 위대한 인간이라도 도전할 수 없는 영역으로서 모든 시대, 모든 문화의 상당한 부분을 지배하였다.

귀신에 대한 상상과 섬김은 긍정적으로는 살아 있는 사람과 아쉽게 죽은 자를 연결해주는 끈끈한 가교 역할도 담당했던 것 같다. 그러나 대부분의 일이 그렇듯이 지나쳤을 땐 살아 있는 사람의 정상적인 삶에 피폐함을 가져다준다.

자로의 질문에 대해 공자의 답변은 지금까지도 추상같이 매섭고 준엄하다. 살아 있는 사람들에 대한 예禮가 종교생활보다 우선이라는 것이다. 어떠한 신적神的인 말과 교단과 철학도 본질적으로 우선순위에 있어 살아 있는 인간에 대한 배려보다도 앞에 둘 수는 없다는 것이다. 하물며 죽음의 세계에 대한 다방면의 논리와 교리는 고단한 현세에서 중생의 삶을 조금이라도 편하게 해주는 작은 법령 하나마저도 못한 공허한 얘기라는 것이다.

어휘 & Words

• venture to 감히 ~하다

지나치면 모자란 것과 같다

11.16

제자인 자공이 "사(자장)와 상(자하)은 누가 더 현명합니까?"라고 묻자, 공자는 "자장은 지나치고 자하는 미치지 못한다."고 답하였다. 그러자 다시 "그렇다면 자장이 더 낫다는 것입니까?"라고 묻자, 공자가 "지나친 것은 모자라는 것과 같다."고 말하였다.

子貢問, "師與商也孰賢?" 子曰, "師也過, 商也不及."
자 공 문 사 여 상 야 숙 현 자 왈 사 야 과 상 야 불 급

曰, "然則師愈與?" 子曰, "過猶不及."
왈 연 즉 사 유 여 자 왈 과 유 불 급

Zigong inquired, "Who is of superior man in wisdom, Zizhang or Zixia?" Confucius replied, "Zizhang oversteps the mark, and Zixia falls short of it."

"Does this make Zizhang better?" asked Zigong.

"No, they are the same. the excess is as bad as the shortage." replied the Master.

유명한 과유불급의 장이다. '지나치면 모자란 것과 같다.'라는 중용中庸의 철학이다. 자하는 공자보다 44세 어리고 자장은 48세 어렸다. 대략 공자 나이 70세쯤에 자공과의 이

대화가 오고 간 것같이 보인다. 갓 스물을 넘긴 두 사람이니 중용의 품위를 가졌을 리는 만무하다.

우리의 몸만큼 공자가 얘기한 과유불급이라는 철학이 정확히 적용되는 주제는 없는 것 같다. 오래전부터 알고 지내던 한 의사는 현대인의 병은 영양분이 모자라서 생기는 경우는 거의 없다고 하였다. 물도 많이 마시면 병이 난다고 하였으며, 운동도 과하게 해서 탈이 나는 사람도 많다고 얘기하였다.

어휘 & Words

- 愈 나을 유
- 猶 같을 유
- overstep 지나치다
- fall short of 미치지 못하다

옛것을 배워 나아가라

11.20

제자인 자장이 선한 사람의 도리에 관해 묻자, 공자가 "선한 사람도 옛사람의 자취를 밟지 않으면 훌륭한 경지에까지 도달할 수 없다."고 말하였다.

子張問善人之道. 子曰, "不踐迹, 亦不入於室."
자 장 문 선 인 지 도 자 왈 불 천 적 역 불 입 어 실

Zizhang asked about the righteous way of the truly good-natured person. Confucius said, "If he does not follow the steps of the ancients, he cannot reach lofty level."

'위정 11장' 온고이지신溫故而知新의 장과 본질적으로 같다.

여기서 선인善人은 어질고 착한 사람이다. 성인聖人은 아니나 타고난 자신의 덕성을 갈고 닦으면 훌륭한 사람으로 될 수 있는 사람이다. 그러한 사람도 옛것에서 배워야 전진할 수 있다고 공자는 말한다. 가만히 있으면 세속의 힘에 밀려 점점 속물이 되어 간다. 책을 오랫동안 손에서 놓아본 사람은 안다. 훌륭한 사람들의 삶과 생각에 같이 젖어 있다가 일상생활에 분주하게 살다 보면 점점 정신과 영성이 메말라간다는 사실을!

세속의 질서는 인간의 영성을 그대로 내버려 두지 않는다. 좋은 책을 읽고 같은 공감의 세계에 있을 때는 인격의 충만함을 직접적으로 느끼지는 못한다. 그러나 그러한 끈이 끊어졌을 때는 마치 밑바닥에 살짝 금이 간 양동이 안의 물이 서서히 빠져나가는 것처럼 자

신의 인성은 메말라가는 것이다.

어휘 & Words

- 踐 밟을 천
- 迹 발자국 적
- the ancients 옛사람들
- lofty 높은 경지의

배우면 곧 실천해야 하는가?

11.22

제자인 자로가 "배우면 그것을 바로 실천해야 합니까?"라고 묻자, 공자가 "부모 형제가 있는데, 어떻게 바로 배움을 실천할 수 있겠는가?"라고 답하였다. 염유가 "배우면 그것을 바로 실천해야 합니까?"라고 묻자, 공자가 "배우면 바로 그것을 실행해야 한다."고 답하였다.

이 이야기를 듣자 공서화가 물었다. "자로가, 배우면 바로 실행해야 하는지 여쭈었을 때는 스승님께서 '부모 형제가 있으니 미루어라.'고 말씀하시고는, 다시 염유가 배우면 바로 실행해야 하는지를 여쭈었을 때는 '배우면 바로 그것을 실천하라.'고 말씀하셨습니다. 제가 두 가지 서로 다른 답변이 모순되는 것 같아서 스승님께 그 이유를 묻고자 합니다."

그러자 공자가 이렇게 답하였다. "염유는 소극적으로 행동하는 경향이 있음으로 그를 적극적으로 나아가게 한 것이고, 자로는 의욕이 남보다 앞서므로 그를 자제 시켜 뒤로 물러나게 한 것이다."

子路問, "聞斯行諸?" 子曰, "有父兄在, 如之何其聞斯行之?"
자로문 문사행저 자왈 유부형재 여지하기문사행지

冉有問, "聞斯行諸?" 子曰, "聞斯行之."
염유문 문사행저 자왈 문사행지

公西華曰, "由也問聞斯行諸,
공서화왈 유야문문사행저

子曰, '有父兄在', 求也問聞斯行諸, 子曰, '聞斯行之'.
자 왈 유 부 형 재 구 야 문 문 사 행 저 자 왈 문 사 행 지

赤也惑, 敢問."
적 야 혹 감 문

子曰, "求也退, 故進之, 由也兼人, 故退之."
자 왈 구 야 퇴 고 진 지 유 야 겸 인 고 퇴 지

Zilu inquired, "In learning something, should one act upon it immediately?" Confucius said, "While your parents and brothers are still alive, how could you, in learning something, act upon it immediately?"

Then Ranyou asked the same question. The Master replied, "In learning something, act upon it immediately."

Gongxi Hua said, "When Zilu asked the question, you pointed out that his parents and brothers are still alive, but when Ranyou asked the same question, you told him to act on what he learns immediately. I am perplexed. could you explain this to me?"

The Master replied, "Ranyou is passive, and so I urged him on. But Zilu is very active, and so I advised him to act after long deliberation."

사람마다 성격이 다르다. 같은 상황 속에서 같은 일이 벌어져도 대처 방법이 다르다. 벗이나 스승은 상대방의 스타일을 파악해 대처 방법을 달리하여 그의 성격에 가장 적합한 방법을 조언하는 것이 옳다. 공자는 제자들의 각기 다른 개성과 능력을 고려하여 같은 질문에 다른 답변을 하는 장이다.

어휘 & Words

- point out 지적하다
- urge 재촉하다
- confused 혼동된
- active 능동적인
- passive 수동적인
- deliberation 심사숙고

PART

12

안연
顔淵

바르게 살면 근심이 없다

12.4

제자인 사마우가 군자에 관해 묻자, 공자가 답했다. "군자는 근심하지 않고 두려워하지 않는다."

다시 "근심하지 않고 두려워하지 않기만 하면 군자라고 말할 수 있습니까?" 라고 사마우가 묻자, 공자가 이렇게 말하였다. "자기 스스로 돌아보아 부끄럽지가 않은데 무엇을 근심하고 무엇을 두려워하겠는가?"

司馬牛問君子. 子曰, "君子不憂不懼."
사 마 우 문 군 자 자 왈 군 자 불 우 불 구

曰, "不憂不懼, 斯謂之君子已乎?"
왈 불 우 불 구 사 위 지 군 자 이 호

子曰, "內省不疚, 夫何憂何懼?"
자 왈 내 성 불 구 부 하 우 하 구

Sima Niu inquired about the man of virtue. Confucius replied, "The man of virtue is neither worried nor anxious."

"Does just being free from worry and anxiety make one a man of virtue?" he asked.

"If examining oneself there is nothing to be ashamed of, why be worried or anxious?" the Master replied.

《보왕삼매론寶王三昧論》에는 '세상살이에 곤란이 없기를 바라지 말라.'고 쓰여 있다. 또한 '근심과 곤란으로써 세상을 살아가라.'라고 말한다. 인간으로 태어나 살아가는 한 근심과 곤란은 어차피 삶의 과정이며, 스스로 풀어야 할 자신만의 숙제라는 것이다. 병이 들고 환란이 일어나 근심하는 것이 주로 옛사람의 고뇌였다면 현대인의 고민은 주로 자신의 정체성과 연관되는 직업에서 온다.

그러나 자신이 하는 일은 어떤 일이든 이 사회가 유지되기 위해서는 꼭 필요한 일이다. 스스로 자신을 돌아본다는 것은 자기 자신을 반성해서 내가 하는 말이나 행동이 스스로 부끄럽지 않으면 되는 것이다. 따라서 직업에는 귀천이 없다. 귀하고 천하다는 것은 세상이 결정하는 것이 아니다.

본인이 양심으로 판단해서 스스로 결정하는 것이다. 다만, 더 벌고 덜 벌고의 차이만 있을 뿐이다. 나보다 더 버는 사람을 부러워하면 안 된다. 그들은 그들대로의 스트레스와 고충이 심하다. 최소한의 소비에도 잔잔한 기쁨은 있다. 자기 충일감은 그래서 위대하다. 기독교의 예수는 이를 두고 '마음이 가난하다.' 고 칭송하였다. 마음이 가난한 사람은 스스로 부끄러움이 없음으로 근심하지 않고 두려워하지 않는 것이다.

어휘 & Words

- 憂 근심 우
- 懼 두려워할 구
- 疚 고질병 구, 부끄러울 구
- neither A nor B A와 B 둘 다 아니다
- ashamed 부끄러운

■ 사마우 司馬牛 Sima Niu

사마경司馬耕이라고도 불리며 송나라 사람이다. 공자가 송나라에 들러 큰 나무 아래에서 강의할 때 나무를 뽑고 공자를 죽이려 했던 사마환퇴의 동생이다. 송나라에서 공자의 문하로 온 지 얼마 지나지 않아 형 사마환퇴가 반란을 일으키려고 한다는 소문이 들려오자 근심과 걱정이 많았다. 그때 공자가 이를 알아채고 나눈 대화이다.

군자로 살면 모두 형제다

12.5

제자인 사마우가 근심스럽게 말하였다. "다른 사람들은 모두 형제가 있는데 저만 없습니다." 그러자 공문 선배인 자하가 이렇게 말하였다. "나는 이렇게 들었다. '죽고 사는 것은 천명에 달려있고 부하고 귀한 것은 하늘에 달려 있다'고. 군자가 공손하고 행위가 진솔하며 예에 맞으면 온 세상 사람들이 모두 형제인데, 군자가 어찌 형제 없는 것을 걱정하겠는가?"

司馬牛憂曰, "人皆有兄弟, 我獨亡."
사 마 우 우 왈 인 개 유 형 제 아 독 무

子夏曰, "商聞之矣, 死生有命, 富貴在天.
자 하 왈 상 문 지 의 사 생 유 명 부 귀 재 천

君子敬而無失, 與人恭而有禮. 四海之內, 皆兄弟也,
군 자 경 이 무 실 여 인 공 이 유 례 사 해 지 내 개 형 제 야

君子何患乎無兄弟也?"
군 자 하 환 호 무 형 제 야

Sima Niu lamented, "Everyone has brothers except for me." Zixia said to him, "I have heard it said:

<Life and death are a matter of one's fate; Wealth and honor lie in Providence.>

Since Men of virtue are respectful to others and innocent in their conduct and observe ritual courtesy, everyone in the world is their brother. Why would Men of virtue worry about having no brothers?”

타고난 운명적인 것에 대해 한탄해서는 안 된다. 사람을 제외한 어떠한 생명체도 타고난 자신의 팔자를 한탄하는 경우는 보지 못했다. 평온한 마음을 갖고 공손하고 예의를 잘 지키면서 살다 보면 좋은 사람과 형제 같은 우애로 맺어지게 된다. 한국에선 이런 관계를 ‘의형제’라고 하는데, 친형제 자매끼리 심하게 상속재산 다툼을 하는 경우를 드물지 않게 듣고 보는 이 세태에 ‘의형제’라는 풍속은 아름다운 것이다.

역사상 가장 널리 알려진 의형제는 나관중의 소설《삼국지연의》에 등장하는, 도원결의桃園結義로 맺어진 유비, 관우, 장비 세 사람일 것이다. 장비의 제안으로 그의 집 후원 복숭아밭에서 세 사람이 형제의 의를 맺고 힘을 합쳐 천하를 위해 일하기로 맹세를 하는데, 그 내용이 비록 소설에 담겨진 것이나 소설이 끼친 영향이 워낙 커서, 중국인 사이에는 도원결의가 의형제를 맺을 때 서약의 모범이 되고 있다. 그 원문을 옮겨본다.

> 유비, 관우, 장비는 비록 성은 다르지만 이미 의를 맺어 형제가 되었으니, 곧 마음을 같이 하고 힘을 합해 괴로운 것을 건지고 위태로운 것을 붙들어 위로는 국가에 보답하고 아래로는 만백성을 편안케 하리라. 같은 해, 같은 달, 같은 날 나기를 구할 수는 없지만, 다만 같은 해, 같은 달, 같은 날 죽기를 원한다. 천지신명은 실로 이 마음을 굽어살피소서. 의리를 저버리고 은혜를 잊는 일이 있으면 하늘과 사람이 함께 죽이리라.

어휘 & Words

- lament 한탄하다
- providence 신
- fate 천명
- innocent 순수한
- lie in 달려있다

나태 말고 직무에 최선을 다하라

12.14

제자인 자장이 정치에 관해 묻자, 공자가 이렇게 말하였다. "관직에 있을 때 나태하지 말고, 그 직무를 수행함에서는 최선을 다해야 한다."

子張問政. 子曰, "居之無倦, 行之以忠."
자 장 문 정 자 왈 거 지 무 권 행 지 이 충

Zizhang asked about governing effectively, and Confucius replied, "Don't be idle away in holding an office, and do your best in carrying it out."

관직에 있을 때 게으르지 말고 자기 일에 전력을 다하는 것이 신하의 도리라는 것이다. 현대사회의 대통령직은 신하가 아니다. 그렇다고 군주도 아니다. 한 국가의 대표자이면서도 전 국민의 공복이라고 표현하는 것이 가장 적절하다. 하인이되 역사를 움직이는 하인이다. 국민은 그에게 몇 년간 권력이라는 칼을 쥐여준다. 나라를 잘 다스려 백성들의 삶을 편하게 해달라는 것이다.

어휘 & Words

- 居 살 거
- 倦 게으를 권

군자는 돕는다
12.16

공자가 말하였다. "군자는 다른 사람의 장점이 완성될 수 있도록 돕지만, 다른 사람의 단점이 실현되지 않게 돕기도 한다. 그러나 소인은 이와 정반대이다."

子曰, "君子成人之美, 不成人之惡. 小人反是."
자 왈 군 자 성 인 지 미 불 성 인 지 악 소 인 반 시

Confucius said, "A man of virtue helps to accomplish the best in others, but also helps not to carry out the worst. The narrow-minded person does just the opposite."

소인은 사람과의 관계에서 자기 이익을 추구하는 경쟁 세계에 사는 사람들이다. 남이 못 돼야 자기가 산다. 경쟁자의 장점을 깎아내리고 단점을 부풀릴 수밖에 없다. 그들은 그렇게 살아야 살아갈 수 있다고 생각하는 사람들이므로 비난할 수도 없다. 쓰레기더미 한가운데서 향기로운 꽃을 피워낼 수는 없는 일이다. 다만 멀리할 뿐이다.

반면, 군자는 의義를 추구한다. 자기가 아름다워지려면 주위 동료도 같이 아름다워져야 한다고 생각하기 때문이다. 《명심보감》 교우 편에서 공자는 군자와 소인이 끼치는 영향에 대해 다음과 같이 말하고 있다.

"선한 사람과 함께 지내는 것은 마치 향초가 있는 방에 들어가는 것과 같아서 오래 앉아있다 보면 나도 모르게 그 향기가 내 몸에 배게 되고, 선하지 않은 사람과 함께 지내는 것은 마치 생선가게에 들어가는 것과 같아서 오래 앉아있다 보면 나도 모르게 내 몸에 생선 비린내가 배는 것과 같다. 배우기를 좋아하는 사람과 함께 생활하는 것은 마치 안개와 이슬 속을 가는 것과 같아서 내 옷이 직접 젖지는 않더라도 축축하게 되고, 무식한 사람과 함께 생활하는 것은 마치 뒷간에 앉아있는 것과 같아서 그 오물이 내 옷을 직접 더럽히지는 않더라도 내 몸에 그 냄새가 배게 된다."

어휘 & Words

- carry out 실행하다
- opposite 정반대

듣지 않으면 관두라

12.23

제자인 자공이 벗을 대하는 방법에 관해 묻자, 공자가 이렇게 말하였다. "충심으로 조언하고 선한 방면으로 잘 인도해주되, 말을 듣지 않으면 그만두어 스스로 욕되지 말아야 한다."

子貢問友. 子曰, "忠告而善道之, 不可則止, 毋自辱焉."
자공문우 자왈 충고이선도지 불가즉지 무자욕언

Zigong inquired about how to treat friends, and Confucius replied, "Do your sincerity to advise them strongly, and lead them with goodness along the moral principle. But if they are unwilling to listen to your words don't disgrace yourself in the progress."

'칭찬은 고래도 춤추게 한다.'고 하였다. 그러나 칭찬도 자주 하면 수다스러운 말이 되어 듣기 싫어진다. 하물며 단점과 허물을 자주 얘기하면 듣는 사람은 불편해한다. 모두 공자가 얘기했던 과유불급過猶不及이다. 중용을 택하라는 것이다.

사람을 사귀는 것에도 적당한 선이 있다. 그래서 옛날 사람들은 친한 친구에게도 반말하지 않고 존칭어를 썼다. 요즘 한국 젊은이들이 친할수록 서로 욕도 주고받고 하는데, 그것은 옳지 않다고 생각한다. 욕은 친근감의 표시가 아니라 서로의 인격이 다른 사람들보다 못하다는 표시에 불과하다. 특히 어린 시절부터 만난 벗이 아니라 사회적인 공동선을 지향하는 입장에서 만난 벗은 더욱 관계를 잘 맺어야 한다. 신뢰 속에서 다져진 공경함이 두 벗의 내면 가득해 있을 때, 한 벗이 정색하고 진지함으로 나의 단점과 결함을 얘기하게 되면 우리는 그 충고를 가볍게 여길 수는 없을 것이다.

그러나 '질투'가 주원인이기는 하지만 정반대의 결과를 낳은 이야기도 있다. 윌리엄 셰익스피어William Shakespeare; 1564~1616, 영국 극작가의 오셀로Othello이다. 자신보다 경험이 부족하다고 생각한 '캐시오'가 부관으로 승진하자 '이아고'는 군주 '오셀로'에게 충직한 부하로 가장한 채 오셀로 부인과 캐시오가 간통하고 있다고 세 번 말한다. 질투에 눈이 먼 오셀로는 거짓 증거에 현혹되어 간통을 확신하고 아내를 목 졸라 죽이고 자살한다. 내면의 믿음이 흔들렸을 때, 자주 듣는 수다스러운 이야기는 진실을 파악하려는 이성적인 시도도 닫히게 한 채 거짓 확신으로 둔갑할 수도 있는 것이다.

어휘 & Words

- 辱 욕할 욕
- principle 원리
- disgrace 불명예를 주다
- be unwilling to 기꺼이 안 하려고 하다

배움으로 벗을 만난다

12.24

제자인 증자가 말하였다. "군자는 끊임없는 자기 배움을 통해 벗을 만나며, 벗을 통해 더욱 인하도록 노력한다."

曾子曰, "君子以文會友, 以友輔仁."
증 자 왈 군 자 이 문 회 우 이 우 보 인

Master Zeng said, "A man of virtue associates with friends through refinement, and thereby promotes humane conduct."

'공야장 14장'에 자공이 위나라 대부였던 공문자孔文子에 어찌 문文이라는 시호가 붙게 되었냐고 묻자, 공자는 "열심히 배우기를 좋아하였고, 아랫사람에게 묻기를 부끄러워하지 않았기 때문에 문이라는 시호가 붙게 되었다."라고 말한다.

군자가 문文을 통해 친구를 만난다는 말은 끊임없이 배우기를 게을리하지 않아야 친구를 만날 수 있는 자세를 갖추었다고 할 수 있는 공자의 충고가 실려 있다. 괄목상대刮目相對; 다른 사람의 학식이나 업적이 사흘이 지난 뒤 만나니 눈을 비비고 다시 대해야 할 정도로 크게 진보함는 힘들지라도 꾸준히 배워야 친구 앞에서도 떳떳할 수 있다는 것이다. 사실 만날 때마다 저번과 크게 달라지지 않은 생각과 푸념을 항상 늘어놓는 벗을 대한다는 것은 그다지 유쾌한 일은 아니다.

살면서 사람들을 만나다 보면 아침에 어떤 신문에서 본 사설을 그대로 얘기하는 사람들을 마주하게 된다. 그들은 신문에서 배웠다고 생각하지만, 본질은 그렇지 않다. 그들은 남의 생각과 글을 그대로 공부하지 않고 내면화시키며 발설할 뿐이다. 물론 어떤 주제에 대해 고민하는 것에 대해 같이 공감한다는 것은 진일보한 것이다. 무언가에 공감한다는 것은 실력을 쌓은 자에게만 가능한 현상이다.

어휘 & Words

- 輔 도울 보
- refinement 개선

PART

13

자로

子路

공부는 쓰여야 한다

13.5

공자가 말하였다. "《시경》의 시 삼백 수를 모두 외웠지만, 정치를 맡겨도 제대로 일을 하지 못하고, 외국에 사신으로 가서도 혼자 응대할 수 없다면, 아무리 시를 많이 외웠다고 한들 무슨 소용이 있겠는가?"

子曰, "誦詩三百, 授之以政, 不達,
자 왈 송 시 삼 백 수 지 이 정 부 달
使於四方, 不能專對, 雖多, 亦奚以爲?"
사 어 사 방 불 능 전 대 수 다 역 해 이 위

Confucius said, "If people can learn all of the three hundred <Songs> by heart and yet when given official responsibility, fail to perform effectively, or when sent to distant quarters, are unable to give proper answers, then even though they have mastered so many of them, what is the good of doing it?"

직접적으로 뜻을 전달하기가 곤란하거나 너무 직선적이라는 평을 무마시키기에 고전에 나오는 시를 활용하는 것보다 더 좋은 방법은 없다.

고전 시의 암기는 외교 석상에서 자기 생각을 전달하기에는 최적의 재료이다. 2006년 4월, 중국 후진타오 주석이 미국을 방문하였다. 미국은 두 가지 결례를 범했다. 백악관 행사의 사회자가 그를 대만 총통으로 소개하였으며, 조지 부시 대통령이 그의 소매를 잡아끄는 무례함을 보였다. 전 세계가 방송을 통해 중계했으므로 화를 낼 수도 없는 일이었다. 그날 오후 그는 미국 대통령이 주최한 오찬에서 두보의 시 '망악望嶽' 마지막 구절을 읊는다.

'반드시 정상에 올라 더 낮은 산들을 둘러보리라.'라는 의미심장한 구절이었다. 공식행사에서 중국을 대표하는 자신에게 모멸감을 준 미국에게 우회적으로 불만을 표현하였으며, 동시에 세계의 패권을 다투는 미국에 끝까지 경쟁해서 이기고야 말겠다는 중국의 의지를 보여주기도 하였다.

2,500년 전 공자가 논어의 이 장에서 강조했던 고전 시의 암송에 대한 교육 철학이 그대로 먼 후손인 중국 후진타오를 통해 열매를 맺는 순간이었다.

중국에서 외교관이 되려면 상당한 수준의 고전 지식을 습득해야만 한다. 동서고금의 역사와 논어, 맹자, 대학, 중용은 물론이고 당시唐詩 300수 정도는 외울 수 있어야 한다. 《한시, 마음을 움직이다》의 저자 이규일은 중국인의 언어와 사유방식은 시의 원리와 유사한 면이 많고, 전통문화와 고전을 자랑스러워해 의사전달에도 시를 자주 인용하는 경향이 있으며, 이러한 특징이 자연스럽게 외교에도 나타난 것이라고 말한다.

어휘 & Words

- 雖 비록 수
- 奚 어찌 해
- learn by heart 암기하다

가르쳐야 한다

13.9

공자가 위나라로 갈 때 제자인 염유가 수레를 몰았다. 공자가 "사람이 이리도 많구나!" 하고 감탄하였다. 염유가 "사람이 많다면 여기에 무엇을 더해야 합니까?"라고 묻자, 공자가 "부유하게 만들어야 한다."라고 말하였다. "부유해진 뒤에는 무엇을 더해야 합니까?"라고 다시 묻자, 공자가 "가르쳐야 한다."라고 말하였다.

子適衛，冉有僕．子曰，"庶矣哉!"
자 적 위 염 유 복 자 왈 서 의 재
冉有曰，"旣庶矣，又何加焉?" 曰，"富之."
염 유 왈 기 서 의 우 하 가 언 왈 부 지
曰，"旣富矣，又何加焉?" 曰，"敎之."
왈 기 부 의 우 하 가 언 왈 교 지

Ranyou drove the Master's carriage on a trip to Wey. Confucius remarked, "What a great crowd of people!" Ranyou asked, "When the people are already so many, what can be added for them?" The Master said, "Make them prosperous." "When the people are already prosperous," asked Ranyou, "What can be added for them?", "Teach them, replied the Master."

선부후교先富後敎, 먼저 부자로 만들고 난 뒤 교육을 해야 한다고 공자는 말한다. 맹자는 이를 '무항산 무항심無恒産 無恒心', 즉 일정한 생업이 보장되지 않는다면 고정불변의 도덕심도 사라지고 만다는 유명한 정전설井田說을 인용하여 《맹자》 '등문공滕文公' 편에서 설명하고 있다.

일정한 수입원이 없는 사람은 자신의 생활에 안정을 느끼지 못할 것이고 그렇게 된다면 도덕적인 삶도 기대할 수 없을 것이다. '목구멍이 포도청'이라는 서글픈 우리나라 속담도 마찬가지 맥락이다. 오늘날 전 세계의 지도자들이 경제정책을 통해 취업 및 민생 안정, 복지 역량을 꾀하는 것도 이 사상에 기인한다. 빅토르 위고Victor Hugo의 소설 《레미제라블 Les miserables》에서 장발장이 촛대를 훔친 후 잡혔을 때, 미리엘 주교가 경찰에게 그가 훔친 것이 아니고 내가 준 것이라고 거짓말을 했던 그 철학은 종교로는 '용서'와 '사랑'이지만 철학으로는 맹자인 것이다.

2015년 9월 23일, 후안 마뉴엘 산토스 콜롬비아 대통령과 반군 콜롬비아 무장 혁명군(FARC) 대표 티모셴코가 평화협상을 맺고 50년이 넘은 오랜 내전을 종식하기로 합의했다. 22만 명이 희생된 전쟁이었다. 그들은 총알과 탄피를 녹여 펜을 만든 후 합의문에 서명한 후 다음과 같은 글을 남겼다.

> Las balas escribieron nuestro pasado.
> La educación, nuestro futuro.
> 총알은 우리의 과거를 기록했다.
> 교육은 우리의 미래를 기록할 것이다.

어휘 & Words

- 適 갈 적
- 僕 종 복, 마부 복 horseman
- 庶 여러 서
- prosperous 물질적으로 번영하는
- carriage 마차

인의 정치를 하라

13.11

공자가 말하였다. "'선한 사람이 나라를 백 년 동안 다스린다면 잔혹한 사람들을 감화시키고 살인을 없앨 수 있을 것이다.'라는 말이 있는데, 이 말은 진실로 도리에 맞는 말이다!"

子曰, "'善人爲邦百年, 亦可以勝殘去殺矣.' 誠哉是言也!"
자 왈 선 인 위 방 백 년 역 가 이 승 잔 거 살 의 성 재 시 언 야

Confucius said, "'If a truly good ruler were put in charge of governing for a hundred years, he would be able to influence the brutal and do without killing altogether.' These words cannot be compared with any truth!"

인仁에 입각한 정치를 행하기가 쉽지 않은 일임을 이 장에서 깨달을 수 있다. 과거에 사람들의 수명은 짧았다. 3대代가 지나야 100년이 될 것이다. 연속적으로 선한 군주가 배출된다는 것은 쉬운 일이 아니었다. 당연히 3대 이상 백성이 편해 본 적은 거의 없었다.

인仁을 거스른 정치가 나라를 망하게 한 실례가 바로 우리 역사에 있다. 광해군을 몰아낸 인조반정 이후 조선이 망할 때까지의 250년 동안이야말로 '노론'이라는 집권 세력이 얼마나 소인의 역할을 다방면에 걸쳐서 행했는지에 대한 반면교사의 모범으로 우리 역사

에 남겨져 있다.

그들은 조선 왕조 마지막 대에 나라까지 팔아먹었으며, 인조반정의 주도 세력인 서인과 그 후신들인 노론은 일제의 친일파와 연결된다. 친일파의 정수는 1910년 10월 총독부에서 수여한 공작, 후작, 백작, 자작, 남작의 직위를 받은 조선 관료들이다. 이른바 '공후백자남'이 그들인데, 이완용을 비롯한 76명이며, 그들의 90%가 노론이다.

어휘 & Words

- 爲 할 위, 다스릴 위
- 殘 잔혹할 잔
- in charge of 책임지다
- the brutal 야만인
- do without 없이 지내다

한 세대 지나야 어진 정치가 이루어진다

13.12

공자가 말하였다. “하늘이 내린 성인이 세상을 다스리게 되더라도 반드시 한 세대는 지나야 어진 정치가 이루어질 것이다.”

子曰, “如有王者, 必世而後仁.”
자 왈 여 유 왕 자 필 세 이 후 인

Confucius said, “Even if a Genuine King were to govern the world, it would still take a generation before humane conduct would prevail.”

과거에는 30년을 한 세대로 삼았다. 훌륭한 통치도 30년은 지나야 제대로 그 효과가 드러난다는 것이다. 통치자가 생각한 정치의 구도가 백성의 삶에 직접적으로 닿기 위해서는 그 구도를 집행하는 관리들의 마인드와 관행이 바뀌어야 한다.

순식간에 바뀔 수 없는 것이 세상의 이치다. 이는 황무지 같은 산에 나무를 심어 한참 지나야 산이 푸르러지는 이치와 같다. 시간이 제법 걸리는 것이다. 새로 생겨난 숲이 말라 있던 개울에 다시 물이 흐르게 하고 물이 나타나자 버드나무와 갈대, 풀밭, 기름진 땅, 꽃들이 생겨나고, 그것이 사람들에게 살아나갈 이유를 주는 그러한 과정의 변화는 아주 천천히 일어나는 것이다.

성인의 통치술도 이와 같다. 당장 법령으로 시행되어 백성이 피부로 느끼는 이치가 아닌 것이다. 이는 마이클 샌델Michael J. Sandel; 1953~, 미국 정치철학자이 2013년 12월 8일, 중국 광저우 강연에서 얘기한 다음 말과 맥락이 같다. "정의란 개인이 사회에 노동력을 제공한 것과 그에 따른 보수 사이의 균형이다. 부패와 특권이 사회의 공공선을 좀먹는다."

관리의 부패와 재벌의 특권이라는 황무지 땅에 조용히 도토리를 심는 행위야말로 성인의 통치술이다. 정의의 나무가 자라기 위해서는 시간이 걸리는 것이다.

어휘 & Words

- generation 세대
- prevail 지배하다

바르면 어려움이 없다
13.13

공자가 말하였다. “자신의 행동거지가 바르다면 정치를 하는 데 무슨 어려움이 있겠는가? 반면에 자신의 행동거지가 바르지 않다면 어떻게 다른 사람을 바르게 할 수 있겠는가?”

子曰，“苟正其身矣，於從政乎何有？不能正其身，如正人何？”
자 왈 구 정 기 신 의 어 종 정 호 하 유 불 능 정 기 신 여 정 인 하

Confucius said, “If upright in their own conduct, what difficulty would they have in governing? But if not able to be upright in their own conduct, how can they demand such conduct from others?”

<록키Rocky>라는 영화를 보면 주인공은 젊은 시절의 권투선수였으나 나이가 들자 사채업자의 심부름꾼이 되어 생계를 유지하는 일종의 건달이었다. 어느 날 그에게 행운이 찾아온다. 세계 헤비급 챔피언인 아폴로가 미국 독립 200주년을 기념하여 어떤 선수에게도 챔피언인 자신과 승부를 겨룰 기회를 준다는 명분으로 이름이 lucky와 비슷한 록키를 지명한다.

기뻐해야 할 것인가? 그렇지 않다. 행운은 그 행운을 받을 준비가 되어있는 자에게만

lucky한 것이다. 록키는 몸이 망가져 있는 상태였다. 지금 대로라면 단 1회도 견디지 못할 것이다. 반면 챔피언은 무패의 전력이다. 도저히 상대 되지 않는다. 그러나 록키는 도전을 결정한다. 챔피언에게 도전하는 것이 아니라, 그는 자기 자신에게 도전한다. 하루하루 자신의 몸과 전투적 정신을 만들어나가는 과정이 관객에게 감동을 준다.

우리가 그에게서 감동하는 이유는 자기 자신과 싸움이 이 세상에서 가장 힘든 일이라는 것을 알기 때문이다. 또한 이 영화가 그 해에 오스카 작품상을 받게 된 이유는 바르지 않은 것을 바르게 하려고 하는 인간 내면의 선한 본성을 록키가 보여주었기 때문이라는 생각이 든다. 본인은 비록 건달로 생계를 유지하고 있으나 비행 청소년들과 섞여서 놀고 있는 친구의 여동생에게 "좋은 친구를 만나야 좋은 사람이 될 수 있다."고 타이르는 장면은 삶이 우리를 속일지라도 그래도 그러한 삶 속에서 우리는 최소한이나마 바르게 살아가야만 한다는 '인간 내면의 선한 본성에 대한 믿음'을 관객들에게 심어주었던 아름다운 장면이었다.

더 나은 사회가 되어야 한다는 소망은 하늘이 우리에게 부여한 가장 소박한 소명이다.

법에도 눈물이 있다
13.18

초나라 대부 섭공이 공자에게 말하였다. "우리 마을에 한 정직한 사람은 자신의 아버지가 양을 훔치자 관아에 가서 아버지의 도둑질에 대해 증언하였습니다." 그러자 공자가 말하였다. "우리 마을의 정직한 사람은 이와는 다릅니다. 그런 일이 있으면 아버지는 아들을 위해 숨기고 아들은 아버지를 위해 숨기지만, 정직함은 바로 거기에 있는 것입니다."

葉公語孔子曰, "吾黨有直躬者, 其父攘羊, 而子證之."
섭 공 어 공 자 왈 　 오 당 유 직 궁 자 　 기 부 양 양 　 이 자 증 지

孔子曰, "吾黨之直者異於是, 父爲子隱, 子爲父隱. 直在其中矣."
공 자 왈 　 오 당 지 직 자 이 어 시 　 부 위 자 은 　 자 위 부 은 　 직 재 기 중 의

The Governor of She in conversation with Confucius said, "In our village there is someone called 'True Person.' When his father stole a sheep from neighborhood, he reported his father's theft to the authorities."

Confucius replied, "He who is true in my village conducts himself differently. A father covers for his son, and a son covers for his father. And being true lies in this."

플라톤이 쓴 《에우티프론》의 대화에서 에우티프론은 살인을 저지른 아버지를 당국에 고발했다고 소크라테스에게 얘기하며, 자신은 '신에 대한 경건함piety'을 수행했다고 자신의 행위를 자랑스러워한다. 아울러 다른 이들은 그러한 경건함을 모른다고 자만하자, 소크라테스는 대화를 통해 그가 경건함을 모르고 있다는 사실을 밝혀내는 이야기가 나온다. 경건함은 '보편적인 참'이다. 그 살인이 어느 정도 정당했는가에 대한 논쟁의 여지가 있고, 경건한 동시에 불경건할 수도 있는 사례라고 지적한다.

공자는 하늘이 정해준 부자지간父子之間의 정리에서 정직함이 보편적인 참에서 어떻게 구현되어야 하는지를 실질적으로 설명하고 있다. 모든 세상의 가치구현 이전에 부자지간의 천리天理가 우선이라는 것이다. 이러한 소크라테스와 공자의 정신은 엄정한 법의 세계에도 적용되어 현대적인 법체계에 법의 눈물이라는 개념으로 적용되고 있다.

우리나라 형법 제151조【범인은닉과 친족간의 특례】제1항을 보면 '벌금 이상의 형에 해당하는 죄를 범한 자를 은닉 또는 도피하게 한 자는 3년 이하의 징역 또는 500만원 이하의 벌금에 처한다.'라고 되어 있으나 제2항에는 '친족 또는 동거의 가족이 본인을 위하여 제1항의 죄를 범한 때에는 처벌하지 아니한다.'라고 명시되어 있다.

어휘 & Words

- 攘 훔칠 양
- 隱 숨을 은, 숨길 은
- theft 도둑질
- authorities 관청

■ 섭공 葉公 The Governor of She

초나라 대부였다. 변방의 야만족이라고 멸시를 받았던 초나라가 강대국이 되고 그 속에 성인처럼 우뚝 선 인물이 섭공이었다. 공자가 초나라 소왕昭王이 자신에게 호감을 갖는다는 것을 알고서 초나라로 갔을 때, 섭공은 공자를 기다리다 못하여 멀리 마중 나갈 정도로 공자를 흠모하였다. 섭공이 역시 성미가 급해 먼저 달려 나온 자로에게 공자는 어떤 분이시느냐 묻고 자로가 대답하지 못하는 유명한 구절이 '술이 19장'에 나온다. 바로 유명한 이 장에서 공자는 자기 자신의 정체성을 스스로 설명한다. "나는 배움을 좋아하여 알고자 하는 마음이 생기면 밥 먹는 것조차 잊고, 배움을 통해 알게 되면 그 즐거움으로 근심조차 잊어 늙는다는 사실도 깨닫지 못하는 사람이다."

인을 실천하라

13.19

제자인 번지가 인에 관해 묻자, 공자가 말하였다. "평소에는 공손하고 일을 할 때는 경건한 마음으로 행하며 사람과 사귈 때는 진심으로 대하는 것이다. 이는 비록 오랑캐 땅에 가서 살 때도 버릴 수 없는 덕목이다."

樊遲問仁. 子曰, "居處恭, 執事敬, 與人忠.
번지문인 자왈 거처공 집사경 여인충
雖之夷狄, 不可棄也."
수지이적 불가기야

Fan Chi inquired about humane conduct, and Confucius replied, "At normal times be courteous, in handling public affairs be respectful, and do your sincerity in your relationships with others. Even if you were to go and live among the Yi or Di barbarians, you should behave with such an attitude."

공자 본인의 성품을 스스로 인仁에 빗대어 말한 것이다. 이 장에서 주목할 만한 것은 '오랑캐 이적夷狄에 있을지라도'라는 구문이다. 중화인들에게 있어 중원 외의 땅은 다 오랑캐들이 사는 땅이다. 지리적으로도 변방일 뿐만 아니라 문명화되지 않은 곳, 즉 멸시의 대상인 곳이다.

공자는 말한다. 자신이 살던 문명보다 더 하급인 곳에 가더라도 공문의 가르침을 준수하라는 것이다. 사람에게도 마찬가지다. 나보다 더 약자이고 어리고 지위가 낮은 사람을 만나면 반말이 튀어나오고 예의를 잃기 쉽다. 그러지 말라는 것이다. 옛날이나 지금이나 동양이나 서양이나 사람의 본질은 바뀐 게 없다. 진심이 담긴 예의로써 정중히 대하면 상대방은 흡족한 것이다.

어휘 & Words

- 雖 비록 수 even if
- 狄 오랑캐 적 barbarian
- courteous 공손한
- attitude 태도

화합하나 물들지 않는다
13.23

공자가 말하였다. "군자는 사람들과 화합을 이루지만 주관을 버리면서까지 같아지지는 않는다. 그러나 소인은 이익에 따라 편 가르기를 좋아하며 사람들과의 화합은 중요하게 여기지 않는다."

子曰, "君子和而不同, 小人同而不和."
자 왈 군 자 화 이 부 동 소 인 동 이 불 화

Confucius said, "Men of virtue seek harmony not sameness; narrow minded persons, then, are the opposite."

유명한 화이부동和而不同이다. 나와 네가 다른 사람이라는 것을 인정하기는 쉬운 것 같지만 쉽지 않은 일이다. 왜냐하면 서로 다르다는 것을 인정하는 것은 두렵고 불안하기 때문이다. 그래서 처음 만나는 사람들은 "고향이 어디냐? 학교는 어디냐, 어디 김 씨냐?" 등을 서로 묻고 일치하지 않는다면 취미생활부터 서로 같은 점을 찾아 들어가는 대화를 나눈다.

다른 건 하나도 일치하는 것이 없는데, 기르는 고양이 털 색깔이 같다고 해서 일치감을 느끼는 사람들도 보았다. 유전자나 인류학을 공부한 학자들은 이 불안감이 태곳적부터 내려온 '살해 위협에 대한 불안감'이 아니겠느냐고 추측하는데, 옛날 원시시대에는 며칠 만에 이따금 낯선 사람들을 황야에서 만나면 이 사람이 나를 죽일지 안 죽일지부터 의심하는 것이 당연하다고 하였다.

무언가 같이 공감하는 것이 있으면 적대감도 그만큼 사라지는 것이 옳다. 패거리 문화는 그래서 편하고 아늑하다. 같이 협동해서 다른 이를 공격도 혼자서 하기보다는 수월한 것이다. 그러나 패거리는 분명히 우리들과 너희들을 가른다. 서로가 각자의 이익을 추구할 수밖에 없기 때문에 처음부터 공감의 다리는 놓일 수 없다. 절대로 조화로울 수는 없는 것이다. 패거리는 역사 속에서는 자신의 이익을 추구하는 것만으로 만족하지 않고 이제 타인의 생각도 자기와 다르면 인정하지 않고 해외로 쫓아내거나 감방에 가두거나 죽이거나 하는 폭력을 자행해왔다. 현재도 민주주의가 제대로 행사되지 않는 나라에서는 늘 있는 일이다.

군자는 나와 너의 차이를 인정하는 사람이다. 다양성을 인정하고 지배하려고 하지 않으며, 나와 다른 사람들과의 차이에서 배우는 것이야말로 지혜이고 삶의 본질임을 깨달은 사람인 것이다.

보편적인 사람은 없다

13.24

제자인 자공이 "마을 사람들이 모두 어떤 사람을 좋아한다면 그 사람은 좋은 사람입니까?"라고 묻자, 공자가 "아직 속단해서는 안 된다."라고 말하였다. 다시 "마을 사람들이 모두 미워하면 그 사람은 나쁜 사람입니까?"라고 묻자, 공자가 말하였다. "아직 속단해서는 안 된다. 다만 진정으로 좋은 사람이란 마을 사람 중 선한 사람들이 모두 좋아하고 선하지 못한 사람들이 모두 미워하는 그러한 사람이라고 할 수 있다."

子貢問曰, "鄕人皆好之, 何如?"
자 공 문 왈 향 인 개 호 지 하 여
子曰, "未可也." "鄕人皆惡之, 何如?"
자 왈 미 가 야 향 인 개 오 지 하 여
子曰, "未可也, 不如鄕人之善者好之, 其不善者惡之."
자 왈 미 가 야 불 여 향 인 지 선 자 호 지 기 불 선 자 오 지

Zigong inquired, saying, "What do you think about someone who is loved by everyone in his village?"

"It is not enough," said the Master.

"What if everyone in the village hates a person?"

"It is not enough. It would be better that the best villagers love, and the worst hate, this person."

공자는 "군중의 평판에 쉽게 흔들리지 않는 지혜와 강직함을 가지라."고 말한다. 소인들은 자신의 이익에 반대되는 생각을 하는 사람을 미워할 것이다. 그러나 군자는 이익을 떠나 의로운 관점에서 사람을 본다. 만인으로부터 호감을 받는 경우를 위선僞善이라고 생각하며, 만인으로부터 미움을 받는 경우를 위악僞惡이라고 생각한다. 극단적인 것은 있을 수 없다. 우리가 사는 사회는 메시아가 도래한 천국이 아니며, 토마스 홉스Thomas Hobbes; 1588~1679, 잉글랜드 왕국 정치철학자가 얘기한 만인에 대한 만인의 투쟁이 벌어지는 약육강식의 장도 아니다. 사랑과 증오가 공존하며, 대립과 모순이 벌어지는 그야말로 삶Life의 장場인 것이다.

소설 《주홍 글씨The Scarlet Letter》를 보면, 간통adultery이란 글자의 앞머리 글자 A를 가슴에 평생 달고 다니라는 벌을 받고도 주인공 헤스터 프린은 간통한 상대의 이름을 끝내 밝히지 않는다. 사랑하는 남자인 마을의 젊은 목사가 지닌 숭고한 정신, 깊은 학식과 인간에 대한 사랑이 군중에 의해 짓밟히는 것을 원치 않았기 때문이다. 죄는 자신만 짊어지면 된다. 헤스터 프린은 끝까지 자신의 사랑을 배반하지 않는다. 오히려 당당히 A라는 치욕의 글자를 가슴에 달고 다니며 자신의 사랑이 책임져야 할 십자가를 기꺼이 짊어진다. 그녀의 숭고한 영혼에 군중들의 증오와 멸시는 점점 그녀에 대한 사랑으로 바뀌고, 나머지 생애를 이웃에 대한 봉사와 헌신에 쏟으면서 행복감 속에서 생을 마친다. 이 헤스터 프린이야말로 이 장에서 공자가 얘기하는 군자이다.

이와 반대로 한 마을에 같이 살면서 그럴듯한 위엄으로 가장한 거짓 선비인 향원鄕愿을 공자는 극도로 경계하였다. 《맹자》 '진심하盡心下' 편에 있는 유명한 사이비似而非 이야기다. 공자는 말한다. "내가 향원을 싫어하는 것은 사이비를 증오하기 때문이다." 향원은 누구인가? 말로만 덕을 외치고 교묘한 말로 자신을 좋은 사람으로 군중에 보이게끔 하는 거짓 선비이다. 그래서 공자는 "자줏빛을 미워하는 것은 붉은빛을 어지럽힐까 두려워하기 때문이고, 향원을 미워하는 까닭은 덕을 어지럽힐까 두려워하기 때문이다."라고 말한다.

교만하지 말라

13.26

공자가 말하였다. "군자는 늠름하지만 교만하지 않고, 소인은 교만하지만 늠름하지 않다."

子曰, "君子泰而不驕, 小人驕而不泰."
자 왈 군 자 태 이 불 교 소 인 교 이 불 태

Confucius said, "Men of virtue are self-respecting but not arrogant; narrow minded persons are the opposite."

군자는 자존감이 높지만 잘난 체하지 않는다는 것이다. 소인은 반대로 잘난 체하지만, 자존감은 없다고 얘기한다. 군자는 잘난 체할 수 없다. 항상 미흡한 자신의 인격을 수시로 깨닫기 때문이다. 정진하는 자는 멈출 수 없으며, 스승의 아우라를 생각하면 자신의 현재 위치가 부끄러울 수밖에 없다.

교만한 사람은 자신의 사표가 없는 사람이다. 옳은 스승이 그의 인생의 어느 한 자락에도 없었다고 봐야 한다. 공자는 옳은 얘기로 타일러도 상대방이 알아듣지 못하면 내버려 두라고 하였다. 소인은 그렇게 탄생한다. 깃이 같은 새들은 함께 모이며, 그래서 소인은 주위의 같은 소인배들로 둘러싸이는 사람의 장막에 가두어진다. 영원히 관계의 어둠으로 들어가는 것이다.

어휘 & Words

- 泰 클 태
- 驕 교만할 교
- arrogant 거만한
- opposite 반대

인에 가까운 것
13.27

공자가 말하였다. "강직하고 굳세고, 질박하고, 어눌한 것은 인에 가깝다."

子曰, "剛毅木訥, 近仁."
자 왈 강 의 목 눌 근 인

Confucius said, "Being firm, resolute, honest, and deliberate in speech is close to humane conduct."

공자가 좋아했던 사람의 네 가지 특질이다. 강剛은 욕망에 흔들리지 않는 강직함이다. 욕심이 없다는 것이다. 의毅는 어떠한 위협에도 굳센 것이다. 가난이 닥쳐와도 의연하며 목숨을 빼앗겠다고 해도 자신의 신념을 굽히지 않는 절개이다. 목木은 질박한 성격인데, 엄숙한 표정도 아니며 아부하는 표정도 아닌 담백한 표정이다. 얼굴에 희로애락의 감정이 없는 것이다. 눌訥은 어눌한 말투이다. 의로운 점을 맹자가 최고의 덕목으로 칭송했다면, 공자는 이 어눌함을 자신이 좋아하는 덕목으로 칭송하였다.

어휘 & Words

- 剛 굳셀 강
- 毅 굳셀 의
- 訥 어눌할 눌
- resolute 단호한
- deliberate 신중한

격려하고 화목하라

13.28

제자인 자로가 "어떻게 해야 선비라고 부를 수 있습니까?"라고 묻자, 공자가 말하였다. "서로 격려하고 화목하게 지낸다면 선비라고 할 수 있다. 벗들 간에는 서로 격려해주고, 형제간에는 화목하게 지낸다."

子路問曰, "何如斯可謂之士矣?"
자로문왈 하여사가위지사의

子曰, "切切偲偲, 怡怡如也, 可謂士矣. 朋友切切偲偲, 兄弟怡怡."
자왈 절절시시 이이여야 가위사의 붕우절절시시 형제이이

Zilu inquired, "How could one be called a learned man?" Confucius replied, "Persons who are encouraging each other and harmonious can be called a learned man. They need to be encouraging with their friends, and harmonious with their brothers."

스승으로서의 공자의 특징 중 가장 독특한 것은 제자들의 기질과 성향에 따라 같은 질문에 다른 대답을 해주었다는 것이다. '자로 20장'에서 자공의 "어떻게 해야 선비라고 부를 수 있습니까?"라는 똑같은 질문에 대해 공자는 그의 외교관적 기질에 맞는 답을 해주었다. "자신의 행동에 대해 부끄러워할 줄 알고 다른 나라에 사신으로 가서 군주의 명령을 욕되게 하지 않아야 선비라고 부를 수 있을 것이다."라고.

자로는 용맹하고 거친 사람이었다. 그래서 공자는 하모니harmony를 자로가 추구해야 할 선비의 최고 덕목이라고 얘기한다.

스승으로서 공자의 위대함은 바로 이러한 유연성flexibility에 있다. 현대인에게 있어 유연성이란 무엇인가? 필자의 생각으로 목적지를 향해 달려가던 발걸음을 잠깐 멈추고 주위를 둘러보고 땀을 닦은 후 그 자리에 앉아 바람을 쐬는 것이다. 그리고 자기 자신을 느낀다. 그것이 유연성이다.

우리가 가야 할 곳은 어디인가? 자기 자신이다. 더 높이 더 빨리 더 멀리 가보았자 결국은 자기 자신에게로 돌아온다. 돌아오지 않으면 우리는 제대로 죽지 못한다. 사람은 바깥에서 죽는 게 아니다. 자기 자신의 내부에서 죽는 것이다. 자기 자신에게로 돌아오기 위해서는 우리는 지금보다 느려져야 하며 플러스의 삶에서 마이너스의 삶으로 돌입해야 한다.

어휘 & Words

- **偲 책선할 시**
- **怡 화할 이, 기쁠 이**

PART

14

헌문
憲問

편하게 살기를 바라지 마라

14.2

공자가 말하였다. "선비가 편안하게 살아가는 것에만 마음을 둔다면 선비라고 하기에는 부족하다."

子曰, "士而懷居, 不足以爲士矣."
자 왈 사 이 회 거 부 족 이 위 사 의

Confucius said, "The learned man who cherishes private comforts cannot deserve to have his title called."

공자는 귀족이 아니었다. 그래서 스스로 공부하여 얻은 실력으로 관직에 나아가고자 하였다. 그가 얘기하는 선비는 평민 출신으로 스스로 공부하여 실력을 닦아 자신의 실력을 군주로부터 인정받아 벼슬을 얻고, 그 관직에서 백성을 편하게 하는 통치술까지 발휘하는 인재를 일컬음이다.

물론 군주가 옳지 않은 행위를 할 때는 간언한 후 바르게 되면 좋은 일이나, 변하지 않을 시 스스로 물러나 은둔할 수 있는 여유까지는 허용하였다. 선비는 그래서 면학할 때나 관직의 위치에 있을 때나, 은둔할 때에도 편안하게 살아갈 수는 없는 존재이다. 그래서 우리나라는 큰선비를 일컬어 '나라와 민족을 위하여 제 몸을 바쳐 일하려는 뜻을 가진 사람으로서 존경한다는 의미로 지사志士라고 호칭하였다.

공자도 제자들만 가르치는 스승으로 머물지 않았다. 오늘날 중국 산둥山東과 허난河南

을 돌아다니면서 부단히 자신의 학식을 발휘할 수 있는 일자리를 찾아 아홉 나라를 방문하였다. 벼슬을 했던 나라는 노나라, 위나라, 진나라였으나 심한 갈등을 겪고 다시 유랑의 길에 오르곤 하였다. 이러한 공자의 뜻을 받들어 그가 죽은 뒤 70명의 제자가 각각 흩어져 제후들에게 유세했으며 관리가 된 사람도 있고 은둔한 사람도 있었다.

어휘 & Words

- 懷 생각할 회, 편안할 회
- cherish 소중히 여기다
- deserve 받을 만한 가치가 있다

바르게 행동하고 신중히 말하라

14.3

공자가 말하였다. "나라에 도가 행해지고 있다면 말과 행동을 바르게 해야 하지만, 나라에 도가 행해지고 있지 않다면 행동은 바르게 하고 말은 신중하게 해야 한다."

子曰, "邦有道, 危言危行, 邦無道, 危行言孫."
자 왈 방 유 도 위 언 위 행 방 무 도 위 행 언 손

Confucius said, "When the righteous way prevails, Speak and Behave in high levels standard; when it does not prevail, Behave in the same way conduct, but be prudent in what you say."

난세에는 말을 조심하라는 것이다. 신중하고 말을 아껴야 다치지 않는다. 대나무처럼 곧은 말을 하면 귀양을 가거나 죽는다. 평상시에는 더 깊이 생각하여 일을 처리하고 자신의 신상을 그르치지 않게 보전하며, 나라가 어려운 상태에 처하면 목숨을 다해 봉사하는 자세를 가져야 한다.

어휘 & Words

- prevail 지배하다
- prudent 신중한

덕을 지니고 어져라

14.4

공자가 말하였다. "덕이 있는 사람은 반드시 그에 걸맞게 말을 잘하지만, 말을 잘하는 사람이라고 해서 반드시 덕을 갖추고 있지는 않다. 어진 사람은 반드시 그에 걸맞게 용기가 있지만, 용기가 있다고 해서 반드시 다 어진 사람은 아니다."

子曰, "有德者必有言, 有言者不必有德. 仁者必有勇, 勇者不必有仁."
자왈 유덕자필유언 유언자불필유덕 인자필유용 용자불필유인

Confucius said, "The person of goodness is certain to have something to say, but someone who has something to say is not necessarily a good person. The humane person is certain to be courageous, but someone who is courageous is not necessarily humane."

말을 잘하는 사람은 말을 못 하는 사람보다 사회생활과 인간관계에서 유리한 것이 사실이다. 말은 말하는 순간 자신의 인격이 드러나는 경험과 지식, 그리고 자기 생각의 표상이며, 다른 이들과의 관계를 이어주는 훌륭한 다리이다. 역사상 출현했던 가장 위대한 인

물들도 자신의 사상과 생각을 말로써 표현하고 전달하였다.

그러나 공자는 말을 잘한다고 해서 내면이 갖춰져 있는 사람이라고 단정할 수 없다고 얘기한다. 내면의 덕을 쌓은 사람은 그에 걸맞은 말이 나오지만, 내면의 덕이 없는 사람도 말은 잘할 수 있으니 경계하라는 것이다.

그리고 인仁한 사람은 의義의 준칙으로 행동한다. 옳지 않은 일에 저항하는 용기는 그가 배운 것에 의해 자연스럽게 나오는 덕德의 소산이다. 그 저항의 용기는 깊은 인류애에서 나오기 때문에 죽음도 개의치 않는 용기이다.

인재가 합하면 좋은 결과를 얻는다

14.8

공자가 말하였다. “정나라에서 외교 문서를 작성할 때는 대부 비심이 초고를 쓰고, 대부 세숙이 검토했고, 외교관 자우가 자구를 수정하고 다듬었으며, 동리 지역 출신인 대부 자산이 윤색하였다.

子曰, “爲命, 裨諶草創之, 世叔討論之,
자 왈 위 명 비 심 초 창 지 세 숙 토 론 지
行人子羽脩飾之, 東里子産潤色之.”
行 人 子 羽 脩 飾 之 東 里 子 産 潤 色 之

Confucius said, “In preparing diplomatic document, Pi Chen would make a first draft of it, Shi Shu would comment on it and discuss it, the diplomat Ziyu would revise and polish it, and Zichan of Dongli town would then add the final touches.”

네 사람의 장점이 잘 어우러져서 정나라의 외교문서는 흠잡을 데 없이 완성되었다고 공자는 이야기한다. 하고자 하는 일이 이렇게 유능한 사람들의 장점이 합쳐져서 좋은 결과가 나오면 더욱 아름다운 것이다. .

어휘 & Words

- 裨 도울 비
- 諶 참 심, 믿을 심
- 脩 닦을 수(= 修)
- 飾 꾸밀 식
- 潤 윤날 윤
- diplomatic 외교의
- draft 초안
- revise 수정하다
- polish 윤색하다

인격 수양을 위해 공부한다

14.24

공자가 말하였다. "옛날의 배우는 사람들은 자신의 인격 수양을 위해서 하는데, 지금의 배우는 사람들은 남의 평가를 받기 위해서 한다."

子曰, "古之學者爲己, 今之學者爲人."
자 왈 고 지 학 자 위 기 금 지 학 자 위 인

Confucius said, "The learned men of old days would study for their own sake, while those of today do so to show off in the face of others."

공부는 자기 자신을 위해 하는 것이다. 자신의 내면을 채워줄 공부의 방향을 잡은 사람은 사실 행복한 사람이다. 자신을 비울 수 있어야만 담을 수 있기에 그런 사람들은 세상이 부여한 여러 허물을 벗은 사람이며, 자기 자신만이 자신을 채울 수 있고 인정할 수 있다는 도道의 세계를 이해하는 자이기에 행복한 사람이다.

일자리를 찾거나 밥벌이를 위해 공부하는 것은 자본주의 사회에서 필수적인 일이나 기쁘지는 않다. 이 공부로 밥은 먹을 수 있으나 나 자신을 위한 공부는 아니기 때문이다. 배움이란 나 자신의 완성을 향해 나아가는 부단한 여정이다. 그리고 그것은 꼭 책을 통해서만 얻어지는 것도 아니다.

상대의 경험을 존중하라

14.26

공자가 말하였다. "그 지위에 있지 않으면 그 지위에서 행하는 일에 대해 논의하지 마라." 증자도 "군자는 생각의 범위가 자신의 지위를 벗어나지 않아야 한다."라고 말하였다.

子曰, "不在其位, 不謨其政." 曾子曰, "君子思不出其位."
자 왈 부 재 기 위 불 모 기 정 증 자 왈 군 자 사 불 출 기 위

Confucius said, "Do not confer the policies of an office you do not hold." Master Zeng commented, "the thoughts of Men of virtue do not be freed from own position."

'태백 14장'과 중복된다. 자신의 지위에서 인간과 세상사에 대해 다른 사람들이 거의 느끼지 못했던 시각과 영역을 제시해주고 별이 된 사람이 있다. 《어린 왕자》를 집필한 생텍쥐페리Antoine Marie Roger de Saint Exupéry; 1900~1944, 프랑스의 소설가, 공군 장교이다.

우편 비행기 조종사였던 그는 《인간의 대지》라는 책에 비행기 조종을 하면서 겪었던 일들과 어떠한 풍경도 무심히 넘겨보지 않은 자신만의 묵상 결과들을 고스란히 담았다. 그는 직업과 지위가 요구하는 필요성이 세상을 변화시키고 풍요롭게 한다고 말하면서 "직업의 위대함은 무엇보다도 사람과 사람의 관계를 연결하는 것인지 모른다. 사치 중에서

가장 고귀한 사치는 아마도 인간관계일 것이다. 오직 물질적인 재산만을 위해 일한다면, 그건 자신을 감옥에 가두는 것이나 마찬가지다. 살만한 가치라고는 전혀 없는 잿더미 같은 돈을 가지고 스스로 고독하게 틀어박히는 것이다."라고 얘기하였다.

공자는 "자신이 그 지위에 있지 않으면 그 지위에서 해야 할 일에 대해 의논하지 않는다."고 하였다. 사람은 자신의 지위가 어떠하든 그 지위에서 세상과 부닥치고 견문을 얻는다. 그 견문이야말로 자신과 세상을 들여다보는 '창'이다. 지위가 높건 낮건 하늘은 지혜에 대한 공평한 기회를 준다. 햇볕이 높은 나무에만 비추는 것이 아님과 같다. 생텍쥐페리는 우편 비행기 조종사라는 지위에서 한 인간의 직업과 지위가 가져다줄 수 있는 가장 숭고한 인식의 지평을 우리에게 열어 보이고 어린 왕자 옆으로 갔다. 그래서 그는 지구를 내려다보는 별에서 죽지 않는 사람이 되었다.

어휘 & Words

- 位 자리 위
- 謨 도모할 모
- confer 논의하다

언행일치하라

14.27

공자가 말하였다. "군자는 자신의 말이 자신의 행동보다 지나친 것을 부끄러워한다."

子曰, "君子恥其言而過其行."
자 왈 군 자 치 기 언 이 과 기 행

Confucius said, "Men of virtue do feel shame if their words go too far their deeds."

사람들은 신용이 좋아야 한다고 말한다. 경제적인 관점에선 빌린 돈에 대해 꼬박꼬박 갚아나가는 행위를 신용의 의미로 해석하지만, 본질적인 해석에선 자기가 한 말과 행동에 책임을 지는 것이 바로 신용이다.

예로부터 대부분 사람은 몸보다는 말이 먼저 앞섰다. 《법구경》에도 말의 앞섬과 과격함을 경계하는 문구가 그득하다. '무릇 사람은 이 세상에 태어날 때 입안에 도끼를 간직하고 나와서는 스스로 제 몸을 찍게 되나니 이 모든 것이 자신이 뱉은 악한 말 때문이다.'라는 문구는 섬뜩할 정도로 신랄하다. '거짓말을 하지 않고 도리에 맞는 진실한 말만 하며, 함부로 말을 하여 사람들을 성내게 하지 않는 자는 성자이다.'라는 문구는 말의 최고 수준의 도덕적 운용이 극히 평범하고 단순한 활용에 있음을 말해주고 있다. 그러나 그 단순한 수준을 준수하기도 참으로 어렵고 힘든 일이라는 것을 보여주고 있는 것이다.

‘고운 꽃은 향기가 없듯이 잘 설해진 말도 몸으로 행하지 않으면 그 열매를 맺지 못한다.’라는 불가의 이치와 유가의 이치가 본질적으로 말의 경계에 뿌리를 두고 있음을 알 수 있다.

어휘 & Words

- 過 지나칠 과 go too far
- shame 부끄러움
- deed 행동

군자의 도를 행하라

14.28

공자가 말하였다. "군자의 도에는 세 가지가 있는데, 나는 그중에 할 수 있는 것이 없다. 인한 사람은 근심하지 않고, 지혜로운 사람은 미혹되지 않으며, 용기 있는 사람은 두려워하지 않는다."

이 말에 대해 자공은 이렇게 말하였다. "스승님께서 바로 당신이 사시는 삶의 방식을 겸허하게 말씀하신 것이다."

子曰, "君子道者三, 我無能焉, 仁者不憂, 知者不惑,
자 왈 군 자 도 자 삼 아 무 능 언 인 자 불 우 지 자 불 혹
勇者不懼."
용 자 불 구
子貢曰, "夫子自道也."
자 공 왈 부 자 자 도 야

Confucius said, "The path of the Man of virtue has three conditions that I am unable to find in myself: The humane are not anxious; the wise are not in a delusion; the courageous are not timid."

Zigong replied, "This is the path that you yourself walk, sir."

14년 동안 자신의 정치 철학을 이해해주고 받아줄 제후를 찾아 이 나라 저 나라를 떠

돌아다니며 제자들과 함께 온갖 고생을 한 후, 결국 받아들여지지 않자 자포자기했을 때 공자의 심정을 제대로 읽을 수 있다. 50대 중반에 노나라를 떠나 70살이 되어 다시 돌아가야 하니, 자신의 늙어버린 나이에 대한 감회는 이제 죽을 때를 대비하자는 절망감도 가져다줬을 것이다. 어차피 그의 굳은 뜻은 꺾인 것이다.

군자가 되는 길은 매일 자기 자신을 성찰하는 일인데, 이루지 못한 꿈에 대해 공자는 아직 미련이 남아 있는 자기 자신을 발견한다. 근심이 있으니 아직 인仁의 경지에 도달하지 못했고, 정치에 대한 미혹이 남아 있으니 지혜로운 사람이라고 할 수도 없다. 나이 들어 몸의 기력이 쇠하니 두려움이 밀려온다. 용기조차 약해진 것이다. 스스로 군자의 도道를 행하지 못하고 있다고 탄식한 것이다. 자공은 스승의 이 한탄을 '겸허하시다.'고 받아들였다.

어휘 & Words

- 憂 근심 우
- 惑 미혹할 혹
- 懼 두려워할 구
- delusion 미혹
- timid 겁 많은

비판하지 말라

14.29

제자인 자공이 다른 사람을 비판하자, 공자가 말하였다. "자공은 현명한가? 나는 남을 비판할 겨를이 없다."

子貢方人. 子曰, "賜也賢乎哉? 夫我則不暇."
자 공 방 인 자 왈 사 야 현 호 재 부 아 즉 불 가

Zigong judged other people. Confucius, seeing this, said, "Can it be really possible for Zigong as a superior man of wisdom to have time for this? I myself have none."

'험담하다.'는 영어 단어로 'backbite'다. 합쳐진 두 단어의 뜻 그대로 '뒤에서 문다.'는 것이다. 비겁한 일이다. 본인이 없는데 그 사람의 흠집을 얘기하는 사람이 있으면 그 대화를 중단시키는 것이 옳다. 이제 그만하라는 강력한 표현보다 웃으면서 다른 이슈로 주제를 돌리는 것이 현명하다. 얘기하는 사람이 언짢아하거나 어색해하는 것을 마음에 두게 되면 같은 패거리가 된다. 다만, 공인이거나 정책에 연관된 권력 계층이라면 그것은 무방하다. 왜냐하면 그 대화는 토론으로 이끌 수 있기 때문이다.

어휘 & Words

- 暇 틈 가, 쉴 가

자신을 근심하라

14.30

공자가 말하였다. "다른 사람이 나를 알아주지 않는다고 근심하지 말고, 내가 그럴 만한 능력이 없음을 근심하라."

子曰, "不患人之不己知, 患其不能也."
자왈 불환인지불기지 환기불능야

Confucius said, "Don't worry about not being recognized by others; worry about not having any competence for them to recognize you."

중국 제나라 시조는 강태공姜太公이다. 본명은 강상이며, 여상 또는 태공망이라고도 불리었다. 주나라 문왕이 초빙하여 그의 스승이 되었으며, 무왕을 도와 상나라 주왕을 멸망시켜 천하를 평정한 사람이다.

설화에 따르면 정계에 진출하기 전에 자신을 알아주는 사람을 만나지 못해 70세까지 그는 공부만 하였다고 한다. 아내가 일을 나가면서 멍석에 깔아놓은 보리가 비에 젖지 않도록 당부했건만, 공부하느라 비가 쏟아지는 것도 몰라 보리가 소나기에 다 떠내려가 버렸다는 일화가 있다. 이 일로 말미암아 이혼도 당했는데, 전화위복이었는지 위수(지금의 산시성 바오지) 강가로 집을 옮겨서 낚시하다 마침 주나라 문왕과 천하의 정세에 관해 몇 마디 대화를 나누었고, 그의 대답에 막힘이 없자 왕은 수레를 함께 타고 돌아와 바로 국사國師

로 모셨다고 한다.

강태공은 공평한 정사를 펼쳤으며, 천하의 3분의 2를 평정하였다. 그가 제 발로 주 문왕을 찾아갔다는 일화도 있으나 《사기》의 '주본기'와 '제태 공세가'에 따르면 당시 주 문왕은 여상, 즉 강태공을 얻은 뒤 매사를 그와 의논하며 정사를 펼친 덕분에 부강한 나라를 만들 수 있었다고 적혀 있음으로, 70세가 다되어 공자와는 달리 자신의 정치적 이상을 실현한 인물임에는 틀림이 없는 것이다.

강태공은 나이 70이 다될 때까지도 다른 사람이 나를 알아주지 않는다고 세상과 인물들을 탓하지 않았고 근심하지도 않았다. 자신의 부족함을 꾸준한 공부로 메꿔 나갔던 것이다. 자신에게 정직하면 밖을 원망할 이유도 없다. 때가 그에게 왔으며 실력을 제대로 발휘하여, 당시 백성들의 칭송을 얻었고 그래서 역사에 남았다.

어휘 & Words

- 患 근심 환
- recognize 알아차리다
- competence 능력

재능은 가꾸어야 한다

14.33

공자가 말하였다. “천리마는 그 힘이 좋다고 칭찬하는 것이 아니라, 길들어서 잘 달리는 우수한 능력을 갖추게 되었음을 칭찬하는 것이다.”

子曰, “驥不稱其力, 稱其德也.”
자 왈 기 불 칭 기 력 칭 기 덕 야

Confucius said, “A fine horse that can run very long distance a day is praised for its excellence, not for its strength.”

씩씩하고 활발한 어린아이를 처음 대면할 때 어른들은 말한다. ‘어! 장군감이야.’ 여기서 ‘감’은 바탕이 되는 재료를 일컬음과 동시에 어떤 자격에 알맞은 사람이라는 뜻을 담고 있다. 안줏감, 이불감, 사윗감 등 주로 기능을 가리키는 명사 뒤에 ‘~감’이라는 접미사를 붙여 재능에 대해 찬미를 한다. 그러나 그뿐이다.

활발한 그 아이가 훗날 나라를 구하는 장군이 되었는지, 뇌물 사건에 연루되어 불명예스럽게 구속된 장군이 되었는지는 하늘이 준 재능의 영역을 분명히 벗어난 인간지사人間之事의 일이다. 공자는 재능보다는 후사後事에 인재의 성공 여부가 달려있다고 본 것이다.

덕은 바르게 쓰여야 한다

14.34

어떤 사람이 "덕으로 원한을 갚으면 어떻습니까?"라고 묻자, 공자가 이렇게 말하였다. "그렇다면 어떻게 덕에 대해 보답하려는가? 정직함으로 원한을 갚고, 덕으로 덕을 갚아야 한다."

或曰, "以德報怨, 何如?"
혹 왈 이 덕 보 원 하 여
子曰, "何以報德? 以直報怨, 以德報德."
자 왈 하 이 보 덕 이 직 보 원 이 덕 보 덕

Someone asked, "What do you think about the saying: Repay hatred with mercy?"

Confucius replied, "Then how would one repay mercy? Repay hatred by revealing true. Repay mercy with gratitude."

성경 누가복음에서 예수는 이렇게 말한다. "그러나 너희에게 내가 이르노니 너희 원수를 사랑하고 너희를 미워하는 자를 선하게 대하며 너희를 저주하는 자를 위하여 축복하며 너희를 모욕하는 자를 위하여 기도하라. 왼쪽 뺨을 때리면 오른쪽 뺨도 내어주고 겉옷을 빼앗거든 속옷도 내어 주어라."

싯다르타는 말한다. "내가 고통을 싫어하는 것과 같이 모든 생명이 고통을 싫어하므로 고통을 주어선 안 된다."라는 '아힘사' 즉, 불살생不殺生 계율을 남겼다. 그래서 제자 중에 길에서 이교도에게 맞아 죽어가면서도 끝내 힘으로 저항하지 않고 증오심도 없이 자비의 정신을 구현하기도 했다.

공자는 역사에 자신의 실존을 물었던 사람이다. 그의 신은 역사이다. 역사에는 분명히 선한 사람이 있고 악한 사람이 있다. 지배하는 자가 있으며 지배당하는 자가 있다. 분명한 '갑'이 있으며 또한 '을'이 있다. 어떠한 옳은 말과 선한 충고와 덕의 행위도 악한 사람을 가톨릭 성 프란시스코의 덕성을 가진 인한 사람으로 바꾸어 놓지는 못한다. 가끔 일어나는 한 개인의 실존적인 변화는 그래서 기적에 해당하는 사건이다. 하지만 역사는 기적의 연속은 아니다. 덕의 자리엔 덕이 들어와야 하며, 원한은 진실 그 자체를 밝혀내어 억울한 자가 없어야 한다.

2차 세계대전 때, 독일이 프랑스를 점령하고 세운 비씨괴뢰 정부에 협조했던 반역자를 처단하느냐 마느냐로 논쟁이 한창일 때, 실존주의 사상가 알베르 카뮈Albert Camus; 1913~1960, 프랑스 저널리스트, 철학자는 다음과 같이 말하며 자신의 신념을 피력하였다.

"비록 인간의 정의가 너무나 불완전하다고 해도 인간의 정의를 완수하는 것이야말로 우리의 선택이다. 우리의 정직함을 필사적으로 견지함으로써 그 불완전함을 교정하고자 한다."

어휘 & Words

- ill will 원한
- mercy 덕, 자비

공손한 예를 지녀라

14.44

공자가 살던 마을에 있는 궐당의 한 나이 든 소년이 주인의 명을 전하면서 손님을 접대하고 있는데, 어떤 사람이 "발전할 사람인가요?"라고 공자에게 묻자, 공자는 이렇게 말하였다. "나는 그가 어른들과 같은 자리에 머물며 윗사람들과 함께 나란히 걸어가는 것을 보았는데, 자신의 발전을 구하려는 것이 아니라 빨리 성과를 이루고자 하는 사람이라고 생각한다."

闕黨童子將命. 或問之曰, "益者與?"
궐 당 동 자 장 명 혹 문 지 왈 익 자 여
子曰, "吾見其居於位也, 見其與先生並行也.
자 왈 오 견 기 거 어 위 야 견 기 여 선 생 병 행 야
非求益者也, 欲速成者也."
비 구 익 자 야 욕 속 성 자 야

A youth from the Que village would carry messages for the Master. Someone asked Confucius, "Does he seek for his own advance?" The Master replied, "I have seen him sitting in places reserved for his seniors, and have seen him walking side by side with his elders. This is someone who targets on success quickly rather than on his own advance."

맹자는 공손함의 개념을 《맹자》 '고자하告子下'편에서 구체적으로 제시한다.

"천천히 걸으면서 어른 뒤를 따라가는 것을 공손하다고 하고, 빨리 걸어서 어른을 앞질러 가는 것을 공손하지 않다고 한다."

궐당은 마을 이름이다. 여기 어린아이의 행위엔 어른을 공경함이 없다고 공자는 단정 짓는다. 공손하지 않으니 기대할 것이 없고, 그의 덕은 발전의 기미가 보이지 않는 것이다. 그는 신분이 높은 어른들의 눈에 자주 자신을 드러내게 하여 빨리 출셋길로 가고자 하는 사람일 뿐이다.

어휘 & Words

- 闕 대궐 궐
- 將 가질 장, 받들 장

PART

15

위령공
衛靈公

지혜롭게 말하라

15.8

공자가 말하였다. "함께 이야기할 만한데도 이야기하지 않으면 사람을 잃게 되고, 함께 이야기할 만하지 않은데도 이야기하면 말을 잃어버리게 되는 것이다. 지혜로운 자는 사람을 잃지 않으며, 또한 말을 잃어버리지도 않는다."

子曰, "可與言而不與言, 失人, 不可與言而與之言, 失言.
자 왈 가 여 언 이 불 여 언 실 인 불 가 여 언 이 여 지 언 실 언

知者不失人, 亦不失言."
지 자 불 실 인 역 불 실 언

Confucius said, "To fail to speak with someone who can be mixed is to let that person go to waste; to speak with someone who cannot be mixed is to waste your words. The wise do not let people go to waste, but they do not waste their words either."

더불어 말할 사람과 더불어 말하지 못할 사람에 대한 이 얘기는, 공자에게 있어선 14년의 세월 동안 여러 제후와 군주를 만나며 자기 뜻을 전달했으나 아무런 소득 없이 70세의 늙은 나이에 고향으로 돌아온 깊은 체험과 실천의 결과물일 것이다. 온갖 풍상을 겪고 수많은 좌절을 맛본 뒤 나온 이 말에서 그의 인간학에 대한 깊은 통찰과 회한이 느껴진다. 군사와 병법에 관한 지식을 통해 부국강병에만 관심이 있었던 왕들에게서 자기 생각이 외면

당하자 울분을 삼켰던 그였다.

그러나 그는 자신의 체념을 어두운 세계에 가두지 않았다. 공자는 논어 맨 첫 장인 '학이 1장'에서 스스로가 자신을 극복하고 나온 긍정적 체념을 다음과 같이 말한다.

"다른 사람이 나를 알아주지 않아도 성내지 않으면 군자가 아니겠는가?
人不知而不慍, 不亦君子乎?"

선비는 인을 버리지 않는다
15.9

공자가 말하였다. "뜻있는 선비와 인한 사람은 자신의 삶을 추구하기 위하여 인을 저버리는 일은 없는 반면에, 자신을 희생해서라도 인을 이루는 일은 있다."

子曰, "志士仁人, 無求生以害仁, 有殺身以成仁."
자 왈 지 사 인 인 무 구 생 이 해 인 유 살 신 이 성 인

Confucius said, "For the resolute learned man and the humane person, while they would not compromise their humane conduct to save their lives, they would give up their lives in order to achieve it."

공자는 생명을 내놓아도 될 만한 덕목을 제자들에게 가르친 적이 없다. 어떠한 가치보다도 생명이 더 가벼운 경우는 없다. 그러나 백이숙제같이 인仁을 이루기 위하여 자신을 희생한 사람은 그 뜻이 높다고 칭송하였다. 살신성인殺身成仁의 정신이다.

빔라오 람지 암베드카르Bhimrao Ramji Ambedkar; 1891~1956, 인도 독립운동가 겸 정치인, 인권 운동가는 인도에서 가장 천한 신분인 '불가촉천민'으로 태어났다. '하리간,' 즉 '신도 버린 아이들'이다. 출신 성분 때문에 그는 어려서부터 온갖 멸시와 수모를 겪으며 존재의 깊은 곳까

지 상처를 입었다. 하지만 그는 신분의 차별을 극복하고자 더욱 학업에 매진하였으며, 불가촉천민 출신으로서 미국과 영국에서 박사 학위를 받은 최초의 인물이기도 하다.

암베드카르는 빈곤의 문제가 '재산 자체가 아니라 재산의 불평등한 분배'에 있음을 깨달은 후 평등한 분배를 위한 사회조직을 갖출 것을 주장했다. 저수지의 물도 못 마시게 상위 카스트 주민들이 폭력을 가하자 카스트 계급 간의 불평등을 정당화하고 있는 힌두교 법전인 마누법전의 사본을 태워 묻는 화형식을 거행하며 불가촉천민의 인권을 선언한다. 결국 힌두교가 카스트 제도의 모순을 옹호하므로 인해 그는 불교로 개종하였고, 평생에 걸친 투쟁의 결과로 1955년 불가촉천민법이 제정되어 하리잔에 대한 종교, 직업, 사회적 차별이 금지되었다.

인仁의 정신은 '무차별'이다. 공자의 시각에서 '암베드카르'야말로 평생을 인을 얻기 위한 투쟁에 몸을 바친 군자인 것이다.

어휘 & Words

- resolute 단호한
- compromise 타협하다

인한 사람을 가까이 하라

15.10

제자인 자공이 인을 행하는 법을 묻자, 공자가 말하였다. "장인이 자기 일을 잘하고자 할 때 먼저 자신의 도구를 예리하게 만드는 것처럼, 어떤 나라에 가게 되거든 그 나라의 현명한 대부를 섬기고 어진 선비를 벗으로 사귀어야 한다."

子貢問爲仁. 子曰, "工欲善其事, 必先利其器.
자 공 문 위 인 자 왈 공 욕 선 기 사 필 선 리 기 기
居是邦也, 事其大夫之賢者, 友其士之仁者."
거 시 방 야 사 기 대 부 지 현 자 우 기 사 지 인 자

Zigong inquired about humane conduct. The Master replied, "Craftsmen wanting to be good at their works must first sharpen their tools. While dwelling in this state, then, we should serve those ministers who are of the highest wisdom, and befriend those learned men who are most humane in their conduct."

자공은 외교 능력과 재물을 모으는 능력이 탁월했던 제자이다. 그에게 있어서 인仁의 실행을 스승은 자공의 그릇에 맞추어 적절히 설명하고 있다. 각각 제자의 성품에 맞추어 설명해주는 공자의 유연한 해설이 놀랍다.

외교는 실력자와의 대화와 협상이므로 높은 위치에 있는 대부에게 공경해야 하며, 재

물은 들고나는 현황과 비전을 알고 있는 현명한 자를 사귀어야 유통의 맥을 짚을 수 있는 것이다. 결국 외교와 재물은 사람과의 관계가 본질인 것이다. 제자 자공은 인간관계의 길에서 자신의 인의 세계를 이룰 수 있을 것이라고 스승은 보았고 조언하였다.

어휘 & Words

- craftsmen 장인
- sharpen 날카롭게 하다
- dwell in 거주하다

멀리 보라

15.12

공자가 말하였다. "사람이 멀리 내다보는 생각이 없으면 반드시 가까이에서 근심할 일이 생긴다."

子曰, "人無遠慮, 必有近憂."
자 왈 인 무 원 려 필 유 근 우

Confucius said, "The person who does not consider what is still far off will not escape being troubled at what is near at hand."

공자의 이 말을 16세기 말 조선만큼 절실하게 느낀 나라는 많지 않을 것이다. 역사에는 가정If이 있을 수 없으나 만약 임진왜란, 정유재란 때 이순신이 없었다면 조선은 역사에서 사라졌을 가능성이 높다. 도요토미 히데요시에 의해 통일된 일본이 조선을 침략할 것이라는 예측을 전라좌도수군절도사인 이순신이 할 수 있었기에 전쟁이 일어났을 때 바다를 장악하며, 본토에서 오는 일본군의 병참보급을 끊을 수 있었고 그래서 조선은 유지될 수 있었다.

이순신과 류성룡, 사명대사 등과 같은 당시의 선각자들은 그분들 그릇답게 일신공명을 위한 작은 패거리 다툼에서 벗어나 조선의 앞날을 멀리 내다보는 식견으로 선조 같은 허약한 왕이 이끄는 조선을 구해낼 수 있었다.

멀리 내다볼 수 있는 혜안은 마음을 비우는 데서 온다. 학연, 혈연, 지연 같은 패거리 문화에 젖어있는 소인들에겐 마음이란 단어도 사치스러운 것이다. 그래서 학업과 수양을 통해 멀리 내다보는 혜안을 가진 지혜로운 사람이 되도록 노력해야 한다.

어휘 & Words

- 慮 생각할 려
- 憂 근심 우
- at hand 가까이

자신에게 엄격하라

15.15

공자가 말하였다. "자기 자신에게는 엄격하게 책망하고 남에게는 가볍게 책망한다면 원망이 멀어질 것이다."

子曰, "躬自厚而薄責於人, 則遠怨矣."
자 왈 궁 자 후 이 박 책 어 인 즉 원 원 의

Confucius said, "To blame one's own self strictly and not overmuch from others will keep resentment at a distance."

가톨릭은 '내 탓이오!'라고 외친다. 옳은 말이다. 주변 환란의 원인은 자기 자신에게서 비롯되었다는 가르침은 위대한 것이다. 살다 보면 분명히 남이 나에게 잘못하는 경우도 있다. 논리적으로 따져 사과를 받아낼 수도 있다. 그러나 그뿐이다. 변증법적인 발전은 없다. 스스로 자신의 잘못이 없는지를 되돌아보는 사람만이 인격을 수양할 수 있고 정진할 수 있다.

공자는 '공야장 23장'에서 백이숙제의 이러한 덕을 "백이와 숙제는 지난날 다른 사람이 행한 잘못을 생각하지 않았다. 그래서 원망을 듣는 일이 거의 없었다."라고 칭송하였다.

남을 원망하지 않는 일이 가능한 것인가? 수양하면 가능하다. 그리고 남을 원망하지 않게 될수록 점점 자기의 내면에 대한 탐구와 공부가 이루어지면서 조금씩 풍요로워지는 자신의 영혼을 느끼게 된다. 용서는 영혼을 가진 인간만이 행할 수 있는, 신의 눈빛을 세상에 드러내는 유일한 체험이다. 아울러 '내 탓이오.'라는 반성은 신의 탄식 소리인 것이다.

공자는 100% 자기 탓으로만 돌리라고 얘기하지는 않는다. 남을 책망해도 가볍게 하고 자신에게는 엄격하게 대하라는 것이다. 그래야 세상에 점점 원망이 잦아들 것이고 그가 칭송하는 군자의 새싹들이 곳곳에서 피어날 수 있게 될 것이다.

어휘 & Words

- 躬 몸 궁
- 厚 두터울 후
- 薄 엷을 박
- strictly 엄격하게
- resentment 분노

배울 열망을 가져라

15.16

공자가 말하였다. "'어찌할까, 어떻게 할까' 라며 자신의 올바른 길을 끊임없이 추구하지 않는 사람이라면 나도 그를 위해 해 줄 수 있는 게 아무것도 없다."

子曰, "不曰 '如之何, 如之何' 者, 吾末如之何也已矣."
자 왈 불 왈 여 지 하 여 지 하 자 오 말 여 지 하 야 이 의

Confucius said, "There is nothing that I can do for someone who is not constantly asking himself: 'What to do? What am I going to do?'"

공자의 생각에 교육이란 배우고자 하는 자에게서 시작하고 끝나는 것이다. 스승은 도와줄 뿐이다. 배우려는 열망이 강해야 스승의 가르침을 할 수 있는 것이며, 배운 지식과 기술을 스스로 활용하는 과정을 통해 자기 자신에 대한 이해에 접근하게 된다는 사실을 인식해야 한다.

배움에 따르는 고민과 고통을 스스로 내재화시킬 수 있는 제자야말로 참된 제자인 것이다. 그래서 공자는 제자가 막히는 문제가 있다고 하더라도 밀어주거나 당겨주지 않는다고 말했다. '까다로운 문제를 풀려고 애쓸 때의 답답한 마음'이나 '자기 생각을 말로 풀어쓸 때의 어지러운 혼란'이야 말로 자기 자신의 스승인 것이다.

자기무능을 근심하라

15.19

공자가 말하였다. "군자는 자신의 무능함을 근심하고, 다른 사람이 자신을 알아주지 않는 것은 근심하지 않는다."

子曰, "君子病無能焉, 不病人之不己知也."
자 왈 군 자 병 무 능 언 불 병 인 지 불 기 지 야

Confucius said, "Men of virtue worry over their own lack of ability, not the failure of others to acknowledge them"

자크 마리에밀 라캉Jacques Marie Emile Lacan; 1901~1981, 프랑스 철학자, 정신분석학자의 표현대로 우리는 타인을 빌어 비로소 자신을 볼 수 있어서인가? 공자는 자신에게 정직한 것으로 다 이루었다고 말한다. 아무도 몰라도 하늘은 알아주니 달관하라는 것이다.

윤동주 시인은 스스로 바라보는 자기 정직함이 조금이라도 뒤틀릴까 봐 이를 '하늘과 바람과 별과 시'라는 시時로 표현하였다. 공자의 자아에 대한 순수함의 차원과 그의 차원은 거의 일치한다고 보아도 무방할 것 같다.

어휘 & Words

- acknowledge 인정하다

긍지를 가지고 조화로워라

15.22

공자가 말하였다. "군자는 긍지를 가지고 있으나 남과 다투지 않으며, 여러 사람과 잘 어울릴 뿐 패거리를 짓지 않는다."

子曰, "君子矜而不爭, 羣而不黨."
자 왈 군 자 긍 이 부 쟁 군 이 부 당

Confucius said, "Men of virtue are proud but not quarrelsome; they gather together with others, but do not form the crowd."

자신의 행동에 긍지가 있으려면 편견에 치우치지 않는 치열한 사유의 시간과 자신의 역사적 시대를 읽어내는 인문학적 지식이 있어야만 한다. 누구나 자기 생각은 가질 수 있다. 그러나 보편타당한 원칙을 정립하기 위해서는 편협한 이념이나 시대적인 조류에 자신의 사유를 묶어두어서는 안 된다. 역사에 등장했던 많은 선배와 그들의 글을 통해 내면의 대화를 가져야 하며, 그들의 입장에 서 보기도 하고 반대편에 서 보기도 하면서 현 시대적 상황에서 재해석하는 통찰력이 필요하다. 그런 뒤에야 비로소 행동에 대한 긍지가 나온다.

모든 종교, 철학은 결국 인간의 삶을 편케 해주고 배려하는 휴머니즘의 바다로 나아가는 도구일 뿐이다. 같은 배를 타고 나아가는 그 항해에서 자신의 종이 한 장 무게의 우월함을 내세워 남과 다툴 수는 없다. 이러한 여정에 다양한 사람과의 교류와 만남의 장이 펼쳐

질 것이다. 그들을 최대한 이해하고 공감하며, 토론하는 과정에서 나의 인격과 공부는 성숙하여 간다.

어휘 & Words

- 矜 자랑할 긍
- 羣 무리 군
- quarrelsome 다투는

내가 싫으면 남도 싫다
15.24

제자인 자공이 "한마디 말로 평생 실천할 만한 것이 있습니까?"라고 묻자, 공자가 말하였다. "서恕다! 내가 싫어하는 것은 남에게도 하지 않는 것이다."

子貢問曰, "有一言而可以終身行之者乎?"
자 공 문 왈 유 일 언 이 가 이 종 신 행 지 자 호
子曰, "其恕乎! 己所不欲, 勿施於人"
자 왈 기 서 호 기 소 불 욕 물 시 어 인

Zigong asked, "Is there one expression of maxim that can be acted upon until the end of one's days?"

Confucius replied, "There is humane Empathy: do not impose on others what you yourself do not want."

서恕는 상대방 여如와 마음 심心의 결합이다. 즉, 상대방을 자신과 똑같이 여기는 마음이다. '용서할 서'도 되고 '동정할 서'도 된다. 용서와 동정을 동양인들은 같은 본성이라고 보는 것 같다. 여기서 공자가 얘기하는 것은 어찌 보면 단순하다. '내가 하기 싫은 것은 다른 사람들도 하기 싫다는 것'이며, 따라서 '남이 싫어하는 것을 행하지 말라.'는 것이다.

'공야장 26장'에서 공자가 소망을 얘기해보라고 하자 안회는 답한다. "제가 잘하는 것을 자랑하지 않고 저 때문에 다른 사람이 수고롭지 않으면 좋겠습니다." 즉, 남에게 폐를

끼치지 않겠다는 것이다. 내가 싫어서 조금이라도 게으르면 누군가는 반드시 그 일을 해야만 한다. 이를 극복하고 심지어 자기 자랑도 하지 않아 공자가 칭송한 인물이 '옹야 15장'의 맹지반孟之反이다. 패전하여 달아날 때 군대 맨 뒤에서 적과 싸우면서 마지막으로 성문으로 들어왔다. 목숨이 아까우니 쉽지 않은 일인데도 앞에서 후퇴하는 사람들을 안심시켰고, 들어와서는 말을 채찍질하며 '말이 잘 달리지 못하네요.'라며 겸손하였던 것이다.

한국의 현실로 돌아와 보자. 학교에서 급우를 왕따 시키는 아이들이 꽤 있다고 한다. 이 글을 읽는 청소년들에게 공자와 헤르만 카를 헤세Hermann Karl Hesse, 1877~1962, 시인, 소설가의 말을 동시에 들려주고 싶다.

공자는 말한다. "내가 미움을 받으면 싫듯이 같은 동료도 미움받기를 싫어한다."

헤세도 말한다. "사람을 미워하는 것은 그 사람 안에 있는 나의 일부를 미워하는 것이다. 내 일부가 아니라면 내게 거슬릴 이유가 없다."

벗을 미워하지 말자. 그것은 나를 미워하는 것과 같다.

어휘 & Words

- maxim 격언
- impose 강요하다
- empathy 공감

참아라

15.27

공자가 말하였다. "교묘하게 꾸며낸 말은 덕을 어지럽히고, 사소한 일을 참지 못하면 큰일을 어지럽힌다."

子曰, "巧言亂德, 小不忍, 則亂大謀."
자 왈 교 언 란 덕 소 불 인 즉 란 대 모

Confucius said, "Skillfully pretended words disturb moral excellence. If one is impa'tient with the details, great plans will come to nothing."

2007년, 이창동 감독의 영화 <밀양>은 이청준의 단편소설 《벌레 이야기》를 각색한 것이다. 주제는 '용서'다. 가해자의 죄는 피해자만이 용서해줄 수 있는 권한이 있다. 국가가 사법체계로써 벌을 주는 것과는 다른 차원이다. 살인사건인 경우 피해자를 가장 사랑했던 직계가족만이 그나마 살인자의 참회를 받아들이며 죄와 화해할 수 있는 권한이 있다.

신이든 국가든지 간에 제3자가 피해자나 유족들의 용서나 동의 없이 가해자의 죄를 함부로 용서하는 일은 도리에 맞지 않는다. 어린 아들을 유괴해서 죽인 살인자를 기독교의 사랑으로 용서해주기 위하여 교도소에 찾아갔을 때, '자신의 죄를 참회하자마자 하느님께서 이미 용서해주셨고 마음이 평온하고 행복하다.'라는 살인자의 얘기는 살해당한 아들의 어머니로서는 도저히 이해할 수 없는 이치였다. 교묘하게 꾸며낸 말은 사람 사이의 도리와 덕을 어지럽힌다고 공자는 얘기한다.

사소한 다툼과 갈등을 인내하지 못하고 분노하여 평생 후회하는 사람이 많다. 이를 인내하고 후에, 큰일을 이룬 대표적인 사람을 꼽으라면 한나라 고조 유방의 대장군 '한신'이 떠오른다. 젊었을 때 시장의 양아치가 자신의 다리 아래로 기어가라고 했을 때, 그는 자신의 큰 대망을 이루기 위해 당시의 굴욕을 참고 다리 아래로 기었다. 살다 보면 그의 인내가 평범한 사람이 할 수 있는 일은 아니라는 사실을 종종 깨닫게 된다. 중국인도 그때 한신이 모멸감을 참으며 기어갔던 시장통에 있는 그 자리를 관광유적지로 만들어 그의 인내심을 칭송하고 있다.

어휘 & Words

- 謨 꾀할 모 plan
- impatient 성급한
- pretend 가장하다

군중을 좇지 마라

15.28

공자가 말하였다. "많은 사람이 미워하더라도 반드시 직접 잘 살펴보아야 하며, 많은 사람이 좋아하더라도 반드시 직접 잘 살펴보아야 한다."

子曰, "衆惡之, 必察焉; 衆好之, 必察焉."
자 왈 중 오 지 필 찰 언 중 호 지 필 찰 언

Confucius said, "Where everyone blames a person, you must look into him with care; where everyone praises a person, you must also look into him carefully"

공자는 군중 심리를 믿지 않았다. 어떤 사태에 대해 공자는 나름의 판단력을 가지고 그 본질을 잘 꿰뚫어 봐야 군자라고 하였다.

과오를 알라

15.30

공자가 말하였다. "잘못을 저지르고도 고치지 않는 것, 이것이 바로 잘못이라 할 수 있다."

子曰, "過而不改, 是謂過矣."
자 왈 과 이 불 개 시 위 과 의

Confucius said, "Making a mistake and Not willing to get right back, that is to make a real mistake indeed."

논어 '안연 1장'에서 안연이 인仁에 대해 물었다. 공자가 말한다. "사심을 이겨내고 보편적인 예禮의 정신으로 돌아가는 것이다. 즉, 극기복례위인克己復禮爲人인 것이다."

인간은 하늘과 땅의 중간 존재다. 완벽하지가 않다. 매일 잘못을 저지르지 않을 수 없다. 기독교의 인간관은 그래서 태초부터 죄를 저질렀다는 원죄론적 인간관에서 출발한다. 극기克己, 사심을 이겨내는 것은 원죄를 이겨내는 것이다. 기독교가 타자적 존재인 신으로부터 사심을 이겨내는 은혜를 구한다면, 유교와 불교는 자신의 노력으로 사심을 이겨내야 한다고 얘기한다. 공자는 하늘 아래 새로운 것은 없다고 보았다. 본래 예의를 가지고 있었는데 잊었다는 것이다. 따라서 이 예를 회복하기만 하면 된다. 예를 회복하는 기준은 의義이며 매일 나를 이겨야 한다. 결국, 배우고 익히지 않으면 끊임없이 사악한 외부의 것이 다시 나의 내면으로 들어온다고 보았다.

명상보다 공부가 낫다

15.31

공자가 말하였다. "내가 일찍이 온종일 먹지도 않고 잠도 자지 않은 채 생각에 몰두해보았으나, 아무런 이익이 없었고 공부하는 것보다 못하였다.

子曰, "吾嘗終日不食, 終夜不寢, 以思, 無益, 不如學也."
자 왈 오 상 종 일 불 식 종 야 불 침 이 사 무 익 불 여 학 야

Confucius said, "Once, lost in my thoughts, I went a whole day without eating and a whole night without sleeping. I got nothing out of it, so this try was inferior to devoting the time to learning."

논어 '위정 15장' 학이불사즉망, 사이불학즉태學而不思則罔, 思而不學則殆; 배우기만 하고 생각하지 않으면 미혹에 빠지고, 생각만 하고 배우지 않으면 허황되어 위태롭게 된다.라는 구절의 뒷부분과 같은 맥락의 장이다. 공자는 이 이치를 깨닫는 데 하루가 걸렸다.

어휘 & Words

- 嘗 일찍 상
- 寢 잘 침, 쉴 침

{ 큰일은 군자가 한다 15.34 }

공자가 말하였다. "군자는 사소한 일까지는 알지 못하지만 큰일을 맡을 수 있고, 소인은 큰일을 맡을 수는 없지만 사소한 일에 대해서는 알 수 있다."

子曰, "君子不可小知而可大受也, 小人不可大受而可小知也."
자 왈 군 자 불 가 소 지 이 가 대 수 야 소 인 불 가 대 수 이 가 소 지 야

Confucius said, "Men of virtue cannot know trivial assignments but can undertake important responsibilities. Narrow minded persons, then, are the opposite."

군자는 작고 세밀한 일은 제대로 처리하지 못하며 멍청해 보이기까지 한다. 그러나 나라에 영향을 끼칠 중대한 일이 주어지면 일을 잘 처리한다. 그 이유는 그의 그릇이 커서 테두리가 없기 때문이다. 군자는 사람들과 조화롭게 어울려 일을 도모하는 존재인 것이다. 또한 다양성을 인정하고 지배하려 하지 않으며 각자의 개성을 살려 스스로 꽃을 피게 해 조직을 도모해 나간다. 반대로 소인은 같이 공존하지 못하고 지배하려고 한다. 인仁하지 못하기 때문이다.

어휘 & Words

- trivial 사소한
- assignment 일
- undertake 떠맡다
- responsibility 책임
- opposite 정반대

도리가 같아야 같이 간다
15.40

공자가 말하였다. "추구하는 도리가 서로 같지 않으면 어떤 일을 함께 도모하지 않는다."

子曰, "道不同, 不相爲謨."
자 왈 도 부 동 불 상 위 모

Confucius said, "People who have chosen different teachings cannot make plans together."

생텍쥐페리의 《어린 왕자Le Petit Prince》는 전 세계적으로 유명한 책이다. 책을 읽고서 '세상 사람들을 세 가지 유형으로 분류될 수도 있지 않을까?'라는 생각이 든 적 있다. 사람들이 살아가며 추구하는 도리가 어떤 도리인지 알 수 있다고 본다.

첫 번째 부류는 어린 왕자의 생각을 '마음'으로 받아들이고 세상을 사는 사람들이다. 그들은 휴머니스트이며 자본주의 시스템에 본디 길들지 않는 내공이 강한 사람들이다. 자기 스스로 내면의 힘으로 세상이 부여하는 세속의 가치에 저항하며 참으로 자기답게 산다. 그들은 내면의 자기와 계속 대화하며 자신의 잘못을 계속 반성하고 본인도 모르게 세상의 소금이 되어 가는 사람들이다. 그들에겐 주위 사람들의 안녕이 가장 소중하다. 공자가 얘기하는 덕德을 지향하는 사람들이다.

두 번째 부류는 머리로만 어린 왕자를 이해한 사람들이다. 그들에게 있어 어린 왕자의 가치관은 세상에 존재하는 여러 가지의 가치관 중 한 챕터로만 분류되는 생각일 뿐이다. 아름답지만 자신의 삶에 적용될 수는 없는 것이다. 새로운 유행과 제품에 민감하고 비교하며, 즐기는 인생이 더 좋다고 생각하는 사람들이다. 이래도 한세상, 저래도 한세상인 세상인 것이다.

세 번째 부류는 내면이 허약하기에 외면의 가치에 자신의 인격과 가치를 내어준 사람들이다. 그들에게 있어서 국가, 학벌, 서열, 반공, 출세 같은 세속적 가치는 목숨과도 같다. 그들에게 있어 어린 왕자는 진짜 지구가 아니라 별나라에 사는 외계인일 뿐이다. 아이의 교육에는 적합하나 어른이 되어서는 어린 왕자의 생각을 가지고서는 세상을 살아나갈 수 없다는 생각을 하고 있기 때문에 인맥, 학맥, 일 처리 능력을 중시한다. 그리고 이 세상은 자신과 같은 생각을 하고 경륜하는 자에 의해 움직이며 경영된다고 생각하는 사람들이다.

어떠한 도리를 택하며 살든지 간에 주어진 삶의 하루하루를 걸어가는 발걸음은 자신의 것이며, 방향의 선택도 본인의 자유이다. 판정은 자신이 이 세상을 마지막으로 떠날 때 내려지는 것이다.

말은 전달이다
15.41

공자가 말하였다. "말이란 뜻이 전달되면 그뿐이다."

子曰, "辭達而已矣."
자 왈 사 달 이 이 의

Confucius said, "Speech is simply a matter of transmission; if the meaning is transmitted, it is all."

공자는 말재주를 혐오하였다(공야장 5장). 인仁한 자는 말에 의미를 부여하지 않는다. 역사상 대부분의 인간은 말 때문에 행복해지기보다는 불행하였다. '한번 내뱉은 말은 다시는 돌이킬 수 없다. Once it releases, the word does not return.'와 같은 부정적 회고는 예부터 말 때문에 인류가 곤란해 왔다는 증거다.

공자는 말한다. '말'은 메시지message로 족하다. 말보다는 인한 자의 언어인 '침묵'의 세계에 있어야 한다. 말보다는 실천이라는 믿음이 더 중요하다. 믿음이 없는 사람이 가볍게 말하는 법이다.

어휘 & Words

• 辭 말씀 사

배려하라

15.42

장님 악사인 면이 계단에 이르자, 공자가 "계단입니다."라고 말했고, 좌석에 이르자 "좌석입니다."라고 말하였다. 모두 자리에 앉자 공자는 그에게 "아무개는 어디에 있고 아무개는 어디에 있습니다."라고 말해주었다. 악사 면이 나가자 자장이 "그렇게 대하는 것이 장님 악사와 말할 때의 도리입니까?"라고 묻자, 공자가 말하였다. "그렇다. 그것이 본래 장님 악사를 돕는 타당한 도리이다."

師冕見, 及階, 子曰, "階也." 及席, 子曰, "席也."
사 면 견 급 계 자 왈 계 야 급 석 자 왈 석 야

皆坐, 子告之曰, "某在斯, 某在斯."
개 좌 자 고 지 왈 모 재 사 모 재 사

師冕出. 子張問曰, "與師言之道與?" 子曰, "然, 固相師之道也."
사 면 출 자 장 문 왈 여 사 언 지 도 여 자 왈 연 고 상 사 지 도 야

The blind Master of Music, Mian, had an interview with Confucius, and, on reaching the steps, the Master said, "Here are the steps," and on reaching the seat, the Master said, "Here is the seat." When they had all sat down together, the Master informed him of who were present: "So-and-so are here, and so-and-so are there."

When Master of Music Mian had departed, Zizhang asked

Confucius, "Is this the way that one should speak with a blind music master?"

Confucius replied, "Indeed, this has been the traditional way of assisting a music master."

사람을 대하는 최고의 매너에는 두 가지가 있다. 헌신devotion과 배려service이다. 헌신에는 사랑이 담겨 있어야 하나, 배려에는 사랑에 견주어 부담이 덜 되는 예禮만 있으면 된다. 배려만 이 세상에 도처에 실현되어도 이 지상의 세계는 소박한 천국simple paradise과 다를 바 없다. 장님 악사인 '면'에 대한 배려를 통해 공자는 인간의 세계를 소박한 천상의 세계로 드높이는 방법을 보여주었다.

PART

16

계씨
季氏

바른 벗을 두라

16.4

공자가 말하였다. "도움이 되는 세 종류의 벗이 있고, 해가 되는 세 종류의 벗이 있다. 정직한 사람을 벗하고, 신의가 두터운 사람을 벗하고, 견문이 풍부한 사람을 벗하면 도움이 된다. 반면에 아첨하는 사람을 벗하고, 겉과 속이 다른 사람을 벗하고, 말주변만 있는 사람을 벗하면 해가 된다."

孔子曰, "益者三友, 損者三友. 友直, 友諒, 友多聞, 益矣.
공 자 왈 익 자 삼 우 손 자 삼 우 우 직 우 량 우 다 문 익 의
友便檗, 友善柔, 友便佞, 損矣."
우 편 벽 우 선 유 우 편 녕 손 의

Confucius said, "Having three kinds of friends will be source of personal advance; having three other kinds of friends will be a source of personal harm. One stands to be advanced by friends who are true, who make good on their word, and who are broadly informed; one stands to be harmed by friends who are flattering, who pretend obedience, and who are good at talking."

직直은 정직한 사람이다. 량諒은 신용을 지키는 사람이며, 다문多聞은 학식과 견문이 넓어 아는 것이 많은 사람이다. 이 세 유형의 유익한 벗은 찾는다고 해서 쉽게 오지 않는다.

스스로가 정직하지 않으면 정직한 사람이 자신의 속마음을 얘기하지 않을 것이며, 신용의 세계는 극히 상대적이다. 다문한 친구를 옆에 두기 위해서는 그 친구와의 대화를 계속 이어나갈 자신의 학식과 견문도 넓어야만 한다. 그 친구가 원하는 것은 같은 시각과 견해보다는 다른 관점의 해설과 질문이 더 클 것이다.

어휘 & Words

- 諒 믿을 량
- 檗 임금 벽, 물리칠 벽
- flatter 아첨하다
- pretend 인체하다
- obedience 복종
- be good at 능숙하다

절제하라

16.5

공자가 말하였다. "도움이 되는 세 종류의 즐거움이 있고, 해가 되는 세 종류의 즐거움이 있다. 예악으로 자기 자신을 절제하는 것을 즐기고 남의 장점을 말하기를 즐기고 현명한 벗을 많이 사귀기를 즐거워하는 것은 도움이 된다. 반면에 교만하게 처신함을 즐기고 방탕하게 노는 것을 즐기고 잔치하는 즐거움에 빠지기를 좋아하면 해가 된다.

孔子曰, "益者三樂, 損者三樂.
공 자 왈 익 자 삼 락 손 자 삼 락
樂節禮樂, 樂道人之善, 樂多賢友, 益矣.
낙 절 례 악 낙 도 인 지 선 낙 다 현 우 익 의
樂驕樂, 樂佚遊, 樂晏樂, 損矣."
낙 교 락 낙 일 유 낙 안 락 손 의

Confucius said, "Finding enjoyment in three kinds of activities will be a source of personal advance; finding enjoyment in three other kinds of activities will be a source of personal harm. One stands to be advanced by the enjoyment found in restraining oneself to the rhythms of ritual courtesy and music, by the enjoyment found in talking about what others do well, and by the enjoyment found in having a circle of many friends of wisdom; one stands to be harmed by finding enjoyment in being arrogant, by finding enjoyment in sexually corrupted entertainment, and by finding enjoyment in the easy life."

예악禮樂으로 절제한다고 표현한 점이 흥미롭다. 현대인들은 음악을 통해 평소에 억눌리고 절제하면서 받았던 스트레스를 해소한다고 표현하는 데 반해 공자는 발산, 해소의 의미를 몸가짐과 마음을 절제한다는 의미로 보았던 것이다. 군자다운 시각이다.

남의 좋은 점을 즐겨 말할 수 있는 사람이야말로 사람 중의 사람이다. 내면의 거울이 맑다는 것이다. 결함 없는 사람은 이 세상에 없다. 남의 흉을 자주 보는 사람은 자신의 영혼과 인격의 거울이 때 묻고 탁함일 뿐이다. 이는 공인公人; 국가 사회에 영향을 끼치는 사람을 비판하는 일과는 다르다. 공인을 비판함은 정의에 입각한 일이나 이웃과 친구를 뒤에서 흉보는 일은 얕은 비교우위를 통해 자신의 교만을 드러내는 일이기 때문이다.

어휘 & Words

- 驕 교만할 교
- 佚 편안할 일, 방탕할 질 corrupt
- 遊 놀 유 play around
- 晏 편안할 연, 잔치 연
- restrain 절제하다
- arrogant 거만한
- corrupted 타락한

사람도 수준이 있다

16.9

공자가 말하였다. "태어나면서부터 아는 사람이 최상의 경지이며, 배워서 아는 사람이 그다음이고, 곤란한 상황을 겪은 뒤에야 배우는 사람이 그다음 단계이다. 곤란을 겪고서도 배우려고 하지 않는 사람이 가장 하등의 사람인 것이다."

孔子曰, "生而知之者上也, 學而知之者次也;
공자왈 생이지지자상야 학이지지자차야
困而學之, 又其次也; 困而不學, 民斯爲下矣."
곤이학지 우기차야 곤이불학 민사위하의

Confucius said, "Knowledge acquired through an innate talent is the utmost level; knowledge acquired through study is the next highest; something learned in response to difficulties encountered is again the next highest. But those among the common people who do not learn even when confronted with difficulties they are at the bottom of these study group."

'양화 3장'에서 공자는 '가장 지혜로운 사람과 가장 어리석은 사람은 변화시킬 수 없다.' 라고 하였고, '옹야 21장'에서는 '지혜나 능력이 중급 이상인 사람에게는 최상의 경지를 이야기할 수 있지만, 중급 이하 사람에게는 최상의 경지를 이야기할 수 없다.'라고 말했다.

공자가 분류한 4등급의 인물 중 1등급과 4등급은 배움과는 애초부터 관련이 없는 사람들이다. 우리 대부분은 아마 2등급 아니면 3등급의 인물이다. 그래서 지금 논어를 읽고 있는 것이다.

서양 속담에 '경험이 최고의 스승이다. Experience is the best teacher.'라는 말이 있다. 내가 몸소 겪은 경험으로만 깨닫게 된다면 우린 3등급에 머무르는 인물이 될 것이다. 나와는 다른 이들의 경험에 귀를 갖다 대는 행위, 특히 선배들의 경험을 책을 통해 배우는 공부가 가장 옳고 빠른 방법일 것이다. 2등급으로 태어나 2등급으로 죽는 것도 영광이다. 왜냐하면 공자도 2등급의 인물이었기 때문이다.

어휘 & Words

- acquire 습득하다
- encounter 마주치다
- innate 타고난
- confront 마주치다
- response 응답

덕을 지녀라

16.12

제나라 경공에게는 말이 사천 필이나 있었지만, 그가 죽던 날 백성들은 아무도 그를 칭송하지 않았다. 반면에 백이와 숙제는 수양산에서 굶어 죽었지만, 사람들은 오늘날까지도 그들을 칭송한다. 이것이 바로 덕의 중요성을 말하는 것이리라.

齊景公有馬千駟, 死之日, 民無德而稱焉.
제 경 공 유 마 천 사 　 사 지 일 　 민 무 덕 이 칭 언
伯夷叔齊餓于首陽之下, 民到于今稱之. 其斯之謂與?
백 이 숙 제 아 우 수 양 지 하 　 민 도 우 금 칭 지 　 기 사 지 위 여

Duke Jing of Qi had 4 thousand horses, and on the day he died, the people felt no sense of thanks out of which to praise him. On the other hand, Bo Yi and Shu Qi died of starvation at the foot of Shouyang Mountain, and the people praise them down to the present day. Is this the example that the virtue is not alone?

공자가 보좌했던 노나라 정공과 유명한 '협곡의 회동'을 가졌던 사람이 제나라 경공이다. 제장공齊莊公의 이복동생이었으며, 논어에도 등장하는 대부 최저崔杼가 장공을 살해하

고 군주로 삼았던 인물이다.

58년이라는 긴 재위 기간 동안 대신들이 서로 죽이는 등 조정이 극히 혼란하였다. 궁궐 짓기를 좋아했고, 사냥개와 말을 모아 길렀으며, 세금을 무겁게 매기고 혹형을 가하는 등 패악한 짓을 저질러 백성들이 원망하였다.

후에 명재상 안영을 재상으로 임명하면서 제나라가 나아질 수 있었다. '미자 3장'에서 경공이 "내가 늙어서 공자를 쓸 수 없다."고 하자 공자가 제나라를 떠나게 되는 장면이 나온다.

어휘 & Words

- **駟 사마**(駟馬; 한 채의 수레를 끄는 네 필의 말) **사**
- **餓 굶을 아**

군주 아내의 호칭

16.14

군주의 아내를 군주가 부를 때는 '부인' 이라고 하고, 부인이 자기 자신을 말할 때는 '소동'(작은 아이)이라고 하며, 그 나라 백성들이 부를 때는 '군부인'(군주의 부인)이라고 하고, 다른 나라 사람들에게 그녀를 말할 때는 '과소군'(우리 작은 군주)이라 하며, 다른 나라 사람들이 그녀를 부를 때는 역시 '군부인'이라고 한다.

邦君之妻, 君稱之曰夫人, 夫人自稱曰小童, 邦人稱之曰君夫人,
방 군 지 처 군 칭 지 왈 부 인 부 인 자 칭 왈 소 동 방 인 칭 지 왈 군 부 인
稱諸異邦曰寡小君, 異邦人稱之亦曰君夫人.
칭 저 이 방 왈 과 소 군 이 방 인 칭 지 역 왈 군 부 인

The official wife of the ruler of a state is addressed by the ruler as "My Lady." she calls herself, "Little Child." The people of the state refer to her as "Lady of the lord." In speaking of her against those of other states, The people in her state calls her "My Little Lord," and The people in other states refer to her as "Lady of the Lord."

어휘 & Words

- **稱** 일컬을 칭
- **寡** 적을 과

PART

17

양화
陽貨

본성은 안 바뀐다

17.3

공자가 말하였다. "가장 지혜로운 사람과 가장 어리석은 사람은 그 사람됨이 좀처럼 바뀌지 않는다."

子曰, "唯上知與下愚不移."
자 왈 유 상 지 여 하 우 불 이

Confucius said, "The most wise and the most stupid do not change their personalities."

공자는 사람의 본성에 있어서, 태어나면서부터 지혜로운 '상지上知'의 사람과 겪고서도 배우지 못하는 '하우下愚'의 인간은 후천적인 교육으로도 사람이 바뀌지 않는다고 보았다. 평범한 사람들인 대부분 '중인中人', 즉 the commons들만 교육으로 바뀔 수 있다고 보았다. 문제는 평범한 사람들이 젊은 시절에 받아야 하는 교육의 성격과 질이다.

교육은 당시 권력을 쥐고 있는 위정자들이 젊은이들에게 '과정'과 '실체'를 동일시할 수 있도록 강제할 수 있는 강력한 통치도구였다. 과거에는 신분이 낮으면 교육 과정에도 참여하지 못하였다. 자본주의 사회에서 국가의 민도가 낮을 때 교육은 역시 돈의 영역에서 다루어지는 기제이다.

어휘 & Words

- 愚 어리석을 우
- stupid 아둔한
- personality 인격

여섯 가지 폐단을 버려라

17.8

공자가 말하였다. "자로야, 너는 여섯 가지 덕과 그것에 수반되는 여섯 가지 폐단에 대해 들어보았느냐?" 자로가 "아직 들어보지 못했습니다."라고 대답하자, 공자가 말하였다. "앉아라, 내가 너에게 말해주겠다. 인을 좋아하되 배우기를 좋아하지 않으면 그 폐단은 어리석어지는 것이다. 지혜를 좋아하되 배우기를 좋아하지 않으면 그 폐단은 방탕해지는 것이다. 믿음을 좋아하되 배우기를 좋아하지 않으면 그 폐단은 남에게 해가 되는 것이다. 정직을 좋아하되 배우기를 좋아하지 않으면 그 폐단은 너무 각박해지는 것이다. 용기를 좋아하되 배우기를 좋아하지 않으면 그 폐단은 난폭해지는 것이다. 굳센 것을 좋아하되 배우기를 좋아하지 않으면 그 폐단은 과격해지는 것이다."

子曰, "由也! 女聞六言六蔽矣乎?" 對曰, "未也." "居! 吾語女.
자 왈 유 야 여 문 륙 언 륙 폐 의 호 대 왈 미 야 거 오 어 녀

好仁不好學, 其蔽也愚, 好知不好學, 其蔽也蕩,
호 인 불 호 학 기 폐 야 우 호 지 불 호 학 기 폐 야 탕

好信不好學, 其蔽也賊, 好直不好學, 其蔽也絞,
호 신 불 호 학 기 폐 야 적 호 직 불 호 학 기 폐 야 교

好勇不好學, 其蔽也亂, 好剛不好學, 其蔽也狂."
호 용 불 호 학 기 폐 야 란 호 강 불 호 학 기 폐 야 광

Confucius said, "Zilu, have you heard of the six flaws that can accompany the six desirable qualities of human excellence?"

"No, I have not." replied Zilu.

"Sit down." said the Master, "And I'll tell you about them. The flaw in being fond of acting humanely without equal regard for learning is that you will be easily stupid; the flaw in being fond of acting wisely without equal regard for learning is that it leads to self-indulgence; the flaw in being fond of making good on one's word without equal regard for learning is that it leads one into harming to others; the flaw in being fond of frankness without equal regard for learning is that it leads to heartlessness; the flaw in being fond of boldness without equal regard for learning is that it leads to violence; the flaw in being fond of firmness without equal regard for learning is that it leads to extreme."

공자는 이 장에서 우리가 죽는 날까지 학생으로 있어야 한다고 얘기한다. 불호학不好學, 즉 배우기를 좋아하지 않으면 쌓았던 덕도 그냥 흩어지는 정도가 아니라 바로 부덕이 되어서 농사만 짓는 필부匹夫; 보잘것없고 하찮은 사내보다 더 못한 사람이 되고 만다는 것이다. 공자의 이 말은 끝없이 돌덩어리를 산 정상까지 밀고 올라가야 하는 그리스 신화 '시지프스'의 운명을 우리에게 짐 지우는 말과 다름없다. 아울러 여기서 얘기하는 여섯 가지의 덕은 사실 완전히 실현될 수 있는 계치가 정해진 것도 아니다. 덕의 깊이와 질량은 수학과 같이 수치로 나타낼 수 없기에 우리는 끊임없이 스스로 묻고 물어야 한다.

어휘 & Words

- 蔽 가릴 폐, 정할 폐
- 賊 해칠 적
- flaw 단점
- heartlessness 각박함
- stupid 어리석은
- extreme 과격함
- 女 너 여
- 絞 목맬 교 strangle
- frankness 정직함
- desirable 바람직한
- violence 난폭함
- 蕩 방탕할 탕
- accompany 동반하다
- boldness 대담함
- self-indulgence 방탕함

이중적이지 말라
17.12

공자가 말하였다. "겉모습은 위엄이 있는듯하지만 내면이 허약한 것은, 소인들에 비유하자면 벽을 뚫고 담장을 넘는 도둑과 같이 남을 속이는 것이다."

子曰, "色厲而內荏, 譬諸小人, 其猶穿窬之盜也與?"
자 왈 색 려 이 내 임 비 저 소 인 기 유 천 유 지 도 야 여

Confucius said, "As for the person who would give the outward countenance of being strict while being weak inside, if we were to look to narrow minded people for an example of this kind of deceit, it is the house burglar who bores holes in walls or jump them."

대체로 학창시절에 시험을 잘 봐서 일류대학을 나와 선망되는 직업을 가진 사람을 사회지도층이라고 일컫는다. 이런 사람들이 국가와 사회를 지도해 나갈 수 있는 자격을 갖춘 사람이라고 과연 말할 수 있을까? 그들은 경쟁구도 속에서 학창시절을 보내서인지 인생관과 철학, 세계관이 자신의 직업 언저리에서 크게 떠나지 못하고 있다.

공자의 표현대로라면 '그들은 딱딱하게 용도에 맞게 만들어진 그릇'일 뿐이다. 주전자, 국자, 밥그릇 같은 유연치 않은 용기인 것이다. 겉으로는 의젓하고 위엄이 있어 보이나 내면은 빈곤한 사람이 많다. 패거리 문화에 익숙하며 남의 시선을 의식하고 권위주의적이다.

그래서 '신독愼獨; 홀로 있을 때도 도리에 어그러지는 일을 하지 않고 삼가함'과는 거리가 멀며 홀로 자유로움을 두려워한다. 공자는 이들을 가리켜 남을 잘 속이는 도둑과 같다고 하였다.

어휘 & Words

- 厲 위태할 려
- 荏 유약할 임
- 譬 비유할 비
- 穿 뚫을 천
- 窬 작은 창문 유, 넘을 유
- 盜 도둑 도, 훔칠 도
- as for 관하여
- deceit 속임수
- countenance 안색
- burglar 강도
- strict 엄격한
- bore 구멍을 뚫다

소문만 믿지 마라

17.14

공자가 말하였다. "길에서 들은 말을 옳고 그름에 대한 판단도 없이 그대로 이야기하는 행위는, 스스로 덕을 버리는 것과 같다.

子曰, "道聽而塗說, 德之棄也."
자 왈 도 청 이 도 설 덕 지 기 야

Confucius said, "Those who repeat whatever they hear in the streets without judgment are the men who abandon the moral excellence."

근거 없는 뜬소문을 듣고 그대로 발설하는 행위는 천박하다는 것이다. 예나 지금이나 입소문은 변함없는 것 같다. 전해 들은 이야기를 주변에 퍼뜨리고 싶은 욕망은 인간의 기본적인 욕구이다. 좋지 않은 얘기일수록 전파력은 더 빠르다. 인간의 내면에는 내가 남보다 더 우월해지고 싶고, 그러한 평가를 세인들로부터 인정받고 싶어 하는 '우월감'과 '교만함'이 본능적으로 내재하여 있다. 그리스 판도라의 상자가 그냥 열린 것은 아니다. 교만함이 남의 소문을 발설하는 교활한 동기이기에 공자는 반대하였다.

어휘 & Words

- 塗 칠할 도, 길 도
- 棄 버릴 기, 잃을 기

아첨하지 말라

17.17

공자가 말하였다. "교묘한 말과 위선을 가장한 표정으로 아부하는 사람 중에는 인仁한 사람이 거의 없다."

子曰, "巧言令色, 鮮矣仁."
자 왈 교 언 영 색 선 의 인

Confucius said, "It is a rare thing for fluent speech and double faced appearance to accompany humane conduct."

이 장에 가장 반대되는 어구가 있다. '강의목눌근인剛毅木訥近仁; 강직의연하고 순박하고 말수가 적은 사람은 어진 사람에 가깝다.'이다. 그러므로 교언영색은 남의 환심을 사려고 아첨하는 교묘한 말과 보기 좋게 꾸미는 얼굴빛이다.

어휘 & Words

- 鮮 고울 선
- rare 드문
- fluent 말이 유창한
- appearance 표정
- accompany 동반하다

삼년상을 지켜라

17.21

제자인 재아가 물었다. "부모님이 돌아가신 후 삼 년간의 애도 기간은 너무 깁니다. 군자가 삼 년 동안 예를 지키지 않으면 예가 반드시 무너질 것이고, 삼 년 동안 음악을 다스리지 않으면 음악이 반드시 무너질 것입니다. 옛 곡식이 다 없어지고 새 곡식이 이미 익게 되며 불씨를 얻는 데 쓰는 나무도 새로 바뀔 정도의 기간이니 애도 기간은 일 년이면 충분할 것입니다."

그러자 공자가 "그렇게 해서 쌀밥을 먹고 비단옷을 입으면 네 마음이 편하겠느냐?"라고 묻자, 재아가 "편안합니다."라고 말하였다. 이에 공자가 말하였다. "네가 편안하다면 그렇게 해라! 군자는 상을 당하여 맛있는 것을 먹어도 달게 느끼지 못하며, 음악을 들어도 즐겁지 않고 집 안에 머물러도 편안하지 못하기 때문에 그렇게 하지 않는 것이다. 그런데 지금 네가 편안하다면 그렇게 해라!"

재아가 떠나자 공자가 말하였다. "재아는 어질지 못하다! 자식이 태어나 삼 년이 지나야 부모의 품을 벗어날 수 있다. 그래서 삼년상은 천하 사람들이 공통으로 치르는 상례이다. 재아도 자신의 부모로부터 당연히 삼 년 동안의 사랑은 받았을 것이다."

宰我問, "三年之喪, 期已久矣. 君子三年不爲禮, 禮必壞,
재아문 삼년지상 기이구의 군자삼년불위례 예필괴

三年不爲樂，樂必崩．舊穀既沒，新穀既升，鑽燧改火，期可已矣.”
삼 년 불 위 악　악 필 붕　구 곡 기 몰　신 곡 기 승　찬 수 개 화　기 가 이 의

子曰，“食夫稻，衣夫錦，於女安乎?” 曰，“安.”
자 왈　식 부 도　의 부 금　어 녀 안 호　왈　안

“女安則爲之！夫君子之居喪，
여 안 즉 위 지　부 군 자 지 거 상

食旨不甘，聞樂不樂，居處不安，故不爲也．今女安則爲之！”
식 지 불 감　문 악 불 락　거 처 불 안　고 불 위 야　금 녀 안 즉 위 지

宰我出．子曰，“予之不仁也！子生三年，然後免於父母之懷．
재 아 출　자 왈　여 지 불 인 야　자 생 삼 년　연 후 면 어 부 모 지 회

夫三年之喪，天下之通喪也，予也有三年之愛於其父母乎！”
부 삼 년 지 상　천 하 지 통 상 야　여 야 유 삼 년 지 애 어 기 부 모 호

Zaiwo inquired, “The three-year mourning period on the death of one's parents is already too long. If for three years men of virtue were to give up observing courtesy, ritual ceremonies would certainly collapse. And if for three years they were to give up the performance of music, music would certainly break down. The old grain has been used up, the new crop is ready for harvest, and the several woods used ceremonially as drills for making fire have gone through their full cycle - So surely, in my opinion, a year is good enough.”

Confucius replied, “Would you then be comfortable eating fine rice and wearing colorful silks?”

“I would indeed,” responded Zaiwo.

“If you are comfortable, then do it,” said the Master.

“When men of virtue are in the mourning period, it is because they can find no appetite in fine tasting food, no pleasure in the sound of music, and no comfort in their home, that they do not shorten the mourning period to one year. Now if you are comfortable with these things, then by all means, enjoy them.”

When Zaiwo had left, the Master remarked, “Zaiwo is really

not humane! It is only after being taken care of by his parents for three years that an infant can finally leave their bosom. And so the ritual of a three-year mourning period for one's parents is now practiced throughout the empire. I have no doubt that Zaiwo himself received this three years of loving care from his parents!"

공문에서 '안회'와 '재여'는 공자를 가운데 두고 극단으로 마주 보고 서 있는 제자이다. 공자의 말을 그대로 듣고 새긴 뒤 스승의 가르침 너머의 세계로 걸어가 공자로 하여금 자신이 말한 자기 생각을 더 깊이 사고케 해준 것은 안회였다. 반대로 공자의 유가사상에 대하여 인간 중심의 휴머니즘으로 끊임없이 질문하고 반론을 제기하며, 공자의 발걸음을 언뜻 멈추게 했던 제자가 재여이다. 그에게는 하늘이 없고 인간만이 있을 뿐이다.

그리고 1년 주기라는 자연 순리법칙에 따라 농사와 사람 사는 세상이 돌아가니 상례도 이에 따라야 하는 것이 합리적이라는 재여의 건의는 백성의 애환과 노고를 그대로 대변한 것이라고 할 수 있다. 아이러니한 것은 공자도 상례는 형식적으로 잘 갖추기보다는 차라리 슬픔을 잘 나타내는 것이 낫다고 '팔일 4장'에서 이야기하였는데, 재여의 의견에 대해 삼년상을 고집하고 있다는 점이다. 그러나 그 당시를 들여다보면 공자가 주장하고 싶었던 것은 형식 논리가 아니라 망가질 대로 망가진 전통적 가치를 보존하면서 동시에 미래의 가치를 인간의 삶 속에서 키워나가지 않으면 안 되는 절박감을 공자는 느꼈던 것 같다.

재여가 매번 스승인 공자에게 대든 것만은 아니다. 재여는 스승을 불편하게 했던 질문을 통해 점점 공자의 사상을 이해하게 되었고, 자공과의 대화에서 결국은 스승을 요임금이나 순임금보다 더 훌륭하신 분이라고 인정하며 칭송하게 된다. 스승과 갈 길이 달랐을 뿐이다. 재여는 공문에서는 밉보였으나 자신의 가치관을 제대로 정립하기 위해 계속 노력하고 고민하였던 당대의 출중한 지식인이었다.

어휘 & Words

- 期 돌 기
- 崩 산 무너질 붕
- 鑽 송곳 찬 drill
- 燧 부싯돌 수 flint
- harvest 추수
- tend 돌보다
- mourn 애도하다
- collapse 붕괴하다
- by all means 어떤 일이 있어도
- infant 유아

무슨 일이라도 하라
17.22

공자가 말하였다. "온종일 배부르게 먹고 마음을 수련하지 않는다면 곤란하다. 장기나 바둑 같은 오락도 있지 않은가? 그것이라도 하는 것이 아무 일도 안 하는 것보다는 낫다."

子曰, "飽食終日, 無所用心, 難矣哉! 不有博奕者乎?
자 왈 포 식 종 일 무 소 용 심 난 의 재 불 유 박 혁 자 호
爲之猶賢乎已."
위 지 유 현 호 이

Confucius said, "If There are some people who spend their whole day filling their stomachs without ever exercising their heart and mind, They are really beyond remedy. Are there not entertainment such as the board games of chess and baduk? Even playing these games would be better than nothing."

하는 일 없이 헛되이 먹기만 하는 사람은 그 당시에도 '갑'이었던 모양이다. 그들의 정신적인 타락을 공자는 보았다. 장기나 바둑은 나의 맞은편에 다른 사람이 있어야 놀이할 수 있는 심리적 오락이다. 이런 오락 도구를 통해 나와 다른 사람의 심리도 배울 수 있으며, 대화를 통해 타인이 가진 식견도 배울 수 있기에 공자는 그저 노느니 장기와 바둑을 즐

기고 노는 것이 더 낫다고 충고한다.

어휘 & Words

- 飽 배부를 포
- 博 장기 박 chess
- 奕 바둑 혁 baduk

군자가 미워하는 것

17.24

제자인 자공이 "군자도 미워하는 것이 있습니까?"라고 묻자, 공자가 말하였다. "미워하는 것이 있다. 다른 사람의 단점을 말하는 것을 미워하고, 낮은 지위에 있으면서 윗사람을 헐뜯는 것을 미워하고, 용기만 있고 예의가 없는 사람을 미워하고, 과감하기만 할 뿐 융통성 없이 꽉 막혀 있는 사람을 미워한다."

공자도 물었다. "자공아, 너도 미워하는 것이 있느냐?" 자공이 답했다. "남의 것을 표절하는 것을 지혜롭다고 여기는 것을 미워하고, 겸손하지 않은 것을 용기 있는 일이라 생각하는 것을 미워하고, 남의 단점을 공격하고 사적인 비밀을 폭로하는 것을 정직한 것으로 생각하는 것을 미워합니다."

子貢曰, "君子亦有惡乎?"
자 공 왈 군 자 역 유 오 호

子曰, "有惡, 惡稱人之惡者, 惡居下流而訕上者,
자 왈 유 오 오 칭 인 지 악 자 오 거 하 류 이 산 상 자

惡勇而無禮者, 惡果敢而窒者."
오 용 이 무 례 자 오 과 감 이 질 자

曰, "賜也亦有惡乎?"
왈 사 야 역 유 오 호

"惡徼以爲知者, 惡不孫以爲勇者, 惡訐以爲直者."
오 요 이 위 지 자 오 불 손 이 위 용 자 오 알 이 위 직 자

Zigong said, "Do Men of virtue have things they hate?"

"They do indeed," said Confucius. "They hate those who announce what is wrong in others; they hate those followers who would speak ill of their superiors; they hate those who are bold yet do not observe ritual courtesy; they hate those who, being bold to get what they want, are inflexible. But Zigong, don't you, too, have things you hate?"

Zigong replied, "I hate those who think that details and distinctions of others are the substance of wisdom of their own; I hate those who think that incivility is bravery; I hate those who think that revealing the secrets of others is being honest."

설명이 필요 없는 일곱 가지의 경우이다. 하지 말라는 것이다. 2,500년이 지난 지금도 스승과 제자의 대화는 쟁쟁하다.

어휘 & Words

- 訕 비방 산
- 窒 막힐 질
- 徼 요행 요
- 訐 폭로할 알
- incivility 무례
- reveal 드러나다
- inflexible 융통성이 없는

여자와 소인

17.25

공자가 말하였다. "여자와 소인은 다루기 어렵다. 가깝게 잘 대해주면 불손해지고, 그렇다고 멀리하면 원망을 한다."

子曰, "唯女子與小人爲難養也, 近之則不孫, 遠之則怨."
자 왈 유 녀 자 여 소 인 위 난 양 야 근 지 즉 불 손 원 지 즉 원

Confucius said, "It is only women and narrow minded persons who are difficult to keep under control. Drawing them close, they are immodest, and keeping them at a distance, they complain."

공자의 아들은 백어伯魚이고 공자의 손자는 《중용》을 지은 자사子思이다. 유전적 요인인지는 모르겠으나 공자 삼대三代의 남자들은 다 이혼하였다.

공자가 여자들을 전면적으로 부정했고 차별했다는 점을 부정할 수는 없다. 사실 그가 살던 시대에 여자들을 차별하는 것은 자연스럽고 당연한 사회적 현상이었다. 공문의 제자 3,000명 중 여성은 한 명도 없었다. 그러나 이러한 여성 차별은 당시에는 전 세계 문명의 공통된 현상이었다. 예를 들면 소크라테스가 살았던 그리스도 여자를 아테네 시민으로 인정하지 않았다. 당시의 그리스 문명은 스파르타만 제외하고 성인 남자들만이 완전한 인간으로 취급되었다. 유대문명의 예수도 12명의 제자는 다 남성들로 두었다. 이슬람도 남성 위주였으며 오로지 인도의 싯다르타만이 계급 평등, 성 평등의 선포 아래 남성은 비구, 여

성은 비구니로서 불문의 제자로 삼았다.

'예수'와 '소크라테스'와 '공자'를 여성인권이라는 가치판단의 주제에서 논할 수는 없다. 이는 '개를 잡아먹는 풍속'이 있는 Korea가 '야만국'이라고 전 세계가 폄하시킬 수 없는 논리와 마찬가지다. 치즈 속에 있는 구더기를 유럽인이 먹는다고 해서 동양인들이 유럽인들을 '야만인'이라고 칭하지 않는 것처럼 '여자를 다루기는 어렵다.'는 공자의 말은 그 시대와 사회의 '사실에 대한 묘사'로 국한해야만 한다. 당시에 여성들에 대한 교육은 이루어지지 않았다. 현대처럼 교육받은 여성들은 드물었을 것이며, 여성에 대하여 매우 불공평했고 비합리적인 행위가 이루어졌기 때문에 여성의 불만은 높았을 것이다.

사람은 상대적이다. 여성들이 남성 지배의 사회에 대해 공손하고 칭송을 했을 리가 만무하다.

어휘 & Words

- 難 어려울 난
- immodest 불손한

존중받아야 한다
17.26

공자가 말하였다. "수양이 덜 되어 나이 사십이 되어서도 남에게 미움을 받는다면, 그런 사람은 볼 장 다 본 사람이다."

子曰, "年四十而見惡焉, 其終也已."
자 왈 연 사 십 이 견 오 언 기 종 야 이

Confucius said, "The person who at age forty is still blamed by others is beyond remedy."

당시 중국도 남자의 평균수명은 대략 40살 정도였으며, 그 정도 되면 어떻게 살아왔는지 평가받는 나이였다. 견오見惡는 '다른 이들로부터 욕을 먹게 되는 것'이다. 공자가 말하는 여기 인물은 마을의 범부凡夫를 일컫는다. 사람들이 욕하는 데는 항상 합당한 이유가 있다. 대부분은 비윤리적인 행동과 공公을 버리고 사리사욕적인 행위를 할 때 그러하다.

하지만 가장 꺼림칙하게 욕먹는 것은 역사 속에서 손가락질을 당하는 행위이다. 공자는 직책, 신분, 성별을 떠나 그런 인물을 종終; 끝장난 사람이라고 하였다. 범부는 덕이 부족하면 사람으로부터 미움을 받을 수 있다. 그러나 공인公人은 역사에 남는다. 죽은 후에도 후손들로부터 미움을 받는다면 지금 권력과 재물이 무슨 의미가 있겠는가?

어휘 & Words

- evoke 불러일으키다

PART

18

미자
微子

주나라 여덟의 군자

18.11

주나라에는 여덟 명의 선비가 있었다 : 백달, 백괄, 중돌, 중홀, 숙야, 숙하, 계수, 계왜이다.

周有八士, 伯達, 伯适, 仲突, 仲忽, 叔夜, 叔夏, 季隨, 季騧.
주 유 팔 사 백 달 백 괄 중 돌 중 홀 숙 야 숙 하 계 수 계 왜

Zhou had eight worthy learned men: the eldest twins Da and Kuo; the middle twins Tu and Hu; the younger twins Ye and Xia, and the youngest twins Sui and Kuo.

스위스 루체른시에 '빈사瀕死의 사자상' 또는 '라이언 기념비'라고 불리는 조각상이 바위의 벽면에 새겨져 있다. 눈물을 흘리며 고통스럽게 죽어가는 사자의 등에 창이 꽂혀 있으며, 그 아래에 786명의 이름이 새겨져 있다. 이들이 바로 1792년 8월 프랑스 혁명이 발발했을 때 자신들이 책임지고 맡았던 튈르리 궁전을 사수하다 전멸한 스위스 용병인 라이슬로이퍼Reislaufer 장병들이다. 마크 트웨인Mark Twain; 1835~1910, 미국 소설가은 이 사자상을 가리켜 '세상에서 가장 슬프고도 감동적인 바위'라고 헌사하였다.

군자가 가져야 할 덕목에 '용감함'이 있다. 무모함과는 분명히 다른 명분과 신뢰를 기반으로 하는 용감함이다. 스위스의 라이언 기념비에는 고향을 떠나 죽음으로써 약속의 의무에 충실했던 786명의 용맹한 군자들의 영혼과 정신이 담겨 있는 것이다.

PART

19

자장
子張

※ 이 편은 모두 제자들의 말을 기록한 것이다.

선비의 도리

19.1

제자인 자장이 말하였다. "선비는 환란이 있을 때 목숨을 바치고, 이익이 눈 앞에 있어도 의로움을 생각하며, 제사 지낼 때 공경스러운 자세를 유지하고, 상을 당하면 슬픔에 젖는 것인데, 의당 그렇게 해야만 하는 것이다."

子張曰, "士見危致命, 見得思義, 祭思敬, 喪思哀, 其可已矣."
자 장 왈 사 견 위 치 명 견 득 사 의 제 사 경 상 사 애 기 가 이 의

Zizhang said, "Those learned men are accepted as a matter of course who in seeing danger are ready to sacrifice themselves, who in seeing an opportunity for gain concern themselves with what is righteous, who in performing ancestral rites concern themselves with respectful attitude, and who in participating in a funeral concern themselves with grief."

자장은 선비라면 환란 중에도 자신의 목숨을 구하지 말고 자신의 이득을 삼가며, 가정의 상례에 예를 지니라고 말하는 장이다.

어휘 & Words

- funeral 장례
- grief 슬픔

군자의 그릇을 지녀라

19.3

제자인 자하의 문인이 자장에게 사람 사귀는 방법에 관해 묻자, 자장이 "자하는 어떻게 말하던가?" 하고 물었다. "자하 스승님께서는 괜찮은 사람과는 사귀고 그렇지 못한 사람은 거절하라고 하셨습니다."라고 말하자, 자장이 말하였다. "내가 들은 것과는 다르구나. 군자는 현명한 사람을 존중하지만 대중도 받아들이며, 어떤 일을 잘하는 사람을 훌륭하게 여기지만 그런 능력이 없는 사람도 동정한다. 내가 크게 현명하다면 다른 사람에 대해 받아들이지 못할 것이 무엇이며, 내가 현명하지 않다면 다른 사람들이 나를 거절할 것이니, 어떻게 다른 사람을 거절하겠는가?"

子夏之門人問交於子張. 子張曰, "子夏云何?"
자 하 지 문 인 문 교 어 자 장　자 장 왈　자 하 운 하

對曰, "子夏曰, '可者與之, 其不可者拒之.'"
대 왈　자 하 왈　가 자 여 지　기 불 자 거 지

子張曰, "異乎吾所聞, 君子尊賢而容衆, 嘉善而矜不能.
자 장 왈　이 호 오 소 문　군 자 존 현 이 용 중　가 선 이 긍 불 능

我之大賢與. 於人何所不容?
아 지 대 현 여　어 인 하 소 불 용

我之不賢與, 人將拒我, 如之何其拒人也?"
아 지 불 현 여　인 장 거 아　여 지 하 기 거 인

The disciples of Zixia asked Zizhang about making

acquaintances. Zizahang asked back, "What has Zixia told you?" They replied, "Join together with those who are worthy of association; reject those who aren't."

Zizhang responded, "This is different from what I have learned. The man of virtue respects those of wisdom and is tolerant of everyone, praises those who are truly competent and is sympathetic with those who are less so. If, in comparison with others, I am truly superior in character, who am I unable to tolerate? If I am not superior in the comparison, and people are going to reject me, on what basis do I turn down others?"

바람은 사물을 분별하지 않는다. 자장이 스승인 공자에게서 배운 바를 말한다. 군자의 마음은 바람과 같아야 한다. 스스로 어질면 바람같이 누구에게든지 다가가는 것이다. 반대로 현명치 못하면 아무리 원한다고 해도 바람같이 다른 사람이 다가오지 않을 것이다. 사람과 사귀는 본질은 이러하다.

어휘 & Words

- 拒 맞설 거
- 嘉 아름다울 가
- 矜 불쌍히 여길 긍
- competent 능숙한
- turn down 거절하다
- reject 거절하다
- make acquaintance 사람을 사귀다

배우기를 좋아하라

19.5

제자인 자하가 말하였다. “날이면 날마다 모르던 것을 알게 되고 달이 갈수록 이미 배운 것을 잊지 않고 복습할 수 있다면, 배우기를 좋아한다고 말할 수 있을 것이다.”

子夏曰, “日知其所亡, 月無忘其所能, 可謂好學也已矣.”
자 하 왈 일 지 기 소 무 월 무 망 기 소 능 가 위 호 학 야 이 의

Zixia said, “A person can be said to truly love learning who, day in and day out, is aware of what has still been unknown, and who, from month to month, does not forget and does review what has already been mastered.”

자하는 공자의 제자 중 소심하면서도 섬세한 면이 두드러졌다. 공자의 일거수일투족, 단 한마디의 말도 명심하고 모방하려고 노력했던 제자로는 자하가 으뜸일 것이다. 이 장은 공자의 호학好學에 대한 여러 행동을 지켜본 뒤 자하가 했던 말이다.

널리 배우며 생각하라

19.6

제자인 자하가 말하였다. "널리 배우고 생각을 집중하며, 자신에게 절실한 것을 묻고 가까운 일부터 생각한다면, 인은 그 가운데에 있다."

子夏曰, "博學而篤志, 切問而近思, 仁在其中矣"
자 하 왈 　 박 학 이 독 지 　 절 문 이 근 사 　 인 재 기 중 의

Zixia said, "Learn broadly yet be focused in your target; inquire with urgency yet reflect closely on the question at hand - humane conduct lies simply in this."

박학博學은 널리 배우는 것이고, 독지篤志는 생각을 집중하는 것이다. 원래 학學은 지식만 배우는 것인데, 현대의 학문은 나누어질 대로 나누어져 분업체계 속에 교육뿐만 아니라 지식의 생산도 담당하고 있어서 교수와 학생 간의 소통이 힘든 현실을 보여주는 비인간화의 길로 나가고 있다.

어휘 & Words

- **篤** 도타울 독
- with urgency 절실하게
- at hand 가까이
- reflect 회상하다

배워야 군자다
19.7

제자인 자하가 말하였다. "여러 장인은 자신들의 작업장에 있으면서 모든 일을 완성해 나가며, 군자는 배움으로써 자신이 추구하는 바른 도에 이르게 된다."

子夏曰, "百工居肆以成其事, 君子學以致其道."
자 하 왈 백 공 거 사 이 성 기 사 군 자 학 이 치 기 도

Zixia said, "The various craftsmen stay in their workshops so that they may master their trades; Men of virtue study so that they might promote their righteous way."

여기서 군자가 배우는 학문은 전문지식이 아니다. 전문지식은 공인이 작업장에서 배우는 기술과 같다. 군자의 공부는 문文, 사史, 철哲이다. 문사철은 공자 시대도 그랬지만 돈을 벌어 먹고살기 힘든 공부이다. 그러나 이 공부를 해야 사람답게 살 수 있다. 사람답게 살 수 있다는 건 자신의 머리와 마음을 다른 사람의 생각과 정서에 내어주지 않는다는 것이다.

누가 뭐라고 하든지 간에 자신만의 열정을 따라 살다 간 화가가 있다. 빈센트 반 고흐Vincent Willem van Gogh; 1853~1890, 네덜란드 화가이다. 그는 37년의 생애 동안 지독한 가난과 고독에 시달렸으나 그의 영혼은 부조리한 세상에 갇히지 않았다.

고흐는 작업실 냄새가 풍기는 그림에서는 사물이 가진 진실보다 화가의 편견만 드러나게 된다고 생각했다. 그는 자신의 배움의 터를 기차의 대합실, 길거리 같은 삶의 현장

과 '아를'의 대자연으로 옮긴다. 농부, 광부, 매춘부와 같은 '있는 그대로의 삶과 진실'이야말로 그가 공부하는 작업장의 소재였다. 고통스러운 현실을 넘어서려는 그의 위대한 정신은 결국 색color에 대한 탐구로 그를 이끈다. 아무도 고흐 이전에는 보지 못했던 강렬한 색을 자신의 내면에서부터 뿜어 올려 캔버스에 옮기기 시작하였다. '별이 빛나는 밤', '해바라기', '사이프러스가 보이는 밀밭'은 이리저리 섞이는 색의 향연 속에서 자연의 위대함과 인간 안에 존재하는 영원을 표현해낸 고흐의 결정체이다. 고흐는 있는 그대로의 삶의 진실을 자신의 작업장인 삶 속에서 그려내면서 자신만이 추구하는 도에 이르렀다.

어휘 & Words

- 肆 방자할 사, 자리 사, 그러므로 사
- 致 이를 치

신뢰를 얻어야 한다

19.10

제자인 자하가 말하였다. "군자는 백성들이 믿게 된 후에야 그들에게 일을 시키는데, 믿게 만들지 못하면 백성들은 자신들이 학대당하고 있다고 생각한다. 또 윗사람이 믿게 된 후에야 간언하는데, 믿게 만들지 못하면 군주는 자신이 비난당하고 있다고 생각한다."

子夏曰, "君子信而後勞其民, 未信, 則以爲厲己也.
자 하 왈 군 자 신 이 후 로 기 민 미 신 즉 이 위 려 기 야
信而後諫, 未信. 則以爲謗己也."
신 이 후 간 미 신 즉 이 위 방 기 야

Zixia said, "Only once men of virtue have won the trust of the common people do they let them work hard; otherwise, the people would think themselves abused. Only once they have won the trust of their lord do they advise him; otherwise, their lord would think himself blamed."

신뢰의 장이다. 백성에게 일을 시킬 때는 먼저 백성으로부터 신뢰를 얻어야 한다. 신뢰 없이 일을 시키면 원망만 자랄 뿐이다. 군주에게 옳은 이야기를 할 때 먼저 군주로부터 신뢰를 얻어야 한다. 그러한 군신의 신뢰 없이 충언하게 되면 군주는 자신을 비방한다고 생

각할 것이다.

어휘 & Words

- 厲 엄할 려
- 諫 간할 간
- 謗 헐뜯을 방
- otherwise 만약 그렇지 않다면
- abused 학대당하는

외모와 인은 상관없다

19.16

제자인 증자가 말하였다. "자장은 외모가 위풍당당하기는 하지만 그와 함께 인을 실천하기는 어렵다."

曾子曰, "堂堂乎張也, 難與並爲仁矣."
증 자 왈 당 당 호 장 야 난 여 병 위 인 의

Master Zeng said, "Though external features of Zizhang is indeed majestic and lofty, It is difficult to work shoulder to shoulder with him in becoming humane in one's conduct."

자유와 더불어 증자는 자장을 '인을 같이 추구할 수 없다.'고 평하였다. 스승인 공자가 말이 어눌하고 행동이 조용한 사람을 좋아하였듯이 유가儒家의 시스템 확립과 조직 확장에 기여했던 증자도 자장같이 위풍당당한 사람은 좋아하지 않았던 것 같다. 당당한 사람은 아무래도 티가 나기 마련이다. 부드럽지 않았으므로 함께 지내기 어려웠을 것이다.

어휘 & Words

- external 외적인
- feature 특징
- majestic 거대한
- lofty 고상한

가장 큰 슬픔
19.17

제자인 증자가 말하였다. "내가 선생님께 들었는데, '사람이 자신의 마음을 스스로 다스리지 못할 때가 있으니 그때가 바로 부모상을 당했을 때이다.'라고 하셨다."

曾子曰, "吾聞諸夫子, 人未有自致者也, 必也親喪乎!"
증 자 왈 　 오 문 저 부 자 　 인 미 유 자 치 자 야 　 필 야 친 상 호

Master Zeng said, "I have heard the Master say: 'The one and only time when one cannot control his own mind is sure to face the mourning of his parents.'"

부모 중에 대부분 아버지가 먼저 돌아가신다. 그리고 어머니가 돌아가신다. 그때 우리는 진정한 고아가 된다. 세상에 홀로 남겨지는 것이다. 위로부터 내려왔던 인연의 마지막 끈이 끊어지는 것이며, 형제와 배우자와 아이들과 벗들이 있어도 고아는 고아이다. 나 자신보다 나를 더 사랑하셨던 분들과의 이별이다. 두 어른이 나에게 베푸신 것보다 자식인 내가 해드린 것은 참으로 보잘것없는 것이기에 죄스러울 뿐인 것이다.

어휘 & Words

- mourn 애도하다

부모 유지를 받들라

19.18

제자인 증자가 말하였다. "내가 스승님께 들었는데, '노나라 대부인 맹장자의 효성스러움에 대해 말한다면 다른 점은 남도 할 수 있지만, 그가 선친의 신하와 선친의 정책을 바꾸지 않고 그대로 유지한 점은 정말 아무나 행하기 어려운 것이다.'라고 하셨다."

曾子曰, "吾聞諸夫子, 孟莊子之孝也, 其他可能也,
증 자 왈 오 문 저 부 자 맹 장 자 지 효 야 기 타 가 능 야

其不改父之臣與父之政, 是難能也."
기 불 개 부 지 신 여 부 지 정 난 능 야

Master Zeng said, "I have heard the Master say: 'While in most respects others could attain MengZhuangzi's degree of filial piety, it would be difficult indeed for them to follow the way in which he abstained from reforming his father's subordinates and his father's policies.'"

'학이 11장'에서 공자는 "삼 년 동안은 부모님이 걸어오신 길을 바꾸지 않아야만 효도한다고 말할 수 있을 것이다."라고 말하였다. 이 장의 맹장자는 노나라 양공을 섬겼고 공자의 선배였으며, 부친이 남겨 놓은 것을 조금도 바꾸지 않아 효자로 유명하였다.

어휘 & Words

- abstain from 삼가 하다
- reform 개혁하다
- subordinates 신하

애환의 사정을 헤아려라

19.19

노나라 대부인 맹씨가 증자의 제자인 양부를 법률 담당자로 임명하자, 양부가 증자에게 가르침을 청했다. 증자가 말하기를, "윗사람이 올바른 도리를 잃어버려 민심이 떠난 지 오래되었다. 만약 백성들이 죄를 짓게 된 실정을 정확히 알게 된다면 그들을 불쌍히 여길 뿐, 그들이 저지른 범죄사실을 알았다고 좋아해서는 안 된다."고 하였다.

孟氏使陽膚爲士師, 問於曾子.
맹 씨 사 양 부 위 사 사 문 어 증 자
曾子曰, "上失其道, 民散久矣. 如得其情, 則哀矜而勿喜."
증 자 왈 상 실 기 도 민 산 구 의 여 득 기 정 즉 애 긍 이 물 희

When the head of the Meng family appointed Yang Fu as a law officer, he sought advice from Master Zeng. Master Zeng said, "With their superiors having lost the righteous way, the common people have long since scattered. In uncovering what really happened in criminal cases, you should take pity on them and show them sympathy rather than being pleased with yourself."

범죄에 대해서 파고들면 범죄사건 해결 자체에 몰입하여 범죄에 얽힌 백성들의 애환

을 망각하므로 그러지 말라는 것이다.

어휘 & Words

- 膚 살갗 부
- appoint 임명하다
- sought seek 구하다의 과거
- scatter 흩어지다
- criminal 범죄의
- pity 연민
- sympathy 동정심

PART

20

요왈

堯曰

미덕을 존중하고 악함을 물리쳐라

20.2

제자인 자장이 공자에게 "어떻게 해야 정치를 한다고 할 수 있겠습니까?"라고 묻자, 공자가 말하였다. "다섯 가지 미덕을 존중하고 네 가지 악함을 물리치면 정치를 한다고 할 수 있다." 자장이 "무엇을 다섯 가지 미덕이라고 합니까?"라고 묻자, 공자가 말하였다. "군자는 은혜를 베풀되 쓸데없이 낭비하지 않고, 백성을 수고하도록 부리되 원망을 살 정도로 하지 않으며, 하고자 바라는 것이 있지만 탐욕스럽지 않고, 태연하게 행동하되 교만하지 않으며, 위엄을 갖추되 사납지 않은 것이다."

자장이 다시 "은혜를 베풀되 쓸데없이 낭비하지 않는다는 것은 어떤 것입니까?"라고 묻자, 공자가 말하였다. "백성들이 이롭다고 생각하는 것을 기준으로 그들을 이롭게 해준다면, 이것이 은혜를 베풀되 쓸데없이 낭비하지 않는 것이다. 수고롭게 일을 시켜도 될 만한 상황을 잘 가려서 백성을 수고롭게 만든다면 또 누가 원망하겠는가? 인을 추구하다가 인을 얻었는데 또 무엇을 탐하겠는가? 군자가 대하는 사람이 많건 적건 혹은 하는 일이 큰일이건 작은 일 이건 감히 태만하게 하지 않는다면, 이것이 태연하게 행동하되 교만하지는 않은 것이 아니겠는가? 군자가 자신의 의관을 바로 하고 시선을 존엄하게 한다면 위엄이 있어서 사람들이 바라보면서 두려워하게 되는데, 이것이 위엄을 갖추되 사납지 않은 것이 아니겠는가?"

자장이 또 "무엇을 네 가지 악함이라고 합니까?"라고 묻자, 공자가 말하였다. "가르치지도 않고서 죄를 지었다고 죽이는 것을 잔학하다고 하며, 미리 알려주지도 않고 성과만을 따지는 것을 포악하다고 하며, 명령은 늦게 내리고서 기일만 재촉하는 것을 해치는 것이라고 하며, 어차피 나눠 주어야 할 것인데도 재물을 내어줄 때 인색하게 하는 것을 관리의 전횡이라고 말한다.".

子張問於孔子曰，"何如斯可以從政矣?"
자장문어공자왈 하여사가이종정의

子曰，"尊五美，屛四惡，斯可以從政矣." 子張曰，"何謂五美?"
자왈 존오미 병사악 사가이종정의 자장왈 하위오미

子曰，"君子惠而不費，勞而不怨欲而不貪，泰而不驕，威而不猛."
자왈 군자혜이불비 노이불원욕이불탐 태이불교 위이불맹

子張曰，"何謂惠而不費?" 子曰，"因民之所利而利之，
자장왈 하위혜이불비 자왈 인민지소리이리지

斯不亦惠而不費乎? 擇可勞而勞之，又誰怨? 欲仁而得仁，又焉貪?
사불역혜이불비호 택가로이로지 우수원 욕인이득인 우언탐

君子無衆寡，無小大，無敢慢，斯不亦泰而不驕乎?
군자무중과 무소대 무감만 사불역태이불교호

君子正其衣冠，尊其瞻視，儼然人望而畏之，斯不亦威而不猛乎?"
군자정기의관 존기첨시 엄연인망이외지 사불역위이불맹호

子張曰，"何謂四惡?" 子曰，"不教而殺謂之虐，不戒視成謂之暴，
자장왈 하위사악 자왈 불교이살위지학 불계시성위지포

慢令致期謂之賊，猶之與人也，出納之吝謂之有司."
만령치기위지적 유지여인야 출납지린위지유사

Zizhang inquired of Confucius, saying, "What kind of a person is it that can be called the respectable ruler who is well engaged in government?" Confucius replied, "A person who honors the five virtues and rejects the four vices can be given that title." "What are the five virtues?" asked Zizhang. The Master replied, "Men of virtue are benevolent and yet not extravagant, work the people hard and yet do not induce ill will, have desires and yet are not greedy, are proud and yet not arrogant, and are dignified and yet not harsh." "What does it mean to be benevolent and yet not extravagant?" asked Zizhang.

The Master replied, "Give the common people those benefits that will really be beneficial to themselves - is this not being benevolent without being extravagant? If you select those projects which the people can handle and make them work at them, who will feel ill will? Desire to be humane and become humane - how is this being greedy? Men of virtue, regardless of whether dealing with the many or the few, the great or the small, do not dare to neglect anyone. Is this not being proud and yet not arrogant? Men of virtue wear their caps and robes correctly, and are always polite in their gaze. With such an air of dignity, persons seeing them from far off hold them in awe. Is this not being dignified and yet not harsh?"

"What then are the four vices?" asked Zizhang. The Master replied, "To execute a person who has not first been educated is cruel; to expect a job to be finished without having first given notice is oppressive; to enforce a timetable when slow in giving direction is injurious; when something is to be given to someone, to be miserly in carrying it out is arbitrary."

노자는 천지불인天地不仁이라고 하였다. 천지는 인간의 기대와 바람대로 움직여 주지 않는다. 가혹할 때도 많다. 천지는 그렇게 스스로 존재한다. 노자는 천지가 불인不仁한 것처럼 성인聖人 또한 불인해야 한다고 말한다. 분별하지 말라는 것이다. 공자는 이를 알고 있었다. 그러나 그는 사람으로 태어난 이상 "새나 짐승과 더불어 살 수는 없지 않겠느냐?"라고 탄식하였다. 사람으로 태어난 이상 사람과 더불어 살아야 하며 인仁함을 계속 지향해야 점점 사람다운 사람으로 바뀌어 나갈 것이라는 신념을 접지 않았다.

그는 세상을 구성하는 천天, 지地, 인人에서 인을 택해 자신 의 필생의 테제로 삼았다. 공자도 자신이 갈망하는 인의 세계가 도달할 수 없는 불가능에 가까운 세계임을 알고 있었으나 그 길 외에는 다른 길로 걸어갈 수 없는 자신의 운명을 받아들이지 않을 수밖에 없었다. 노자와 장자가 걸어갔던 '자기만의 지혜'로써는 세상이 '욕망을 구현하려는 자들'에 의해 계속 곤란을 당하고 황폐해질 수밖에 없는 현실에 대해 그는 통치자와 관리에 대한 교육철학을 정립하고 여러 나라를 돌며 설득하였으나 결국은 실패하고 돌아와 죽었다.

어휘 & Words

- 屛 병풍 병, 제할 병
- 猛 사나울 맹
- 儼 공경할 엄
- reject 거절하다
- greedy 탐욕스러운
- regardless of 상관없이
- injurious 해치는
- 貪 욕심낼 탐
- 擇 가릴 택
- 虐 사나울 학, 모질 학
- extravagant 사치스러운
- arrogant 거만한
- execute 사형시키다
- carry out 실행하다
- 驕 교만할 교
- 瞻 쳐다볼 첨
- 吝 인색할 린
- induce 유도하다
- dignified 존엄한
- oppressive 포악한
- arbitrary 전횡을 일삼는

하늘의 뜻과 예, 말을 알라
20.3

공자가 말하였다. "천명을 알지 못하면 군자가 될 수 없다. 예를 알지 못하면 제대로 어떤 행동도 할 수 없고, 말을 알지 못하면 다른 사람을 이해할 수 없다."

孔子曰, "不知命, 無以爲君子也,
공 자 왈 부 지 명 무 이 위 군 자 야
不知禮, 無以立也, 不知言, 無以知人也."
부 지 례 무 이 립 야 부 지 언 무 이 지 인 야

Confucius said, "Someone who does not understand the Fate has no way of becoming a man of virtue; someone who does not understand the observance of ritual courtesy has no way of knowing where to stand; a person who does not understand words has no way of knowing others."

지명知命은 천명天命이므로 평범한 사람은 예측할 수가 없다. 다만 쌓아온 학식과 덕으로 걸어가면 그것이 곧 천명일 것이다. 죽고 사는 것은 팔자에 맡기면 된다. 지례知禮는 세상을 살면서 예의규범에 따라 행동하라는 것이다. 지언知言은 사람을 이해하고 교제하는 수단이다.

천명을 알았으나 세상을 구제하지 못한 그의 무거운 마음이 느껴진다. 그러나 열심히 살아왔고 할 도리는 다하였다고 공자는 가까스로 자기 자신을 위안한다. 어차피 이 세상에 궁극적인 메시아는 오지 않는다. 완전함은 불완전함이 낳은 자식이기에 우위를 점할 수 없기 때문이다. 그러나 불완전한 이 세상에서 우리는 인간답게 살려고 하는 자신의 시대적 과제에 성실히 자신을 투기해야만 한다. 우리에게 주어지는 역사적 소명은 단순하다. 자신에게 부여된 시간과 공간 속에서 열심히 살면서 내 주위의 동료들과 후손들이 그나마 조금 더 인간다운 삶을 살 수 있도록 노력하다가 사라져 갈 뿐이다.

논어의 마지막 장을 《열자列子》에 나오는 공자의 독백으로 마무리한다.

얼마 전 내가 《시경》과 《서경》을 편집하고 예와 악을 교정할 때 내가 바란 것은 천하에 질서를 회복하고 그 질서를 후대에 물려주는 것이었다. 나 자신을 향상하고 노나라를 이롭게 하려는 뜻이 아니었다. 그러나 노나라 권력자들은 날이면 날마다 윗사람들의 권위를 침탈하고, 사회의 인간성과 정의감은 손상되어 가고 있다. 사람들의 도덕적 품성과 감정은 메말라 가고 있다. 이 도가 이 시대 이 나라에서 통하지 않는다면 어떻게 천하 만대에 통할 것을 바라겠는가? 나는 그때 깨달았다. 《시경》과 《서경》도, 예와 악도 천하를 혼란으로부터 구해 낼 수 없다는 것을. 그러나 내가 해온 것보다 더 좋은 길을 나는 알지 못한다. 그래서 천명을 알고 천도를 맞이하는 사람은 마음이 무겁지 않을 수 없는 것이다. 그래도 찾기는 찾은 것이다.

Epilogue

지금으로 따지면 명성이 자자한 사설학원 원장인 공자는 각 나라의 대통령과 총리, 장관하는 사람들을 만나 자신의 소신을 피력한 후 잘 먹혀들지 않자 다시 학원으로 돌아와 제자들을 가르치다가 죽었다. 정치적으로 그는 실패한 사람이다. 죽기 얼마 전 '하늘만이 자신을 이해해줄 것'이라고 외쳤던 사람이다. 그에 관한 셀 수 없을 정도로 많은 저술과 얘기들이 인류사에 전해져왔으나 그의 철학은 의외로 단순하다.

염치를 아는 자, 곧 '부끄러움을 아는 자'가 되라는 것이다.

그 사람이 바로 '군자'다.

논어를 우리가 공부해야 하는 이유는 사회에서 자신이 어떠한 신분에 있든지 간에 '부끄러움을 아는 자'가 되지 못하면 제대로 된 사람으로 살지 못한다는 공자의 가르침을 내면화시켜야 하는 절박한 마지막 순간에 우리가 모두 서 있다는 것이다. 아울러 우리가 '부끄러움을 아는 자'가 되지 못하면 우리의 자식이 그러할 것이며 우리의 후손도 그러할 것이고 그저 '약육강식의 질서'와 '정의롭지 못한 사회' 시스템 속에서 억울한 백성이 많은 대한민국은 볼 장 다 본 나라가 되어 다른 나라의 후손들이 대한민국의 후손들을 지배하고 수탈하는 그러한 3류 국가로 전락하고 마는 당연한 이치가 역사에는 수많이 기록되어 있기 때문이다.

한유韓愈는 '성인무상사聖人無常師; 성인은 정해진 스승이 없다.'라고 말하였다. 구태여 공자를 사표로 삼지 않아도 우리가 배워야 할 정신은 도처에 널려있다. 그러나 내가 공자를 공부하게 된 것은 그가 사후의 세계와 괴력란신怪力亂神; 비현실적,

비이성적, 초자연적의 의미을 얘기하지 않은 합리적 인본주의 사상을 설파하였다는 데에 있다. 그가 말하는 호학好学의 내용은 제자 안회가 직접 실천하였듯 '화내지 않고 같은 잘못을 두 번 반복하지 않는' 그러한 평범한 교양을 쌓는 것에 있었다. 진리는 지극히 평범한 것이라는 생각이 든다. 우리들의 수양만 남아있을 뿐이다.

이종훈